KB145602

우리는 어떻게
괴물이 되어가는가

IDENTITEIT
by Paul Verhaeghe

우리는 어떻게 괴물이 되어가는가

신자유주의적 인격의 탄생

파울 페르하에허 지음

장혜경 옮김

반비

서문

오늘날 많은 사람들이 겪고 있는 문제

남성 네 명이 중년 남성 한 명을 접착테이프를 이용해 나무판에 꽁꽁 싸맨다. 그중 한 명이 두꺼운 사인펜을 꺼내더니 남자의 이마에 0을 두 개 그린다. 두 번째 남자는 자기 성기를 남자의 얼굴에 들이대고, 세 번째 남자는 바지를 내린 다음 남자 위에 걸터앉는다. 남은 한 남성이 이 광경을 카메라에 담고 있다. 모두들 엄청 즐거워 보인다. 이들은 이 장면을 찍은 비디오테이프를 한 부 더 복사해 피해자에게 '집에서 보라고' 선물로 주기까지 했다.

사건이 일어난 장소는 왈롱에 있는 한 마을의 지극히 평범한 회사이다. 카메라를 손에 든 남자는 노조 대표이다. 많은 동료들이 가세했지만 말리는 이는 아무도 없었다. 나중에 알고 보니 그들은 벌써 몇 년 동안 그런 짓거리를 해왔다. 텔레비전 뉴스에서 해당 영상이 방송된 직후 비슷한 일을 당했다는 피해자들의 신고가 줄을 이었다. 1주일 후에는 플랑드르에서도 비슷한 사건이 밝혀졌다. 강철 가공 회사에서 현장감독과 기술자가 크레인 기사를 시도 때도 없이 괴롭혔던 것이다. 이들은 크레인 기사의 바지를 벗기고 엉덩이에다 저속한 욕설을 적은 다음 그를 지프차에 매달고 차를 몰고 회사 안을 돌아다녔다. 심지어 그 영상을 유튜브에 올리기도 했다. 그 후 한 달 동안 언론은 연일 이 문제로 시끄러웠다. 이곳저곳에서 쏟아져 나온 피해 사례가 놀랄 정도로 많았다. 근로자의 10~15퍼센트가 그런 식으로 왕따를 당한다고 하니 말이다. 시급히 원인 분석을 해야 할 사건이었고, 실제로 이유를 밝히려는 노력들이 적지 않았다.

첫 번째 설명은 보수 진영에서 나왔다. 왕따는 다른 많은 사회문제들이 그렇듯 우리 사회에서 규범과 가치가 실종된 결과라는 것이다. 이에 따르면 버스나 전철 기사들이 폭행을 당하고, 아동학대 건수가 치솟으며, 교사들이 어린 제자들에게 괴롭힘을 당하고, 이민 신청자들이 온갖 범죄를 저지르는 등의 사회문제들은 모두 가치와 규범이 실종된 탓이다. 예전이 훨씬 좋았다.

두 번째 설명은 정신의학 분야에서 제시했다. 범죄자는 '장애인'이다. 병이 아니라면 어떻게 엄마가 제 자식을 학대할 수 있겠는가? 이런 생각을 하면 마음이 편해진다. 그래서 법원 감정인들은 '반사회적 성격장애'를 들먹이고, 피의자가 어린 시절에 앓았던 '적대적 반항장애'를 지적한다. 둘 다 지난 몇십 년 동안 계속 증가 추세에 있는 진단인데, 그렇다고 안심이 될 리는 없다.

세 번째 설명은 앞서 내놓은 의학적 설명에서 한 걸음 더 나아간다. 인간의 본성, 우리 안에 숨은 짐승에게서 원인을 찾는 것이다. 나치당원들도 지극히 평범한 사람들이었다. 사회심리학 연구 결과를 보면 모든 인간은 특정 상황에서 사디스트가 될 수 있다. 호모 호미니 루푸스 에스트(Homo homini lupus est), 즉 인간은 인간에게 늑대다.[1]

이와 대립하는, 인간을 천성적으로 선한 존재로 보는 시각도 있다. 즉 인간은 본래 착하지만 포스트모던 사회가 우리를 나쁜 사람들로 만든다는 얘기다. 그래서 폭력을 조장하는 컴퓨터게임을 모조리 금지하면 세상이 훨씬 더 평화로워질 거라고 주장한다.

어쨌든 악은 인간에게 낯설지 않다. 이런 사실을 가장 인상 깊게 전달한 문장은 한나 아렌트(Hannah Arendt)의 펜 끝에서 나왔다. 나치 친위대 고위 장교 아돌프 아이히만(Adolf Eichmann)의 재판을 지켜보고는 "악의 평범함"이라는 말로 자신의 심경을 요약했다. 인간의 내면에 악이 숨어 있다는 관념은 기독교의 원죄설과도 연결되며, 현대적 해석에 따르면 "이기적 유전자"이다.

이런 설명들은 변치 않는 인간의 본성이 우리 안에 숨어서 빛을 볼 날만 기다리고 있다는 인상을 전달한다. 이런 인상은 적어도 정체성 및 '올바른' 규범과 가치에 대한 논란이 서구 사회 전역에서 불붙고 있는 지금의 현실에서는 묘한 기분을 자아낸다. 우리는 이제 더 이상 우리가 누구인지 알지 못한다. 그래서 사람들은 심리학자에서 두뇌 연구가에 이르기까지 온갖 전문가들과 (우리가 정말로 누구인지를 설명해줄) 예언가들에게로 달려간다.

이 책은 이와는 다른 생각에서 출발한다. 타고난 정체성이란 존재하지 않는다. 우리가 어떤 존재가 될지는 대부분 환경에 달려 있다. 따라서 많은 사람들이 낙오하는 이 현실은 근본적으로 변화한 환경에 대해 무언가를 이야기해주고 있다. **물론 이 환경과 더불어 우리도 변했다.** 날로 분명해지는 사실은 이런 변화가 어쨌든 우리에게 행복을 가져다주지 못한다는 것이다.

정신분석학자가 왜 이런 주제의 책을 쓰겠다고 마음먹었을까? 임상 활동을 통해 평소 늘 이런 생각들을 했다. 오늘날 많은 사람들이 겪고 있는 문제(나는 의도적으로 '장애'라는 말을 피한다.)는 과거보다 숫자가 늘어났을뿐더러 양상도 전혀 다르다.

예전에 출간된 『심리치료의 종말(*Ende der Psychotherapie*)』에서 나는 이미 심리장애와 사회변화의 연관성을 다룬 바 있다. 하지만 그사이 이런 사회변화의 결과가 훨씬 더 멀리까지 미치고 있다고 확신하게 되었다. 우리 사회의 신자유주의 조직은 자신의 몸은 물론 파트너, 동료, 자식 등 우리의 정체성을 구성하는 모든 이들과의 관계를 결정한다. 그런데 이 관계가 근본적으로 장애를 겪고 있다. 이 지점에서 나의 주장은 지그문트 프로이트(Sigmund Freud)의 이론과 함께 논문 「문명 속의 불만」과 연계된다. 나 역시 프로이트와 마찬가지로 윤리적 입장을 분명히 표명할 것이다.

차례

1부

정체성 형성 과정이 달라졌다

1

정체성

시간과 공간을 초월한 정체성이 있는가

최근 들어 유럽 전역에서 정체성 논란이 불붙었다. 아르헨티나 출신으로 네덜란드 왕비가 된 막시마는 왕세자비였던 2007년에 '네덜란드 사람'의 정체성 같은 것은 존재하지 않는다고 주장했다가 격렬한 비판을 받았다. 핀란드에선 '진정한핀란드인당'이 의회에 입성했고, 벨기에는 플랑드르 민족주의의 지칠 줄 모르는 압력에 의해 분열의 길로 들어섰으며 유럽 다른 곳에서도 민족주의 집단들이 득세하고 있다. 이유는 너무나 분명하다. 이민자나 망명자 들이 늘어나면서 다른 정체성, 규범 및 가치관을 가진 이들의 상호 충돌이 잦아진 것이다. 우리는 불안에 떨고 있다. '정체성'이란 자고로 우리 자신의 정체성을 뜻한다. 다른 정체성과 공존하면서도 점점 더 거리를 두려는 우리의 정체성 말이다. 과거에는 주로 지리적인 스테레오타입들을 이용해 '정체성'을 정의했다(벨기에 사람 대 네덜란드 사람, 영국 사람 대 스코틀랜드 사람 등). 하지만 요즘엔 세계화와 사회경제적 요인의 영향력 탓에 자국인 대 외국인, 우리 기독교 문화 대 '후진' 이슬람 문화, 뼈 빠지게 일하는 중산층 대 놀고먹는 하층민 같은 식의 구분법이 더 많이 쓰인다.

이런 다양한 스테레오타입에는 공통되는 특징이 있다. 우리를 더 멋지게 내보이기 위해 타자를 희생시키는 것이다. 우리는 더 교양 있으며 지적이고 더 열심히 일한다. 20세기 초 독일인들은 유대인을 '열등 인류(Untermenschen)'라고 불렀고 일본인은 중국인과 한국인을 경멸했으며 프랑스인은 마그레브(튀니지, 알제리, 모로코 등 아프리카 북서부 일대—옮긴이) 사람들을 멸시했다. 당시의 이런 등급화는 거의 예외 없이 피부색이나 신체 구조, 의복 등 외적인 특징을 기준으로 삼았다. 물론 요즘도 이런 외적 특징을 강조하는 수준 낮은 정체성 논란이 수시로 일어난다. 하지만 외적인 차이가 없어도 별 문제는 없다. 다윗의 별, 빡빡 민 머리, 인종 증명서 따위를 이용해 인위적으로 외적 차이를 만들어낼 수 있으니까 말이다. 우리가 이런 외적인 특성에 부여하는 의미는 동시에 우리네 불안의 정도를 말해주는 측정기에 해당한다. 외적인 것을 제거하면 갑자기 차이가 사라져버릴 테니까 말이다. 정체성은 분명 내적인 특성이다.

정체성 연구가 힘든 것도 어느 정도는 이런 이유 탓이다. 우리는 이런 차이를 직접 눈으로 보고 싶어 한다. 그래서 유전학과 뇌

과학으로 인간을 속속들이 설명하려드는 요즘 같은 시대에는 이를 통해 정체성의 본질 역시 발견할 수 있다고들 생각한다. 대부분의 사람들은 잊고 있지만 놀랍게도 우리는 이미 이런 과오를 범한 바 있다. 20세기의 두개골 측정법은 두개골의 부피와 내용물을 측정하여 인종과 정체성을 확연히 구분할 수 있다고 주장했다. 물론 요즘엔 그런 말만 들어도 질겁하여 도망치기 바쁘다. 그것이 파시즘의 역사와 관련이 깊고 실제로 나치 학자들이 이런 개념을 근거로 인종을 구분했기 때문이다. 그럼에도 어찌 되었건 정체성이 우리의 내면 어딘가에 있다는 확신은 여전하다.

내 생각은 전혀 다르다. 정체성이 무엇으로 이뤄졌느냐를 알기 위해서는 다른 입구를 찾아야 한다. 유전자나 뇌세포의 영원한 심연에서 헤맬 것이 아니라, 이런 정체성의 거울로 이용되는 외부 세계의 다양한 스크린으로 주의를 돌려야 한다. 그러므로 일단은 이렇게 묻는 것이 좋을 듯하다. '시간을 초월한 정체성이 있는가?'

정체성은 동일시와 분리라는 양극단의 긴장지대에서 만들어진다

그노티 세아우톤(Gnothi seauton), "너 자신을 알라!" 신탁을 전하는 여사제 피티아가 사는 델포이의 아폴론 신전에는 이런 글귀가 쓰여 있다. 그 이래로 우리는 쉬지 않고 자신의 자아를 찾고 있다. 물론 옛날의 여사제와 예언가는 이제 심리학자에게, 최근 들어서는 뇌과학자들에게 자리를 넘겨주었다. 하지만 이들 학자의 대답 역시 전혀 만족스럽지 않다. 우리의 정체성 탐색은 이상한 역설이다. 한편으로는 우리의 '자아'가 항상 존재했으며 앞으로도 그럴 거라고 확신하면서도, 다른 한편으로는 우리의 자아 뒤편에 '실제로' 누가 숨어 있는지 알아내려고 다른 사람들, 주로 전문가들에게 조언을 구하고 있으니 말이다.

변치 않는 자아가 있다는 가정은 극도로 의문스럽다. 그렇기에 자아를 찾는 우리가 누군가에게 도움을 청하는 것은 당연히 납득이 된다. 우리의 정체성은 우리 안 깊숙이 숨어 있는 불변의 골수가 아니다. 정체성은 외부 세계가 우리의 몸에 새겨 넣은 관념의 집합이다. 정체성은 하나의 구조이며, 이런 사실은 과학 실험과 상당히 유사한 방법으로 입증할 수 있다. 그 방법은 바로 입양이다.* 인도 라자스탄에서 태어난 여아를 제네바나 암스테르담으로 데려가 키우면 이 아이는 제네바 사람이나 암스테르담 사람의 정체성을 갖게 된다. 같은 아기를 파리에 사는 프랑스 부모가 데려가 키우면 파리 사람으로 자랄 것이다. 훗날 그녀가 성인이 되어 소위 자신의 뿌리

* 한 가지 요인만 바꾸고 나머지 요인은 최대한 동일하게 두는 것이 가장 바람직한 과학 실험이다. 예를 들어 같은 종의 토마토 묘목 두 개를 다른 비료로 키우면 수확량이 다를 경우 식물이 아닌 비료의 탓이다. 입양의 경우 어린 시절을 출생지와 다른 문화권에서 보낸 사람과 출생지에서 그대로 성장한 사람의 차이는 확연하다. 따라서 이 둘의 차이는 대부분 문화의 탓이다.

를 찾아 고향으로 간다면 엄청난 실망을 맛볼 것이다. 애당초 뿌리란 존재하지 않을 뿐만 아니라 자신의 고향에서 다른 제네바나 암스테르담 여성들보다 더 이방인의 느낌을 받을 것이기 때문이다. 자신의 외모(피부색이나 머리색)가 인도 사람들과 비슷하므로 내면도 유사하리라 예상하지만 그렇지 않기 때문에 더욱 이방인처럼 느껴지는 것이다. 이렇듯 심리적 정체성의 특징은 외부 세계의 영향을 받는다. '내'가 다른 문화권의 부모 밑에서 성장할 경우 전혀 다른 '나'를 갖게 되는 것이다.

정체성은 존재보다 성장과 더 밀접한 관련이 있고, 성장은 탄생하는 순간부터 시작된다. 탄생과 더불어 주목할 만한 과정이 시작되기 때문이다. 이런 과정은 전 세계적으로 관찰되며, 유전적인 근거를 갖는다. 예전에는 이를 두고 '동일시(identification)'라고 불렀지만, 거울 뉴런이 발견된 이후엔 '미러링(mirroring)', 즉 거울반응*이라 부른다. 이 과정의 초기 단계는 누구나 눈으로 확인할 수 있다. 아기가 (기저귀가 젖어서) 울면 마법처럼 엄마가 아기의 시야로 들어와 아기를 달래면서 여러 번 아주 또렷하게 "기저귀가 축축해?"라고 말한다. 이때 엄마의 말은 그에 어울리는 표정 연기를 동반한다.**

* 아기 앞에서 표정을 찡그리면 아기는 그 표정을 따라하려고 노력한다. 이는 우리 뇌의 거울 뉴런 때문이다. 거울 뉴런 덕분에 우리는 타인의 행동, 심지어 사고까지도 모방할 수 있다. 어린아이들은 스펀지와 같아서 부모로부터 오는 모든 정보를 빨아들인다. 아마 이때도 거울 뉴런이 매우 큰 역할을 할 것이다.

** '마킹', 특히 엄마가 얼굴 표정으로 아기와 소통하는 과장된 방식은 명확한 기능이 있다. 아

이 단순하지만 몇백 가지 버전으로 반복되는 상호작용의 의미는 엄청나다. 우리가 무엇을 느끼는지, 넓은 의미에서 우리가 누구인지를 배울 수 있는 것은 타인이 우리에게 가르쳐주기 때문이다. 나아가 우리는 타인이 우리의 문제를 해결해줄 거라는 나름의 관념을 키워나간다. 어른이 된다는 것은 무엇보다 이런 관념과 작별을 고한다는 뜻이다. 물론 어른이 된 후에도 통증을 느끼면 자기도 모르는 사이 엄마를 부른다. 가장 오래된 공포가 분리의 공포, 타인이 궁지에 빠진 우리를 모른 척하고 내버려둘지도 모른다는 공포이며, 가장 오래된 형벌이 추방, 집단에서 배척당하고 외면당하여 구석에 처박히는 것(추방의 교육학적 선례)인데 이 역시 우연이 아니다.

부모와 아이가 주고받는 메시지의 내용은 이내 단순히 배가 고프다, 기저귀가 젖었다 등의 수준을 넘어선다. 태어나면서부터 우리는 쉬지 않고 우리가 무얼 느끼는지, 왜 그렇게 느끼는지, 그 느낌에 어떻게 대처해야 하는지를 듣게 된다. 늘 착하다, 못됐다, 예쁘다, 못생겼다, 할머니 닮아서 머리가 나쁘다, 아빠 닮아서 똑똑하다 같은 소리를 듣는다. 또 우리의 몸과 타인의 몸을 어떻게 해야 하는지(가만히 있어라, 밖에 나가서 놀아라, 동생 괴롭히지 마라, 피어싱은 안 된다, 아직 어려서 섹스는 안 된다.)를 가르쳐주는 말도 들려온다. 이 모든 것은 우리이고, 우리여야 하고, 우리여서는 안 되는 인간의 정의를 낳는다.

기는 이를 통해 엄마가 느끼는 것(내가 힘들어)과 엄마가 아기한테서 그럴 것이라 추측하는 것(네가 힘들어)을 구분하는 법을 배울 수 있다.

이때의 출발점은 항상 몸이다. 타인(예를 들어 부모와 사회)이 다양한 의미의 층위들로 장식하는 우리의 몸이다.

하지만 정체성 발달이 이 과정에 국한된다면, 우리는 환경이 결정해주는 대로만 성장할 것이며 환경에 대해서는 아무런 영향도 끼치지 못하는 존재가 된다. 당연히 이는 사실이 아니다. 우리의 정체성은 항상 타인과의 일치와 구분이라는 양극단의 균형 지점에서 형성된다. 처음부터 그렇다. 동일시 및 거울반응과 나란히 또 하나의 과정이 진행된다. 바로 자율성, 타인과 구분하기, 분리를 향한 노력의 과정이다.

전자의 경우 우리는 타인의 메시지를 넘겨받는다. 긍정적인 메시지(넌 참을성이 참 많아!)건 부정적인 메시지(넌 너무 느려!)건 그대로 넘겨받아 우리 정체성의 일부로 삼는다. 다시 말해 타인의 메시지와 하나가 된다. 정체성(identity)과 동일시(identification)는 어원이 같다. 둘 다 '동일하다'라는 뜻의 라틴어 이뎀(idem)에서 나왔다.

후자의 경우 이런 메시지를 완벽하게 거부하고 싶은 욕망 혹은 분리되어 멀리 떨어져 있고 싶은 욕망과 관련이 있으며 종종 격한 저항을 동반한다. 이 과정의 다른 특징은 전형적인 공포에서 나타난다. 타인이 우리에게 너무 가까이 다가온 듯한 공포, 타인이 거의 우리 피부 아래로 들어와 내 자리를 대신할 듯한 공포이다. 이 공포를 우리는 ('뚫고 들어온다'는 의미의) 침입(intrusion)의 공포라고 부른다. 동시에 이는 우리가 최대한 타인과 가까워지고자 했던 원래의 분리

불안이 전도된 것이다.

분리 및 이와 결합된 자율성에 대한 추구는 동일시 못지않게 우리의 정체성에서 중요한 역할을 한다. 이런 거리두기를 통해 우리가 '혼동할 수 없는 독자적인' 사람이 되기 때문이다. 이는 아주 어릴 때부터 시작된다. 아이를 키우는 부모라면 소위 '반항기'를 다 겪어보았을 것이다. "아니야! 난 싫어!"라는 반항의 외침에서 '나'와 '아니'라는 두 단어가 동시에 발견되는 것은 우연이 아니다. 사춘기가 되면 넘치는 호르몬의 영향으로 다시 한번 반항기가 찾아오고, 청소년기의 반항은 독립의 망상(내가 결정할 거야!)을 동반하지만 결국 자아를 형성하는 대안적인 내용, 즉 다른 동일시를 선택하는 쪽으로 흘러갈 뿐이다. 정체성은 항상 일치와 분리의 상호작용이 낳은 일시적인 결과물이다.

주변 세상이 우리에게 들이미는 거울은 우리가 누가 될 것인지를 결정한다. 물론 이 역시 저절로 일어나는 과정은 아니다. 이 관계는 타인이 우리를 보고 싶어 할 때만 제 기능을 발휘한다. 철학자 프리드리히 헤겔(Friedrich Hegel)은 자의식의 기초가 타인의 시선에 있다고 말했는데 이 역시 우연은 아닌 것이다. 통제의 시선이건 사랑의 시선이건 타인의 시선을 통해 우리는 우리가 존재한다는 사실을 인식한다. "아무도 날 존중해주지 않아."라는 말은 곧 내가 존재하지 않는다는 의미이다. 이런 맥락에서 '존중'은 매우 중요하다. '존중하다(respect)'라는 단어는 어원으로 볼 때 '거듭 새롭게 보고, 보여진다'는 의미의 리스피케레(re-spicere)에서 왔다. 사랑의 시선을 받지 못하고 자란 아이는 발을 딛고 설 땅이 없다. 자신을 쌓아갈 수 있는 토대가 없는 것이다. 반대로 사랑의 시선을 받고 자란 아이는 안정된 개인으로 자라날 수 있다.

우리가 말과 이미지를 받아들일 때는 아무 이유 없이 그러지 않는다. 결국엔 사랑과 증오가 혼합되어 있는 특정 관계를 통해 우리는 말과 이미지를 넘겨받는다. 프로이트는 사랑과 증오가 얼마나 긴밀히 얽혀 있는지를 지적한 바 있다. 우리는 사랑하는 사람과 하나가 되고 싶어 하지만(널 깨물어주고 싶어!) 동시에 상대에게 싫증을 낼 때도 많다. 그럴 때면 상대로부터 무언가를 받아들이기를 거부할 뿐 아니라 그 사람 자체를 아예 거부한다.(네가 역겨워!)

이 지점에서 나는 기본 방향을 다시 확인한다. 아마도 모든 생명체의 특징일 것이다. 우리는 전체에 소속되려 하면서 동시에 독립적이고자 한다. 기원전 5세기 그리스 철학자 엠페도클레스(Empedocles)는 끝없는 합일과 분리의 원인이 되는 두 가지 자연력을 거론한 바 있다. 바로 필리아(philia, 사랑)와 네이코스(neikos, 다툼)이다. 프로이트는 이를 두 가지 원초적 충동으로 보았다. 사랑으로 하나가 되려는 에로스(Eros)와 공격적으로 분리되고자 하는 타나토스(Thanatos), 즉 동일성과 차이 말이다.

우리는 우리의 뇌가 아니다

후자의 성향, 즉 자율성은 특히 오늘날 모든 사람이 자기 자신에게서 확인하려는, 아니 반드시 확인해야만 하는 특징이다. 종속은 유약함을 의미한다. 오늘날 우리는 자기 자리를 주장해야 하고 자기 목소리를 높여야 하며 자기 뜻을 관철해야 한다. 강연을 하다가 '정체성과 거울반응'이라는 대목에 이르면 즉각 비판이 날아든다. 아무리 그래도 나는 나이지 않습니까? 똑같은 교육을 받고 자랐어도 나는 내 동생과 다릅니다. 같은 문화권에서 성장한 동료와도 완전히 다릅니다. 왜 그럴까요? 유전은, 유전자는 어떻게 된 겁니까? 왜 그에 대해서는 아무 말씀도 하지 않나요? 우리가 누구인지는 우리의 뇌가 결정하지 않나요?

이 두 가지 논리('나는 유일한 존재이며 스스로 결정을 내린다.'와 '내가 누구인지는 뇌와 유전자가 결정한다.')가 서로 모순된다는 사실은 잠시 접어두자. 요즘 사람들은 유전자와 뇌가 거의 모든 것을 결정한다고, 우리 자신의 특성까지 결정한다고 확신한다. 인간의 뇌가 호모사피엔스의 본질을 구성한다는 데에는 의심의 여지가 없다. 그러나 우리 뇌의 가장 중요한 특징 중 하나가 소위 신경 가소성(plasticity)이다. 즉 우리에겐 특정 요인의 영향을 받으면 변할 수 있는 능력이 있다. 이 특징이야말로 인간 종의 성공을 설명하는 근거가 된다. 어떤 사람을 아무 장소에나 갖다 두어보라. 어디든 상관없다. 아마 뛰어난 적응력을 발휘하여 잘 헤쳐나갈 것이다. 뇌 연구의 결과에 따르면 태어나는 순간 인간의 뇌는 아직 신경학적인 관점에서 완벽하지 않다. 따라서 차후 전반적인 발달 과정을 거쳐야만 하며 이 과정에서 주변 환경이 중요한 역할을 한다.

이를 심리적 정체성에 적용해보면, 정체성(소프트웨어) 형성 과정을 결정하는 특정 조직(하드웨어)을 우리 뇌가 갖고 있다는 사실을 쉽게 이해할 수 있다. 거울 뉴런이 없다면 정체성도 없다. 하지만 무엇이 거울에 비칠 것인가는 환경이 결정한다. 출생 이후 뇌의 물질적 발전에도 환경은 큰 영향을 미친다. 이렇듯 우리의 정체성 형성에는 회색세포가 중요한 역할을 하지만, 그 내용은 외부 세계가 채워나간다.

그러니 유일하게 정확한 학문적 결론은 이것이다. 우리는 뇌(조금 더 넓게 보아 유전자, 신경, 호르몬의 기초)와 우리 환경의 지속적인 상호작용이 낳은 결과이다. 탄생 직후에는 소위 본성(nuture)과 양육(nurture)을 구분할 수 없다. 하지만 외부 세계 요인의 영향은 심지어 뇌구조까지도 바꿀 수 있다. '우리는 우리의 뇌다.'라는 주장은 더 이상 그리 설득력 있게 들리지 않는다. '우리는 신체와 주변 환경의 상호작용이 낳은 결과'인 것이다.

예전 책에서 나는 '모든 것'을 오로지 물리적 요인의 탓으로, 1차적으로 뇌와 유전자의 탓으로 돌리는 작금의 경향에 대해 이야기한 바 있다. 이런 주장은 그릇된 길로 접어든 사람이 '불행했던 어린 시절'을 일탈 행동의 면죄부로 들이밀면서 뱉어대는 값싼 변명에 불과하다. 물론 그런 변명이 문제를 단순화하기는 하겠지만, 그렇다고 해서 새로이 떠오르는 의문을 막지는 못한다. 왜 오늘날 우리는 예전보다 더 간절히 면죄부를 바라는 걸까? 왜 우리는 뭐가 잘못되면 곧바로 피고석에 앉은 기분이 들까? 이에 대해서는 뒤에서 살펴보기로 하자. 모든 것을 만들 수 있는 인간이라는 신화, 이 현대적인 신화와 여기에서 기인하는 막중한 책임을 다루면서 함께 살펴볼 테니 말이다.

그러니까 '우리는 우리의 뇌다.'라는 문장은 절대로 외부 영향력을 배제하지 않는다. 그럼 유전자는 어떻게 되나? 환경은 유전자에 영향을 미칠 수 없다. 설사 미친다 해도 최소한 몇백 년이 걸리는 진화의 시간 차원에서만 가능하다. 물론 이와 관련된 과학적 관념 역시 일반인들의 생각보다는 훨씬 다채롭다. 외부 요인은 유전자에 영향을 미칠(유전자를 '발현'할) 수도 있다. 더구나 유전자와 행동의 관계는 극도로 복잡하다. 신문에서 유전자 연구에 관한 열광적인 뉴스("자폐증의 유전적 원인을 마침내 발견하다!")를 읽을 때면 사람들은 직선적 관계를 떠올린다. 하나의 유전자가 갈색 눈을 만들고 그다음 유전자가 금발을 만들고 세 번째 유전자가 조현병을 일으킨다는 식으로 말이다. 뭐 그럴 수도 있겠다. 하지만 현실에서는 그렇지 않다. 특히 눈동자 색깔처럼 복잡한 현상에서 많건 적건 직선적 인과성을 찾는 것은 그야말로 헛수고다.

지금 우리의 지식 수준에 따르면, 정신질환 중에서 가장 많이 연구된 조현병의 경우 하나의 유전 요인이 존재하지만, 이 요인은 최소 열 개의 유전자가 결합하여 만들어진다. 이 유전자들이 결합할 경우 중증 정신질환에 걸릴 위험이 15~20퍼센트 높아지는 것이다. 하지만 나머지는 환경의 영향이며 가장 중요한 환경 요인 중 하나는 대도시에서 태어나 자라는 것이다.

이를 정체성에 적용해보면, 유전자는 소프트웨어의 가능성을 (소프트웨어의 특수한 내용과는 상관없이) 조절하고 제한하는 우리의 하드웨어라고 볼 수 있다. 정체성과 관련된 유전자 하드웨어의 가장 중요한 요소 중 하나는 분명 인간의 특징인 언어 능력일 것이다. 인간은 태어날 때 확실히 언어 능력을 타고난다. 하지만 다른 사람들과 주고받는 상호 행동이 없으면 아기는 언어 능력을 발달시킬 수 없다. 어떤 언어를 배우는가도 환경에 달려 있다. 나아가 이 언어를 전달하는 가족의 영향력도 크다. 이 모든 것이 우리의 사고에는 물론 자아상에도 큰 영향력을 행사한다. 한 가지 예를 들어보자. 유럽어가 아닌 언어 중에는 '개인'이나 '인격'이라는 말이 아예 없는 경우가 많다. 아마 그런 언어권에서 성장하며 정체성을 구축한 사람은 그런 언어가 있는 언어권에서 자란 사람과 많은 부분에서 차이를 보일 것이다.

이렇듯 두뇌와 유전자는 하드웨어를 제공하며 소프트웨어 프로그래밍의 한계선을 설정한다. 특정 지점에서 하드웨어에 영향을 미치고 이를 변화시키는 데 성공한 소프트웨어라 해도 마찬가지이다. 그렇다면 정말로 고유한 것은 없는가? 아기는 정말로 아무것도 쓰이지 않은 백지(tabula rasa)일까? 환경이 제 마음대로 할 수 있는 흰 종이인 걸까? 그렇지 않다. 아이를 키워본 부모라면 다 느껴보았을 것이다. 신생아를 자주 접해본 사람이라면 모든 아기에겐 처음부터 '무언가' 유일무이한, 쉽게 파악할 수 없는 것이 숨어 있다는 사실을 잘 알 것이다. 초롱초롱한 눈빛, 잠깐 불타오르는 관심, 상호작용에 대한 명확한 요구…… 앞서 두뇌와 유전자의 관계를 설명할 때 이미 말했듯 이 '무언가'는 내용보다는 특정한 방향(밖으로 혹은 안으로), 특정한 형식적 절차(빠르게 혹은 느리게, 끈질기게 혹은 느긋하게)와 더 관련이 깊다. 그에 대한 부모의 반응("너는 왜 그렇게 고집 불통이냐. 제 고집대로만 하려고 해. 가만히 좀 있어!" 혹은 "할머니 닮아서 화끈하구나. 넌 꼭 성공할 거야!")은 부모의 입에서 자주 튀어나오는 옛날이야기("우리 딸은 태어나자마자 우리를 한 번 보더니 온 방 안을 살피는 거야. 세상을 다 구경하려는 것처럼 말이야. 하긴 요즘도 그렇지만.")와 함께 아이의 발전 방향을 계속 고무한다. 아이가 갖고 태어나는 이런 독자적인 요소들은 파악할 수는 없지만, 그럼에도 존재한다고 나는 확신한다. 또 그에 반응하는 주변 환경의 방식이 결정적으로 중요하다고 생각한다.

이로써 우리는 정체성의 개인적인 측면에 도달했다. 실제로 우리는 유일무이한 존재다. 우리는 부모와 환경이 우리에게 전달한 요소들의 유례없는 결합의 결과이기 때문이다. 더구나 한 부모에게 여러 명의 자식이 있어도 자식에 따라 각기 다른 반응을 보인다. 거기에는 다양한 이유가 있다. 아이가 첫째냐 막내냐에 따라서도 달라진다. 부모가 직업이 있느냐에 따라서도 아이에게 보내는 관심의 정도가 달라진다. 부모의 금실 역시 큰 영향을 미친다. 또 같은 가정에서 자란다고 해서 모든 아이가 똑같은 '거울반응'을 경험하는 것은 절대 아니다. 뼈아픈 소리지만 부모는 모든 자식을 똑같이 사랑하지 않고 아이들은 예민한 감각으로 이를 알아차린다. 이 역시 아이의 성격 형성에 영향을 미친다. 마지막으로 아이 자체의 유일함도 한몫한다. 앞에서 말한 대로 파악할 수 없는 핵심 특성 이외에도 모든 아이는 동일시와 분리의 상호작용 속에서 스스로 내린 결정의 영향을 받는다. 이 결정이 다른 결정에 영향을 미치고, 그것이 다시 다른 결정에 영향을 미치는 식으로 계속 이어지기 때문이다.

우리 모두는 유일무이하다. 다양한 거울반응을 경험했고 이에 나름의 방식으로 반응했기 때문이다. 하지만 어느 정도는 모두 동일하다. 특정 집단과 특정 문화 내의 거울반응은 늘 공통점이 많기 때문이다.

가족 서사와 민족 서사

면접이나 평가 면담에서 자신의 장점과 약점을 말해보라는 질문을 받으면("자신의 장점이라고 생각하는 다섯 가지를 말해보세요.") 누구나 면접관이나 상사의 기대에 부응할 만한 대답이 무엇인지 고민할 것이다.("저는 무슨 일에든 열정적이며 마음이 넓고 협조를 잘 하며 유연하고 자기평가에 객관적입니다.") 그러나 모든 대답에는 심리적 특성과 사회적 요인(가족, 고향, 국가, 직업, 운동, 정치적 견해 등)이 결합되어 있을 것이다. 심리적 특성은 근본적으로 항상 신체, 정서, 충동과 연관된다. 그리스에서 태어난 로마 시대 의사 클라우디오스 갈레노스(Claudios Galenos)는 인간의 기질을 네 가지 체액으로 설명했다. 그의 사상은 지금도 우리의 사고에 상당한 영향을 미치고 있다. 갈레노스에 따르면 황담즙이 너무 많아 담즙질이면 자제력이 없어 화를 잘 내며, 피가 너무 많아 다혈질이면 성격이 불같고 에너지가 넘치며, 점액이 너무 많아 점액질이면 느리고 감정이 없으며 흑담즙이 너무 많아 우울질이면 염세적이고 침울하다. 당연히 이런 개인적 특성은 타인과 맺는 관계에도 영향을 미쳐서, 고집이 세거나 얌전하거나 반항적이거나 인정머리 없는 행동과 태도를 낳는다.

더 자세히 관찰해보면 우리는 자신의 신체와 타인의 신체 사이를 이리저리 오간다. 우리의 신체는 자극들을, 기분 좋은 자극과 고통스러운 자극을 발송하고, 타인은 우리가 이 자극들에 어떻게 대처할지 알려준다. 이 많은 자극 중 다수(섹스나 공격성 등)가 타인을 향하고 있기 때문이기도 하다. 이는 아기 단계에서부터 시작된다. 엄마 혹은 부모는 말을 하고 잘못을 바로잡아주는 최초의 거울이다. 신생아의 정체성은 태어나기 전부터 쉬지 않고 온갖 메시지들을 발송하는 엄마의 환상과 공포를 발판으로 커간다. 태동을 자주 느끼는 임신 7개월의 여성은 두 가지 반응을 보일 수 있다. "이거 힘이 장난이 아닌데. 대단한 축구 선수가 태어나려나!" 이렇게 말할 수도 있지만 전혀 다른 반응을 보일 수도 있다. "정말 별난 녀석인가 보네. 한시도 가만히 안 있겠어. 엄마를 얼마나 힘들게 하려고 이래." 아이가 세상에 나오자마자 엄마는 아이의 다른 행동들에도 같은 반응을 보일 테고, 이를 통해 아이의 정체성과 자아상에 큰 영향을 미칠 것이다.

물론 그런 식의 메시지들 역시 진공 상태에서 나오는 것은 아니다. 부모가 자식에게 쏟아붓는 기대는 다시금 지극히 특정한 거울, 즉 그들의 가족이나 문화와 관련이 깊다. 첫째로 신화적 형태를 띠는 가족의 역사와 관련된다. 프로이트는 이런 맥락에서 '가족 로맨스'(보잘것없는 부모를 둔 어린아이들이 신분이 높은 인물들이 친부모이기를 꿈꾸는 신경증적 현상으로 현실의 부모를 상상의 부모로 대체함으로써 부모에게 복수하고 동시에 자신의 지위까지 향상시키려는 심리이다.—옮긴이)라는 표현을 사용했다. 대부분의 사람들은 할머니, 할아버지, 증조할머니, 증조할아버지의 이야기를 들으며 자란다. 가족의 비밀이기에 아무에게나 발설하지 않는 그들의 성공담과 실패담을 들으면서 자란다. 이런 방식으로 자신의 뿌리를 알게 될 뿐 아니라 앞으로 어떤 기대에 부응하고 어떤 과제를 해결해나가야 하는지도 알게 된다. 나아가 훗날 자식들에게 그 이야기를 전해줄 조상의 대열에서 한 자리를 배정받는다. 아이들은 이런 이야기에 매우 집착한다. 아주 어릴 때부터 가족과 세대를 이해하려고 애를 쓴다. "그래, 외할머니는 엄마의 엄마야. 나도 엄마가 있어. 알지? 그리고 이모는 엄마의 여동생이야. 너도 여동생이 있잖아." 아이들은 이런 관계를 정확하게 알고 싶어 한다. 부모나 조부모가 가족 앨범을 꺼내서 이야기를 시작하면 모든 아이가 귀를 쫑긋 세운다. 아이들만 그런 것이 아니다. 조상 연구는 어른들도 좋아하는 인기 과목이다. 우리는 이를 '정체성 연구'라고 불러도 좋을 것이다.

가족사는 더 광범위한 문화와 역사의 일부이다. 우리 정체성의 내용과 형식을 더 상세히 결정하는 문화의 일부인 것이다. 형식적인 측면은 신체와 관련이 있다. 3세대 전만 해도 남자가(여자는 드물었다.) 맥주를 손에 들고 입에 담배를 문 채 자전거 경주나 축구 경기를 보는 것을 스포티하다고 생각했다. 요즘은 모두가 헬스클럽으로 달려간다. 남자들은 영원한 젊음을 위해, 여자들은 가슴은 크지만 거식증 환자처럼 보이기 위해. 안정된 일자리가 드물던 옛날에는 공무원이 상당한 인기를 누렸다. 그러다 호경기를 누리던 몇십 년 전에는 모두가 따분한 공무원보다 다이내믹한 대기업을 선호했지만, 사회가 불안정해지면서 다시 공무원이 상한가를 치고 있다. 이렇듯 우리의 외면, 내적 경험, 태도 등은 우리가 수신하는 메시지들에 의해 결정된다.

우리 가족의 역사와 관념, 우리가 속한 사회계층, 우리 가정의 문화, 이 모든 것이 합쳐져 상징 질서를 형성한다. 더 큰 집단이 공유하는 서사적 전체의 상위개념으로서 거대서사를 형성하는 것이다. 이 서사에서 어느 정도 공통된 정체성이 탄생한다. 어느 정도라는 말을 쓰는 이유는 집단의 크기 차이(가족, 고향, 지역, 국가 등) 역시 정체성에 영향을 미치기 때문이다. 출발점은 항상 '진짜' 사건이다. 그것이 시간이 흐르면서 점차 모호해지고 점차 신화적으로 변한다. 그래서 네덜란드의 정체성은 로마에 저항한 바타비아 사람들에게로 거슬러 올라가며, 플랑드르인의 정체성은 1302년 프랑스 귀족들을 무찌른 도시 길드로 거슬러 올라간다. 이 두 사건은 역사적으로 입증된 바 없는 낭만적 상상의 결과물이지만 그래도 상관없다. 실제로 그런 이야기야말로 우리의 정체성에 광채를 더하는 이야기다.

이것들이 커다란 의미가 있는 이유는 서로 공유하는 서사가 우리에게 실존적 문제의 해답을 주기 때문이다. '진정한' 남자, '진정한' 여자란 무엇인가? 완벽한 남녀 관계는 어떤 모습일까? 출세란 무엇이고, 부모가 된다는 것은 어떤 의미가 있으며, 이때 남녀는 얼마나 다른가? 권위자에게는 어떻게 행동해야 하는가? 신체, 섹스와 질병, 죽음을 대하는 자세는 어떠해야 하나? 모든 질문이 실존적이지만 확정된 대답은 없다. 이 대답에 접근하기 위해 우리는 이른바 '상징 질서', '서사적 전체'에 의지한다. 때로는 서로 모순되는 나름의 대답을 내놓는 종교와 예술, 학문 역시 이에 포함된다.

여러 가지 대답, 때로 매우 다양한 대답이 존재한다는 사실은 동시에 정체성도 다양할 수 있다는 의미이다. 진짜 함부르크 사람이나 진짜 뮌헨 사람은 뭄바이나 도쿄 사람과 완전히 다르다. 하지만 같은 곳에서 자라는 청소년이라 해도 어떤 환경, 어떤 사회계층에서 성장하느냐에 따라 전혀 다른 대답을 들을 테고 다른 정체성을 키울 것이다. 물론 이 말은, 특정한 시점까지는 자기 정체성을 (다른 대답을 들려주는 다른 이야기에 기초한) 다른 내용들로 채울 가능성이 있다는 뜻이기도 하다. 또 문화가 풍성할수록 선택할 수 있는 대답도 더 풍성하고 당연히 정체성도 더 다양할 것이다.

자존감과 자기혐오

정체성을 획득하는 방식(타인과 동일시하거나 구분하기)을 통해 이상해 보이는 몇 가지 경험을 이해할 수 있다. 그중 첫 번째 경험은 가끔씩 찾아드는 이런 기분이다. 이것이 정말로 '나'일까? 나는 '진짜'인가? 나는 '나'와 일치하는가? 자기 소외를 느끼는 경우 실제로 외부 요인이 나의 자아를 결정한다는 인식이 신호를 보낸다. 시인 아르튀르 랭보(Arthur Rimbaud)는 이렇게 표현했다. "나는 타자다.(Je est un autre.)" 내면이 갈가리 찢긴 느낌에 빠지고 자신을 모순덩어리라고 생각한다. 이렇게 생각했다가 저렇게도 생각하고, 그러다가 또 전혀 다른 짓을 한다. 정체성을 형성하는 메시지들이 여러 곳에서 올 경우 어쩔 수 없이 조각들이 딱 맞아떨어지지 않는 퍼즐이 만들어질 것이다. 덕분에 우리는 '자기 자신'과 멋진 대화도 나눌 수 있다. 나에게 화가 날 수도 있고 나에게 만족할 수도 있으며, 나로 인해 슬플 수도 있다. 이때 '나'를 평가하는 나는 내가 평가하는 '나'와는 다른 정체성에서 생긴 것이다.

'우리 자신'에 대한 긍정적 혹은 부정적 평가가 오래 지속될 수도 있다. 자기 증오나 자기애, 낮은 자존감이나 높은 자존감 등이 찾아올 수 있는 것이다. '자기' 혹은 '자아'와 결합된 모든 단어는 우리 '자신'의 본질적인, 그러니까 타고난 특성이 중요하다는 분위기를 풍긴다. "그 남자는 자존감이 높아서 꿋꿋하게 잘 살아." "하지만 그의 아내는 자존감이 너무 낮아. 어쩔 수가 없어. 늘 그랬으니까." 하지만 이 역시 다른 사람이 우리를 바라보고 우리의 행동을 해석하는 방식으로부터 영향을 받는다는 사실을 잊어서는 안 된다. 내가 나를 어떻게 생각하는지는 타인이 결정한다. 자신감, 자존감 같은 특징의 발전을 되짚어보면 원래는 그것이 '타인의 신뢰', '타인의 존중'이라는 사실을 알게 될 것이다. 우리가 어린 시절 타인에게서 받았던 신뢰와 존중의 정도는 성인이 된 우리의 자신감, 자존감에 반영된다. 또 타인을 대하는 나의 행동도 결정한다. 정체성이 형성되는 동안 내가 배웠던 꼭 그만큼만 나는 자신감이 있고 타인을 신뢰할 테고, 내가 남보다 낫다고 생각할 것이다. 아니면 불안하고 당황스럽고, 남들이 나한테 화가 나 있다고, 나한테서는 건질 게 하나도 없다고 확신한 나머지 있지도 않은 위험으로부터 미리 도망을 칠 것이다. 전문 용어로 그런 태도를 사회공포증이라 부른다.

인간관계에서 우리는 이성이나 권위자 같은 특정인에게 더 큰 의미를 부여한다. 이성은 자신의 성 정체성(gender identity)의 내용을 정의하려면 반드시 필요한 반대의 성이다. 나의 남성성은 여성성을 어떻게 인식했느냐에 달려 있다. 여자는 나를 유혹하려 드는 악의 원천이라고 생각한다면, 여자를 오직 욕망과 맞서 싸우는 도구로 생각하는 불안하고 엄격한 남자가 될 것이다. 여자가 부드럽고 보살펴주지만 나를 지배하는 존재라고 생각하는 사람은 늘 독립을 갈망하는 마마보이가 될 것이다. 이런 사실은 남자와 여자의 본성을 정의하려는 모든 노력이 실패할 수밖에 없음을 입증한다. 대부분 그런 노력은 특정 사회질서를 유지하는 데 기여하기에, 그저 선입견에 불과하다. 여자는 멍청하고 약하며 남자는 똑똑하고 강하다. 그러니 여자는 대학에 갈 필요가 없고 지도자 자리에 오를 수 없다. 불과 얼마 전까지만 해도 이런 남녀의 정의가 일반적으로 널리 퍼져 있었다.

그런 판단은 내가 지속적인 관계를 맺는 두 번째로 중요한 타인, 즉 권위자로서의 타인과 관련이 있다. 우리가 권위자에게 취하는 태도는 우리 정체성의 중요한 구성 요인이다. 권위자에게 비판적이고 반항적인가? 순종적이고 협조적인가? 불안을 느끼는가? 아니면 공격적이고 경쟁적인가? 이 역시 최초의 권위자인 부모와 맺는 관계를 통해 습득한 것들이다. 전통적으로 권위자라고 하면 아버지를 떠올리지만 현실에서는 어머니가 발언권을 가지는 경우가 더 흔하다. 인간은 신이 이끌어주신다고 생각한다. 혹은 더 산문적으로 표현해 여성의 의지가 신의 뜻이다.(Ce que femme vent, Dieu le veut.) 이런 이중적 해석은 전형적인 사회체제, 즉 가부장제와 부합한다. 가부장제에서는 남자가 신과 왕의 대리인으로서 자기 마음대로 휘두를 수 있는 권력을 인정받는다. 하지만 악영향도 없지 않다. 위압적인 아버지의 자식들은 평생 권위에 대한 두려움을 떨쳐버리지 못한다. 자식을 학대하는 아버지는 어떤 형태의 권위도 의심스럽게 만드는 법이다.

이성 및 권위자와 맺는 관계는 서로 밀접한 관련이 있는 우리 정체성의 두 가지 중요한 차원을 형성한다. 권위자인 타인은 내가 나의 몸과 이성의 몸을 어떻게 대해야 하는지, 쾌락에 이르는 어떤 행위는 허락되며 어떤 행위는 허락되지 않는지를 나에게 말해준다. 발리우드(Bollywood: 봄베이(현재의 뭄바이)와 할리우드의 합성어로 대개 인도의 영화산업을 이르는 말이다.—옮긴이) 영화에선 키스가 금지돼 있다. 유럽에서 여성이 여러 명의 애인과 동시에 사귀면 욕을 먹지만 남자가 여러 명의 여자 친구를 거느리면 능력자 취급을 받는다. 이런 사실은 규범과 가치에 대한 논쟁으로 우리를 이끄는 동시에 이에 대한 우리의 확신이 정체성의 고정 메뉴라는 사실을 가르쳐준다. 프로이트의 용어를 빌리면 자아 및 초자아(즉 양심)인 것이다.

우리가 습득하거나 습득하지 않은 규범들

정체성은 타인들이 우리의 몸에 새겨 넣은 특성들의 집합으로, 대개 우리의 출신과 운명에 관한 견해들의 총체이다. 이는 동시에 우리가 우리 몸, 이성의 몸, 그리고 권위자를 어떻게 대해야 하는지도 정해준다. 몸은 외적인 것, 음식과 섹스, 고통과 질병, 죽음을 대변한다. 식사는 식탁에서 사람들과 함께 하는가? 아니면 혼자 소파에 앉아 텔레비전을 보면서 하는가? 식사 시간을 잘 지키나? 아니면 하루 종일 시도 때도 없이 먹어대는가? 섹스는? 누구랑 하나? 혼자서? 다른 사람하고? 다른 사람 누구? 몇 살 때부터? 열 살짜리, 다섯 살짜리 아이에게 섹스를 강요하는 것이 정상인가? 병이 났을 때는 어떻게 하나? 통증을 느낄 때는? 이를 악물고 참나? 곧바로 약부터 입에 털어 넣나? 얼마나 아파야 노동 능력이 없다는 판정을 내릴 수 있을까? 의료보험공단은 비용을 얼마나 부담해야 하나? 우리는 자신의 죽음을 스스로 결정할 수 있나?

이런 질문에 어떤 대답을 내놓든 즉각 '너답다', '전형적이다'라는 반응이 돌아올 것이다. 다시 말해 누군가의 대답은 그의 정체성을 구성하는 고정 메뉴인 것이다. 졸장부인가? 무모한 도전자인가? 이상성욕증 환자인가? 쪼잔한 소시민인가? 인생을 즐기는 한량인가? 금욕주의자인가? 그런 특성을 신중함, 정의감, 자제력, 지구력, 이웃 사랑과 같은 덕목이나 오만, 탐욕, 육욕, 질투, 욕망, 분노, 게으름 등의 죄악으로 평가하게 된 지 그리 오래되지 않았다. 이런 비교에서 끌어낸 결론은 놀랍다. 우리의 정체성은 개인의 특성들을 모아놓은 중립적인 단일체가 아니다. 우리의 정체성은 우리가 습득하거나 습득하지 않은 규범 및 가치와 더 관련이 깊다. 규범과 가치관을 둘러싼 오늘날의 사회적 논란은 정체성을 둘러싼 논란이나 다름없는 것이다.

모든 정체성은 서로 연관된 이데올로기에서 발원한다. 나는 여기서 이 개념을 매우 넓게 사용할 것이다. 즉 인간관계 및 이를 규제하는 최고의 방법에 대한 각종 견해들의 전체로 볼 것이다. 역사적으로 볼 때 하나의 이데올로기는 다른 이데올로기에 대한 반응이다. 그 결과 나름의 규범과 가치를 갖춘 "우리는 다른 서사에 반대한다."가 탄생하고, 이는 '전형적인' 사회주의자, '전형적인' 가톨릭교도의 정체성을 결정한다. 그러므로 이데올로기 및 각자의 정체성이 다른 이유는 신체 및 타인을 대하는 '정상적' 태도, '옳은' 태도가 무엇이냐에 대한 견해가 각기 다르기 때문이다. 질병과 죽음을 대하는 무신론자의 자세가 종교인의 자세와 다를 가능성은 매우 크다. 여기서는 일단 내용상의 차이는 제쳐두고 몇 가지 공통된 특징을 살펴보자.

신체를 대하는 태도는 항상 향락을 대하는 태도와 관련이 있다. 각 이데올로기는 향락의 규제와 관련된 규범과 가치는 물론이고, 관련 규칙의 준수 여부를 감시하는 엄격함에서도 차이가 난다. 예를 들어 유럽의 경우 음식에 대한 터부가 거의 없기 때문에 유대인들처럼 음식에 대한 규제가 심한 문화를 멸시한다. 하지만 바로 그런 도덕적 우월감 탓에 거의 모든 유럽 여성들이 평생 다이어트를 하고 그러다가 섭식장애를 겪는다는 사실은 까맣게 잊어버린다. 또 우리는 담배와 벌인 전쟁에선 승리를 거두었지만 마약 전쟁에선 패배했다. 섹스 문제에선 보호 연령을 정하고 상호 합의를 원칙으로 삼는다. 하지만 동양의 어떤 나라에선 어린아이들에게도 결혼을 시키고 여성 할례가 지금도 은연중에 행해지고 있다. 우리는 여자와 남자가 동등하다고 생각하지만 최대 인구를 자랑하고 경제 대국을 꿈꾸는 두 나라, 중국과 인도에서는 여전히 여성을 멸시하는 풍토가 만연해 있다.

물론 방식은 매우 다양하지만, 모든 이데올로기는 향락으로 들어가는 입구를 규제한다. 나아가 모든 이데올로기엔 또 하나의 공통점이 있다. 모두가 자신의 규정을 가장 바람직하다고 생각하고, 다른 이데올로기는 원시적이고 낡았고 타락했다고 생각한다는 점이다.

공격성과 공포, 동일성과 차이의 균형

타인과 맺는 관계는 성별, 사회적 지위, 피부색, 옷차림 등 다양한 기준에 좌우된다. 이런 가시적인 차이는 다른 정체성, 다른 가치관, 다른 사회적 상황의 표현이다. 양복을 입은 30대 남자는 티셔츠에

청바지를 입은 같은 연령의 남성과는 다른 기대를 불러일으킨다. 이상하게도 동일성과 차이는 똑같이 공격적 태도를 부를 수 있다. 누군가 우리와 너무 닮았으면 우리는 거리를 두고 싶고 달라지고 싶어진다. 하지만 상대가 우리와 너무 다르면 그를 우리에게 맞추고 싶어지거나(통합), 반대로 그를 따라 하고 싶어진다.("이길 수 없다면 합류하라.(If you can't beat them, join them.)")

이런 섞임과 거리두기 사이의 균형잡기는 그 무엇보다 강하게 우리의 정체성을 결정한다. 내가 나인 이유는 내가 다른 집단이 아닌 바로 이 집단에 속하기 때문이다. 다른 집단(다른 타인들)으로부터 등을 돌릴수록 내 집단(같은 타인들)에게 느끼는 소속감은 더 강해진다. 집단의 결합력이 사라지면 정체성은 약해지고 혼란스러워지며 자기 집단 내의 같은 타인들을 향해서도 점차 공격성을 키워간다. 정치가들은 본능적으로 이를 이용한다. 국가가 불안하면 외부의 적을 만들고 이를 통해 다시 대오를 정비하는 것이다. 그 옛날 유대 종교부터가 희생양을 만들었다. 그래서 화해의 날인 욤키푸르에 상징적으로 모든 죄를 짊어진 희생양을 사막으로 보냈다.

동일성과 차이의 바람직한 균형은 사회 차원에서도, 개인 차원에서도 매우 중요하다. 요즘 들어 통합이나 관용, 인종주의 같은 주제에 관심이 쏠리지만, 이것은 사실 해당 사안에 대한 관심이 아니다. 그저 내 편이냐(동일성) 아니냐(차이)를 정하라고 윽박지르는 것에 불과하다. 이슬람교도들이나 그렇지, 유럽인들은 그렇지 않아요! 이렇게 생각하는 사람이 있다면 지난 세기의 정치를 되돌아볼 필요가 있다. 이데올로기와 정체성을 둘러싼 모든 논란의 당사자들은 각자의 전형적 공격성과 공포를 포함하는 동일성과 차이의 필수적 균형을 반드시 고려해야 한다. 모든 구성원을 최대한 똑같이 만들고 싶은 사회는 최대한 차이가 커지게 만들려는 사회와 마찬가지로 실패할 수밖에 없다. 첫 번째 사회의 예는 20세기의 공산주의 실험일 테고, 두 번째 사례는 지금 유럽의 사회체제일 것이다. 오늘날의 우리는 날이 갈수록 어떤 사회적 결속도 없는 개인들의 집합체처럼 행동한다. 왜 그런지는 이 책의 2부에서 더 자세히 알아보자.

정신분석학의 입장에서 보면 정체성 발달은 이중의 위험을 안고 있고, 이는 항상 공격성으로 귀결된다. 한 사회에서 첫 단계, 즉 동일시가 너무 일방적으로 진행되면 똑같은 사람들로 구성된 집단이 탄생하고, 모든 것을 결정하는 권위자가 꼭대기에 자리를 잡고 앉아 모든 공격성이 바깥을, 다른 집단을 향하도록 조절한다. 안타깝게도 이런 역사적 사례는 무수히 많다. 나치가 자기네 이론을 완벽하게 실천에 옮기기 불과 10년 전에 프로이트가 이런 메커니즘을 『집단심리학과 자아분석』에서 아주 상세히 설명한 것은 실로 역사의 아이러니다.

두 번째 위험은 정체성 발달에서 집단 형성의 측면이 너무 약해 구분과 개인주의가 너무 강조되는 경우에 나타난다. 경쟁심, 사회적 고립, 고독이 초래된다. 정신분석학자들은 이를 두고 우리가 다른 사람에게서 보았다고 생각하는 거울상을 향한 자기애적 공격성이라고 부른다. 그 결과는 질투를 유발하는 끝없는 좌절이며 폭력으로 이어질 가능성이 매우 높다. 공격성이 가까운 주변의 타인을 향할 수도 있기 때문이다.

극단적인 차이를 보이는 사회는 완벽한 동화를 꿈꾸는 사회와 마찬가지로 유지되기 힘들다. 두 가지 형태 모두 폭력을 촉진한다. 15세기 프리슬란트에서 일어난 빵 폭동에서, 물론 아직은 전조 단계에 불과하지만 요즘 유럽 교외에서 일어나는 소요 사태에 이르기까지, 어디서나 차이가 너무 클 경우에 공격성이 촉발된다. 이런 종류의 공격성이 이데올로기와 연관되면 계급투쟁이 된다. 반대로 차이가 거의 없거나 차이를 거부하는 경우에도 폭력이 발생할 수 있지만 자주 일어나지 않는 상황이라서 직관적으로 이해하기는 쉽지 않다.*

동일성과 차이의 균형이 적절하여 공격성이 안전한 출구를 발견하는 사회는 성공적이라 부를 수 있다. 실제로 축구는 전쟁의 한 형태이며 예술은 도덕으로 유혹하고 축제는 정해진 탈선을 허락한다. 희생양을 사막으로 보내는 의식도 나쁜 아이디어는 아니다. 모

* 오늘날의 애착 이론에는 거울반응과 동일성이 공격성의 원천이라는 생각이 빠져 있다. 거울단계에 관한 자크 라캉(Jacques Lacan)의 조금 오래된 이론만 보아도 이런 연관 관계가 언급돼 있는데 말이다. 이 주제와 관련된 최근의 연구로는 르네 지라르(Rene Girard)의 미메시스 이론이 있다. 그러나 이 주제의 초보자라면 게이르트 판 코일리의 책(Geert van Coillie, 2011)을 권하고 싶다.

든 집단, 나아가 모든 사회는 밸브가 필요하다. 피할 수 없는 공격성을 해결할 위생 조치가 필요한 법이다. 그런 밸브가 없는 집단은 예외 없이 일정한 시간 간격을 두고 희생양을 찾으며, 실제로 그들을 희생시키기도 한다. 왕따가 대표적인 사례이다. 차라리 축구가 훨씬 낫지 않은가.

정체성은 이데올로기다

정체성은 타고나는 것이 아니다. 하지만 가능성과 방향은 어느 정도 타고난다. 우리가 어떤 사람이 되느냐는 타인과 나누는 상호작용에 달려 있다. 혹은 넓은 의미의 환경과 문화에 달려 있다. 우리는 정체성을 형성하는 환경의 메시지를 받아들이거나 거부한다. 이 과정은 일생 동안 지속되며 우리의 '나'는 결코 완성되지 않는다. 물론 성인의 변화는 센세이셔널한 경우가 드물고 대부분 뉘앙스의 차이, 강조점의 이동 및 확대에 그치지만 그럼에도 쉰 살의 우리와 쉰두 살의 우리는 다른 사람이다. 그사이 손주가 태어나 할머니 할아버지라도 된다면 정말로 많이 달라질 것이다. 완전무결한 환경에서는 정체성의 변화도 매우 느릿느릿 진행된다. 그러나 과거의 동구권 국가들처럼 짧은 기간에 과도한 사회변화가 닥칠 경우 급격하고 드라마틱한 변화가 따를 것이다. 개인의 경우도 마찬가지이다. 사고나 중병이나 트라우마 같은 극적인 사건은 급격한 변화를 몰고 올 수 있다. 더 이상 '그 사람 자신'이 아닌 것이다.

정체성을 형성하는 메시지가 타인이나 집단에서 오기에 한 집단(가족에서부터 같은 언어를 쓰는 민족에 이르기까지) 내부에 있는 개인의 정체성은 상당 부분 일치한다. 이런 의미에서 집단 정체성이라는 말을 쓸 수 있겠다. 뮌헨 사람, 네덜란드 사람, 유럽 사람, 이런 식으로 표현할 수 있다. 이런 포괄적 정체성 역시 개인의 정체성과 동일한 논리가 적용된다. 즉 원초적 버전은 없다. 하나의 신화적 버전만 있을 뿐이다. 집단 정체성 역시 상호작용을 기초로 형성된다. 물론 더 확장된 환경에서, 더 많은 시간을 거치면서 형성된다. 그럼에도 이런 집단 정체성 역시 완성되는 법이 없다. 예를 들어 오늘날 독일인의 정체성은 매우 체계적으로 행동하는 잘 훈련된 엔지니어 이미지를 떠올리게 한다. 어떤 독일인이든 살짝 니스칠만 벗겨내면 금방 엄격한 프로이센 사람이 나타난다. 「다이 하드」 같은 영화에서도 조직의 완벽한 악당들은 늘 독일어를 쓴다. 하지만 이런 이미지는 20세기 두 번의 전쟁이 낳은 결과물이다. 19세기만 해도 독일의 이미지는 파이프를 피우는 농부와 시인, 철학자 들이 특이하게 뒤섞인 나라였다. 지금과는 전혀 다른 모습인 것이다.

이런 내용의 변화를 두고 거시 사회적(macro social) 변화라 부른다. 한 사회의 진화와 관련되기 때문이다. 개인의 성격을 그의 정체성 및 타인과의 관계를 보고 판단할 수 있듯 사회 역시 그렇게 이해할 수 있다. 이해를 돕기 위해 세 가지 대립 쌍(가득 찬 : 텅 빈, 열린 : 닫힌, 안정된 : 불안한)을 이용해 설명해보겠다.

바람직한 사회는 세분화된 풍성한 이야기들을 제공하여 구성원들이 나름의 정체성을 창조하도록 도와준다. 이런 맥락에서 '가득 찼다'는 말은 큰 우물에서 실존적 질문의 해답을 마음껏 길어낼 수 있다는 뜻이다. 우물에 물이 없다면, 아무리 거울을 들여다봐도 틀에 박힌 이미지밖에는 건질 수 없을 것이다. 심한 검열로 구성원들에게 규격화된 서사만 제공하는 사회는 틀에 박힌 인간만 생산한다. 이 두 유형의 극단 모두 전형적인 정체성 장애를 일으킨다. 첫 번째 경우 '자기 자신'으로 너무나 만족하여 과대망상으로 치달을 수 있다. "브리타니아가 바다를 지배한다.(Britannia rules the wavs!)"라고 외쳤던 빅토리아시대 영국인들이 그랬다. 두 번째 경우 개인은 아무것도 아니다. 그래서 전형적인 우울증을 낳는다. 소련 시절 보드카에 취한 러시아인들의 공허한 '영혼'을 생각하면 될 것이다.

두 번째로 열린 혹은 닫힌 사회가 있다. 열린 사회에서는 다양한 서사가 공존하기에 선택 가능성이 크고, 이런 열린 성격의 반영인 인간은 더 열린 정신의 소유자로 커나간다. 개방성은 열린 사회의 결과이다. 이와 반대되는 사회에는 나와 다른 것은 무조건 나쁘고 위협적인 것으로 여기는 닫힌 서사들밖에 없다. 17세기 암스테르담으로 구름처럼 몰려들었던 계몽주의 학자들이 과연 무엇에 저항했던가를 생각해보면 잘 알 수 있다. 이들이 도망쳐 나온 곳은 엄격한 프로테스탄트의 폐쇄적인 신앙 공동체였다. 첫 번째의 극단적 형태는 늘 과장된 최신 유행만 쫓아다니는 히스테리성 성격이다. 두 번째의 극단적 형태는 모든 사람, 모든 것과 정확히 거리를 두는, 전염이 두려워 사람을 피하는 전형적인 강박 노이로제이다.

마지막으로 안정된 사회와 불안정한 사회가 있다. 이런 특징은 무엇보다 지배 서사와 관련이 있다. 지배 서사가 강할수록 교류는 안정되고 더불어 정체성의 형성도 안정된다. 하지만 너무 과도하게 안정되면 사회가 경직되어 권위적으로 변할 수 있다. 철학자 테오도어 아도르노(Theodore Adorno)가 말한 장애, '권위주의적 인격' 역시 이에 속한다. 물론 오늘날엔 이런 위험이 없는 것이나 마찬가지이다. 저울추는 오히려 반대쪽으로 너무 쏠려 있다. 폴란드 출신의 영국 사회학자 지그문트 바우만(Zygmunt Bauman)이 '유동적 현대(liquid modernity)'라고 일컬은 시대에 명확한 서사가 없을 경우 이를테면 유동적 정체성(liquid identity)이 탄생한다. 이렇게 흔들리는 정체성은 정해진 경계를 넘어 경계선 성격장애로 치닫는다. 불안한 정체성이 쉼 없는 감정의 변화를 야기하는 질병 말이다.

이로써 우리는 이 장의 가장 중요한 결론에 도달한 듯하다. 정체성은 항상 '당사자'와 넓은 환경의 상호작용이 만들어내는 산물이요 구조이다. 형식적으로 하나의 정체성은 꽉 차거나 텅 빌 수 있고, 개방적이거나 패쇄적일 수도, 안정되거나 불안할 수도 있다. 정체성의 내용은 한 집단이 공유하는 견해와 이데올로기, 전문 용어로 '특정 문화의 더 큰 서사'에서 나온 규범과 가치가 다소간 서로 연관된 전체이다. 이 전체가 결정적으로 변화할 경우, 이에 바탕을 둔 정체성 역시 변화할 것이다. 정체성이 새로운 서사의 방향으로 발전하고 새로운 규범과 가치를 받아들일 것이다. 그러므로 정체성은 윤리를 빼고는 생각할 수가 없는 것이다.

2

윤리

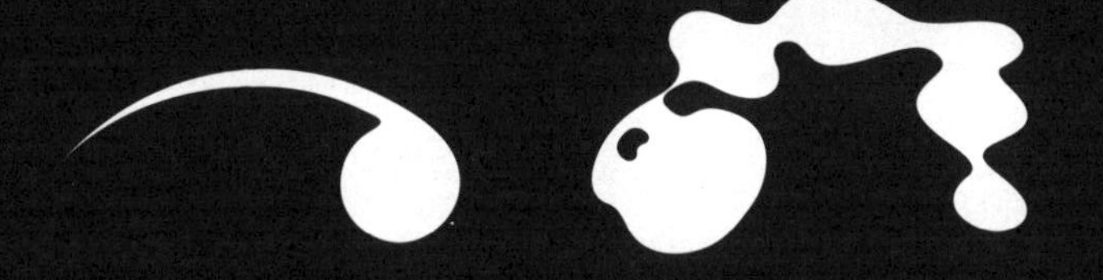

자아실현에서 자기부정까지

어느 신문이든 규범과 가치의 실종을 한탄하는 기사가 넘쳐난다. 그런 기사를 볼 때마다 내 머리엔 이런 장면이 떠오른다. 한 노신사가 깜짝 놀라 안주머니를 뒤지더니 주변을 두리번거린다. 내가 조금 전에 어디 있었지? 어디서 재킷을 벗었지? 그 탁자에 같이 앉아 있던 사람이 누구였지? 이런 식으로 우리는 규범과 가치를 소유할 수 있고, 잃어버릴 수도, 되찾을 수도 있는 거라고 생각한다. 지금은 없어졌지만 늘 같은 내용물이 들어 있는 거라고 믿는다.

규범과 가치가 거론되는 자리는 늘 재앙을 외치는 예언가들과 대중 선동 정치가들의 무대이다. 신문은 충동적으로 범죄를 저지른 범죄자들과 왕따를 시키는 어른들과, 아동 성추행을 저지른 주교들과 결정을 못 내리는 리더들과 타락한 공무원들과 시민 의식이 없는 젊은이들로 넘쳐난다. 어디서부터 시작해야 할지조차 모르겠다. 옛날의 종교 전통에 따라 우리는 숙면을 도와줄 희생양을 찾아 나선다. 융통성 없는 편협한 이들은 68년 5월 열정적으로 사랑의 해방을 외쳤던 게으른 장발의 무뢰한들에게 책임을 묻는다. 걱정 많은 지성인들은 한 걸음 더 나아가 18세기 계몽주의에서 원인을 찾는다. 당시의 장발족들이(물론 그 시절엔 다 가발이었지만) 징통 규범과 가치관을 모조리 무시하고 종교를 폐지하고 공화제를 수립하자고 외쳤고 이성을 행동 노선으로 삼았기 때문이라고 말이다. 그래서 어떻게 되었는지 잘 봐! 최근 들어 이렇게 주장하는 글들이 사방에서 눈에 띈다.

네덜란드 언어권에서는 『불쾌의 시대(*Tijd van onbehagen*)』를 쓴 철학자 아트 페르브뤼허(Ad Verbrugge)가 대표 주자이다. 수많은 동료들과 마찬가지로 그는 모든 악의 근원을 증가하는 개인화와 줄어드는 영성에서 찾는다. 이 두 현상의 출발점은 계몽주의 철학에 있다. 스코틀랜드 철학자 알래스데어 매킨타이어(Alasdair MacIntyre)는 『덕의 상실』에서 역사적 맥락을 더 확장한다. 즉 합리적 도덕은 종교의 흔적이 남아 있을 때에만 작동할 수 있다고 말이다. 그 흔적이 사라져버리면 더 이상 지탱이 안 되는데 바로 이런 시나리오가 지금 연출되고 있다고 매킨타이어는 주장한다. 영국의 정치철학자 존 그레이(John Gray)는 조금 더 서민적인 해석을 곁들여 전통의 상실, 이성의 우세 및 이로 인한 유토피아적 진보 사상을 묵시록의 징조로 본다. 그사이 이런 형태의 비판은 일반 언론에까지 촉수를 들이밀었다. 2010년 10월 28일자 《가디언》에 실린 칼럼니스트 조지 몬비어트(Geroge Monbiot)의 글은 '계몽주의 모델'을 인간의 본성을 거역하는 것으로 보고, 오늘날 널리 퍼진 무정부주의의 원인으로 지목한다. 이 모든 글들이 내놓는 치료법은 동일하다. 교회를 늘리고 경찰을 늘리고 형벌을 강화하면 다 좋아진다는 것이다. 아버지는 벽난로 옆에 앉아서 파이프 담배를 피우고 엄마는 부엌에서 밥을 하고 아이들은 제 시간에 잠자리에 들어야 한다. 혹시 있을지 모를 빈틈은 곳곳에 빼곡히 심어놓은 CCTV가 메워줄 것이다.*

그러나 중도 계몽주의와 급진 계몽주의를 구분하는 사학자 조너선 이스라엘(Jonathan Israel)의 백과전서파는 반대되는 주장을 내놓는다. 중도 계몽주의가 이성과 종교를 화해시키려 애쓴 결과 둘의 장점은 사라지고 나쁜 요인들만 남는다는 애기다. 필립 블롬(Philipp Blom)이 『나쁜 기업: 유럽 계몽주의의 잊힌 극단주의(*A Wicked Company: The Forgotten Radicalism of the European Enlightenment*)』에서 말했듯 오늘날 우리는 여전히 "신학 사상의 영향을 너무 많이 받아

* 제라르 리브(Gerard Reves)의 교황 연두교서를 주제로 한 시 「복음(De Blijde Boodshap)」을 인용하고 싶다. "떨리는 심장으로 컬러 TV 앞에 앉아 / '교황께서 도덕의 쇠퇴에 대해 분명 언급하시겠지?'라고 생각하는 순간 / 정말로 그는 말하네 / 데카덴시아, 이모랄레, 물티 파일티 [……] 인 쇼토; 노 프로블 레모. / 이렇게 금세 끝나버리다니 민망한 일이다. / 하지만 곧 군악대가 듣기 좋은 음악을 연주하고 / 삶은 내 관심 범위 안에서는 충분히 근사하다. / 그들은 곧 천국에 들리니! / 당신은 문득 궁금해질 테지. / '우리가 무슨 짓을 했기에 이런 일을 당할까?"

혼란스럽다." 평가 면담이 죄를 사해주지도 못하면서 고해성사의 기능을 떠맡았다. 신체는 여전히 길들여져야 하기에 거식증에 걸린 사진 모델들이 우리의 새로운 성자들이다. 하지만 그들의 이상적 규격은 도저히 따라갈 수 없어 우리는 그들을 볼 때마다 양심의 가책을 느낀다. 블롬은 오늘날 우리에게 필요한 것은 볼테르(Voltaire)와 장 자크 루소(Jean-Jacques Rousseau)에게까지 거슬러 올라가는 부드러운 사이비 종교 버전이 아니라 보다 급진적인 계몽주의라고 주장한다. 이성을 둘러싼 온갖 야단법석 말고 무엇보다 인간의 열정적 측면에 대한 드높은 관심이 필요하다고 말이다.

가라앉는 것은 다른 형태를 띠고 다시 떠오르게 마련이다. 소위 규범과 가치의 상실 이후 역설적으로 우리 곁엔 생명 윤리, 언론 윤리, 의학 윤리, 계약 윤리, 간병 윤리 등 온갖 윤리가 넘쳐난다. 하지만 대부분의 사람들은 그런 상황에 아무런 관심이 없다. 이런 온갖 윤리의 난리법석을 먼지 덮인 사무실에 앉아 아무도 관심을 보이지 않는 새로운 방침을 작성하는 노신사들을 위한 일종의 작업요법 정도로 보기 때문이다. 윤리라는 말 자체가 이미 고리타분한 느낌을 풍긴다. 모혈세포 연구를 방해하고 다윈을 교과서에서 추방하려는 몇몇 정신 나간 인간들을 제외한다면 요즘 세상에 누가 그런 것에 관심을 가지는가?

우후죽순으로 솟아나는 온갖 윤리는 아무도 빠져나올 수 없는 기괴한 기계장치를 낳았다. 수많은 규칙과 방침이 있다. 가령 내가 일하는 대학에는 1.5페이지 분량의 시험 규정이 있었고 이를 따라 모두가 오랜 세월 아무런 문제 없이 시험을 치고 성적을 받았다. 그런데 최근 들어 규정이 수업 및 시험 규정으로 이름이 바뀌더니 무려 50페이지 넘는 책 한 권 분량이 되었고, 그것으로도 모자라 계속 내용을 첨가하고 수정하고 있다. 당연히 대부분의 교수들은 그러거나 말거나 별 관심이 없다. 안 그래도 잡무가 많아 죽겠는데 온갖 위원회가 생기면서 수업 준비에 쏟을 시간만 줄어든다. 그렇게 보면 윤리는 과학과 기술 바깥에 있다. 심지어 과학 및 기술과 대립되며, 넓은 의미의 노동 세계와도 대립된다. 그러니까 마침내 우리 일을 할 수 있으려면 최대한 빨리 윤리에서 해방되어야 하는 것이다.

앞 장을 읽은 독자라면 다 짐작했겠지만 내 생각은 다르다. 삶을 힘들게 하는 온갖 구질구질한 규정들 탓에 우리는 윤리의 원래 의미를 놓치고 있다. 정확히 말해 규범과 가치는 자신의 신체 및 타인의 신체를 대하는 방식이다. 동시에 우리가 누구인지를 결정하기에 우리 정체성의 중요한 일부로 보아야 한다. 앞 장에서도 설명했듯 정체성은 오로지 우리와 외부 세계의 상호작용, 우리가 누구인지, 무엇을 느끼는지, 어떻게 행동해야 하는지를 가르쳐주는 타인들과의 상호작용에 기반을 두고 있다. 이런 규범과 가치는 우리의 정체성과 마찬가지로 쉽게 사라질 수가 없다. 둘 다 변할 수 있고 또 변하지만 항상 같은 방향으로 변한다. 윤리적 차원의 변화는 정체성 차원의 변화를 일으키고, 거꾸로 정체성 차원의 변화는 윤리적 차원의 변화를 초래한다. 더구나 그런 변화는 항상 개인이 자기 정체성은 물론이고 규범과 가치를 길어 올리는 더 넓은 환경의 변화를 뜻한다. 우리가 정체성을 우리의 일부로 보기 시작한 것은 70년대에 들어서이다. 더불어 우리는 우리 자신이 생각보다 훨씬 덜 독창적인 존재라는 사실을 마지못해 인정했다. 반면 규범과 가치는 외부 세계의 것이기에, 이를 우리의 일부로 생각하고 싶어 하지 않는다. 이는 윤리에 깃든 평가의 성격 탓이다. 지금 같은 정치적 올바름(political correctness)의 시대에 도덕적 비판을 포함한 가치판단이란, 모두가 애당초 의심스럽기에 그 자체가 비판의 대상이 되는 것이다.

따라서 윤리를 별로 중요하지 않지만 항상 부담스러운 외부의 규칙 체계로 바라보는 오늘날의 입장은 우리에게 정확히 이런 메시지를 전달하는 특정한 사회변화의 결과이다. 변화된 사회는 일련의 새로운 규범과 가치를 우리에게 부과했고, 우리는 즉각 이를 규범과 가치로 인식한다. 2부에서 나는 현대의 가장 중요한 도덕적 판단 기준인 물질적 성공을 살펴볼 것이다. 윤리 혹은 도덕은 실제로 선과 악의 차이를 결정한다.

오늘날엔 이 두 단어를 입에 올리는 것만으로도 이미 불쾌감이 조장된다. 놀랍기 그지없다. 선과 악의 차이를 묻는 질문은 이미 인류 역사의 출발점에서부터 우리를 불안하게 만들어왔기 때문이다. 이 질문에는 인간의 '본성'을 묻는 질문은 물론, 우리를 구성하는 것이 무엇인지를 묻는 질문도 포함되어 있다.

인류 역사를 연구하는 사학자들은 완전히 상반된 두 가지 대답을 내놓았다. 정체성 발달을 어떻게 바라보느냐에 따라 대답은 극명하게 나뉜다. 첫 번째 입장은 인간이 기본적으로 선하며 사회는 이런 본성이 만개하도록 보살핀다고 생각한다. 두 번째 입장은 인간이란 나쁜 존재이기에 사회는 이 나쁜 본성을 최대한 억제하기 위해 엄격하게 살펴야 한다고 주장한다. 자아실현을 중시하는 사회는 인간이 근본적으로 선하며 따라서 자아실현이 멋진 아이디어라고 여긴다. 하지만 인간을 악하다고 보는 사회는 그런 악한 충동을 억제하기 위해 자기부정에 매진한다. 그러자면 규칙적인 통제가 필요하고 항상 고삐를 팽팽하게 쥐야 한다. 이 관념은 기독교 윤리에서 두 번째로 중요한 추진력을 제공받으면서 서구 사상을 지배해왔다.

그렇다. 정말로 끝에서 두 번째이다. 오늘날 우리는 기독교 윤리에서 해방되었다는 망상에 젖어 살면서도 임박한 평가 면담이 무서워 벌벌 떨고, 그러다 긍정적인 평가를 받으면 아이처럼 뛸 듯이 기뻐한다. 그렇다면 이제 역사적 관점에서 이 문제를 살펴볼 만하다.

고대의 윤리: 좋은 관습이 좋은 성격이다

거의 모든 학자들이 고대의 도덕에서, 그리고 기독교적으로 이해된 고대에서 서양 도덕의 기원을 찾는다. 또한 그리스 자연철학(지금은 사라진 철학과 자연과학의 혼합 형태), 특히 아리스토텔레스의 논리야말로 정체성, 규범, 가치를 하나의 전체로 보는 이론의 설득력 있는 사례라고 생각한다. 아리스토텔레스는 에토스(ethos), 즉 관습을 에토스(èthos), 즉 성격과 결합해 좋은 성격의 원천은 좋은 관습이라고 보았다. 물론 오늘날의 우리는 이런 윤리와 성격의 결합을 인정하지 않지만 언어의 기억은 그 사실을 잊지 않고 있다. 그래서 "그는 성격이 나빠.(C'est un petit caractere.)" 같은 말이 지금도 사용된다.

이런 논리에는 명확한 기본 태도가 숨어 있다. 즉 윤리는 인간의 **본성**에 있다는 생각이다. 아리스토텔레스에게는 이것이 단순한 생물학적 사실이었다. 우리 인간에게만 해당되는 사실이 아닌 것이다. 그래서 아리스토텔레스는 모든 유기체는 삶의 목표(telos)가 있으며, 이를 최대한 잘 실천하려고 노력한다고 주장한다. 이런 노력의 성공 여부는 주변 환경뿐 아니라 해당 유기체의 노력에도 좌우된다. 그렇게 본다면 모든 생명 형태의 목표는 자아실현이며, 이는 이미 태어날 때부터 싹으로 품고 있던 것을 최대한 많이 실현한다는 의미이다.

인간의 목표는 자신과 가족이 최대한 행복해지는 것이며, 자신이 공동체의 우수한 구성원으로 발전하기 위해 노력하는 것이다. 아리스토텔레스는 이 두 가지 목표가 떼려야 뗄 수 없는 관계라고 보았다. 인간은 근본적으로 조온 폴리티콘(zoön politikon)이기 때문이다. 이 말은 보통 '사회적 존재'라고 번역되지만 정확한 번역은 아니다. 폴리티콘(politikon)은 폴리스(polis)에서 왔고 당시의 도시국가와 동시에 서양 민주주의의 전신을 지칭한다. 따라서 더 정확한 번역은 '공동체적 동물'일 것이다. 한 인간이 가장 바람직하게 발전하여 자기 안에 무엇이 숨어 있는지를 깨닫는다면 그는 완벽한 가치를 지닌 사회 구성원이 될 테고 이를 통해 행복해질 것이다.

공동체 내의 자아실현은 지혜, 정의, 절제, 용맹처럼 우리 모두가 타고나는 특정한 덕목 혹은 아레타이(arètai)의 발달을 포함한다. 이런 발달은 균형잡기이다. 한쪽을 억누르면 최고 수준으로 실현될 수 없으며, 반대로 한쪽이 과도하게 발달해도 좋지 않다. 두 경우 모두 개인은 물론이고 공동체까지도 대가를 치러야 한다. 균형은 자기인식을 통해서만 가능하다. 자기인식이 자아실현을 낳기 때문이다. 우리 자신을 알면 자제하기가 훨씬 쉽다. 때문에 델포이 신전의 입구에는 앞 장에서 이미 인용했던 글귀가 적혀 있는 것이다. "너 자신을 알라!"

완벽한 인간은 최고의 자기인식 능력을 갖춘 사람이며, 그에게 지휘권을 넘기는 것이 가장 적절하다. 한 인간이 저지를 수 있는 최악의 윤리적 실수는 히브리스(hybris), 즉 오만이다. 이는 당사자는 물론이고 더 불운하게는 가족, 공동체까지 불행에 빠뜨릴 수 있다. 그리스 비극에선 이런 주제가 자주 등장한다. 오만의 반대말은 소프로시네(sophrosyne), 즉 신중함이다. 절제와 지혜가 어우러진 신중함은 자제를 돕는다.

가장 유명한 비극의 주제는 오이디푸스 왕과 테베의 몰락이다. 오이디푸스는 자신을 모르기에 자기 아버지인 줄도 모른 채 아버지와 만났을 때, 그리고 스핑크스와 벌인 싸움에서 두 번이나 자제력을 잃었고 결국에는 자식들과 도시를 제물로 바쳐야 했다. 그가 아무것도 몰랐다는 사실은 비극적 효과를 높이기는 하지만 그의 죄를 사면해주지는 못한다.

한 구성원이 저지른 행동으로 인해 전 가족이 희생되며, 심지어 수장의 범죄로 인해 도시 전체가 멸망해야 한다는 논리에 우리는 공감할 수 없다. 개인의 자아실현이 공동체에도 이익이 된다는 논리 역시 우리로서는 쉽게 납득이 안 된다. 이 사실은 우리의 관념이 변했음을, 더 정확히 말해 우리가 개인과 집단을 이해관계가 다른, 또는 대립하는 별개의 존재로 생각한다는 증거이다. 아리스토텔레스는 전혀 다른 생각에서 출발한다. 즉 인간은 사회적 존재이고, 선을 행하건 악을 행하건 그의 행동은 자동적으로 집단에 득이 되거나 해가 된다. 너무나 당연한 생각이었기에 아리스토텔레스는 『니코마코스 윤리학』에서 아예 그런 말조차 꺼내지 않는다. 아리스토텔레스와 동시대 사람들에겐 개인의 이익만 생각하는 윤리나 정체성 발달은 말 그대로 생각조차 할 수 없는 것이었다. 로마의 법학자들 역시 그리스 철학자들의 뒤를 이어 윤리와 공법을 연계시켰다. 1세기에 나온 『연대기(*Annales*)』에서 로마 역사학자 타키투스는 이를 한마디로 요약했다. 논모스, 논이우스.(Non mos, non ius.) 관습

법이 아닌 것은 (성문)법도 될 수 없다는 뜻이다. 동시에 이 말은 도덕이 전통과 관습을 통해 형성되는 인간관계와도 매우 관련이 깊다는 사실을 보여준다. 누군가에게 버릇을 가르쳐준다는 말은 누군가에게 기존의 행동방식을 따르라고 강요한다는 뜻이다. 요즘에 실시되는 이른바 귀화 시험도 사실은 망명 신청자들에게 우리 정체성의 일부인 우리의 버릇, 우리의 관습을 가르치고 싶다는 뜻인 것이다.

고대에는 윤리를 고유한 성격의 발달, 즉 자아실현과 동일하게 보았다. 이런 본질주의적 인간관은 개인을 공동체의 구성원으로 바라본다. 하지만 기독교 시대는 이런 생각을 완전히 뒤집었다. 윤리는 밖에서, 신의 심급에서 우리에게 부과되는 것이다. 공동체에 기여해야 할 의무가 있는 그리스 시민 쪽에서 내세의 구원을 바라며 스스로 고행을 택하는 신심 깊은 기독교인 쪽으로 바람직한 인간상이 이동한 것이다. 자아실현이 자기부정에 자리를 내준 것이다.

기독교의 윤리: 인간은 철저히 나쁘다

아리스토텔레스는 물론이고 기독교 교리에서도 윤리는 확고하게 정해진 자리를 가지고 있었다. 아리스토텔레스의 경우 그 자리가 인간의 내면, 생물학이었다면, 기독교 교리에서는 바깥, 즉 신이었다. 다른 말로 하면 윤리적 규칙은 자의적이지 않다. 바로 이것이 고대의 윤리관과 기독교 윤리가 일치하는 가장 중요한 지점이다. 이를 제외하면 공통점보다는 차이점이 훨씬 더 많다. 여기에서 서둘러 차이점을 열거하려는 이유는, 그것이 지금까지도 우리의 사고에 생각 이상으로 많은 영향을 미치고 있기 때문이다.

기독교에서는 인간이 저 밖에 있는 더 높은 권위에 복종해야 한다. 진리인 유일신의 계명에 따라야 한다. 그러지 않을 경우 지옥에 떨어진다는 협박이 돌아온다. 모든 것을 보는 신의 눈을 벗어나려는 노력은 실패할 수밖에 없다. 그리고 반드시 대가를 치르게 된다. 따라서 인간은 내세의 영생을 유일한 목표로 삼아 최대한 덕 있는 삶을 살도록 노력해야 한다. 여기 지상의 삶은 내세의 빛을 받아야만 의미가 있다.

하지만 덕 있는 삶을 살기란 여간 고달픈 일이 아니다. 인간은 속속들이 나쁘기 때문이다. 기독교 교리에 따르면 모든 인간은 원죄로 인해 악을 품고 있다. 특히 이브의 모습을 한 여성을 모든 악의 원천으로 본다. 인간을 하고 싶은 대로 그냥 놓아두면 어머니와 간통하고 아버지를 죽이고 형제의 물건을 훔칠 것이다. 따라서 자아실현은 절대로 좋은 아이디어가 아니다. 오히려 자기부정이 필수이다. 기독교인에게 도덕이란 자기 안에 번성하는 악과 벌이는 투쟁이다. 지식을 익히는 것조차 나쁜 짓이다. 지식의 습득과 더불어 모든 불행이 시작되었기 때문이다. 이브는 인식의 나무에서 열매를 따먹으려고 했다. 다 알다시피 선과 악을 인식할 수 있게 하는 나무였다. 이 일로 그녀는 아담과 함께 낙원에서 추방당했다. 그러므로 인식을 추구하는 것은 교만한 짓이다. 차라리 신과 시종들에게 인식을 맡기고 인간은 그저 고해성사와 속죄와 고행에 온 힘을 쏟아야 한다.

고대에는 최고의 (자기)인식에 도달한 사람에게 지휘권을 넘기는 편이 가장 바람직하다고 생각했다. 그런 사람을 프리무스 인테르 파레스(primus inter pares), 즉 동급자 중의 1인자라고 생각했다. 기독교의 관점은 전혀 다르다. 지배자는 신의 부름을 받은 자이며 전지전능한 신과 신앙인들 사이에 낀 중간적 위치에 있다. 서열은 명백하다. 신이 모든 것 위에 군림하며 바로 아래에 신이 선택한 자가 있다. 공동체와 정치적 지휘권은 신보다 아래에 있으며, 국가의 법도 신의 왕국에서 통하는 법에 비추면 아무런 의미가 없다. 로마 황제들이 기독교인들을 사자 밥으로 던져 준 것도 그들의 신앙 때문이 아니라 그들이 제국의 법을 따르려 하지 않았기 때문이다. 로마인들은 종교 문제에서는 매우 관대했다. 그러나 국민의 불복종에 대해서는 결단코 참지 않았다.*

고대의 윤리는 내재성(immanence)의 관념에서 출발한다. 규범과 가치의 싹이 인간 자체에 들어 있다는 생각이다. 반대로 기독교는

* 곁말이지만 지금 벌어지고 있는 서방과 이슬람권의 갈등에서도 동일한 현상을 목격할 수 있다. 문제는 종교가 아니다. 서구의 사회정치적 조직과 충돌하지 않는다는 조건만 지킨다면 종교 활동은 자유롭게 이루어져야 할 것이다. 하지만 이슬람권의 '순교자'를 '테러리스트'라 부를 수밖에 없는 것은 로마인들이 기독교 순교자들을 폭도로 취급한 것과 마찬가지 이유 때문이다. 즉 그들이 로마법을 따르려 하지 않았기 때문이다.

초월성의 관념을 고집한다. 모든 선은 우리 위에 군림하는 신에게 있다. 인간은 신의 형상에 따라 창조됐으므로 자연보다 위에 있다. 중세 초기부터 인기가 높았던 스칼라 나투라이(scala naturae), 즉 자연의 사다리에 따르면 신은 엄격한 위계질서에 의해 모든 존재에게 일정한 등급을 부여한다. 그리고 모두가 자기 자리를 아는 것이 중요하다. 자연 연구는 먼지 알갱이에서 일곱 번째 하늘에 이르기까지 이 사다리와 그곳에 자리 잡은 모든 것을 연구한다는 의미이다.

사다리는 완벽하고 불변한다. 창조되어야 할 것은 모두 신이 창조했기 때문이다. 변화는 예정되어 있지 않다. 자기 자리를 떠나려는 이는 수페르비아(superbia), 즉 교만의 죄를 범하는 것이다. 다음 장에서 나는 이런 인간 불변성에 대한 확신이 100여 년 전 어떻게 정반대로 바뀌었고 오늘날까지 어떤 결과를 초래했는지 설명할 것이다. 하지만 잠시 독자들의 이해를 돕기 위해 정체성은 말할 것도 없고 윤리 및 종교와도 별로, 아니 전혀 관련이 없어 보이는 지점을 살펴보겠다. 바로 우리 경제체제의 발전 결과인, 이상사회에 대한 최초의 현대적 관념의 발생이다.

급진적 프로테스탄트,
급진적 상인, 급진적 과학자의 탄생

기독교 윤리는 수백 년 동안 명맥을 이어가면서 인간은 악하며 신의 의지에 순응할 때에만 구원받을 수 있다는 뿌리 깊은 확신을 낳았다. 신은 자연을 불변의 실재로 창조했다. 그것으로 오케이, 끝이다. 대중 역사서들은 이런 체제가 무너진 것은 용감한 학자들의 공이라고 주장한다. 지옥불에 떨어질 위험을 무릅쓰고 천체도를 작성하고, 지구의 크기와 나이를 계산하고, 어두운 동굴에서 시신을 해부한 학자들이라고 말이다. 하지만 이런 주장은 절반의 진실에 불과하다. 한 가지 진실이 추가되어야 한다. 우선 종교는 모든 이데올로기가 결국엔 그러하듯 내부에서부터 파먹혔다. 기원력이 시작되면서 신의 계명에 대한 다양한 해석이 나왔고, 시간이 흐르면서 점점 더 격렬한 토론이 불붙었다. 1500년대까지 마흔 명에 육박하는 비합법적 교황(Antipapa)이 등장했고, 이들은 모두 자기가 진짜 신의 대리인이라고 주장했다. 가톨릭교회는 부지런히 7대 덕목을 설교했지만, 교회의 고위 성직자들은 오히려 7대 죄악을 더 신봉했다. 중세의 풍자 문학에는 술독에 빠져서 돈과 육욕을 탐하는 수도승들이 떼거리로 등장한다.

흥미롭게도 종교적 확신은 노동과 거래에 대한 관심의 증가로 이어졌다. 논란이 들끓는 와중에도 한 가지에는 모두 뜻을 같이했다. 하늘의 자기 자리는 자신의 노력으로 얻는다는 것이다. 성경도 이 점에 대해서는 명확한 입장을 취한다. "네가 흙으로 돌아갈 때까지 얼굴에 땀을 흘려야 먹을 것을 먹으리니." 결과는 중세 후기부터 나타났다. 자본을 갖춘 새로운 계급이 등장하여 기존의 안정된

(성직자, 귀족, 농노로 구성된) 계급사회를 무너뜨린 것이다. 새로운 계급과 새로운 정체성을 갖춘 (수공업자, 은행가, 상인이 주인공인) 도시 문화가 발달했다. 이런 분위기를 틈타 학문도 꽃을 피웠다. 학자들이 처음으로 큰 방해 없이 마음대로 생각하고 실험을 할 수 있게 되었다.

중세가 막을 내릴 즈음에는 이 모든 요인들, 그러니까 종교적 논란, 새로운 사회계급, 과학 연구 등이 점점 더 격렬하게 충돌했다. 앞선 시대와 달리 종교적으로도, 지적으로도, 정치적으로도 일체의 확신이 사라졌다. 민족 전체가 방랑길에 올라야 했고 남은 자는 참혹한 죽음을 맞이했다. 물론 이 역시도 지옥불에 영원히 떨어지는 형벌에 비하면 작은 고통에 불과했지만 말이다. 구교와 신교의 30년전쟁(1618~1648)에 앞서 구교와 위그노의 갈등이 있었다. 이어 영국 내전이 일어나 왕과 의회, 구교와 영국국교가 싸웠지만 전쟁이 길어질수록 누가 누구랑 싸우는지 점차 모호해졌다. "만인의 만인에 대한 투쟁", "끔찍하고 야만적이며 덧없는(nasty, brutish and short)" 삶 같은 토머스 홉스(Thomas Hobbes)의 말은 이런 역사적 배경을 알아야만 제대로 이해할 수가 있다. 정치철학자로서 그는 종교를 기초로 삼은 사회는 실패할 수밖에 없다는 사실을 인식했고 자신의 시대를 위해 유례없는 처방전을 내놓았다. 바로 이성과 학문을 기초로 삼고, 이에 걸맞은 사회체제에 편입된 정치다.

여러 종교 집단이 가톨릭교회의 권위를 인정하지 않았기에 시대는 이미 새로운 관념이 나올 만큼 성숙했다. 종교전쟁을 거치면서, 앞으로 엄청난 성공을 거두게 될 새로운 형태의 기독교가 탄생했다. 출발점(중앙 권위에 대한 저항)에 걸맞게 순식간에 수많은 하위 집단으로 갈라진 프로테스탄티즘이다.

급진적 프로테스탄트 종파들(칼뱅파, 장로교, 위그노파)은 중앙의 권위, 인간적 권위를 단호히 거부하고 종교적 확신에서도 결코 타협하지 않는다. 인간은 생각하고 신이 이끈다. 예정설은 모든 인간의 운명이 원죄에 따라 미리 정해져 있다고 본다. 신이 그 사람에 관하여 어떤 생각을 하는지는 아무도 모른다. 유한한 인간이 할 수 있는 유일한 일은 신을 경외하는 삶을 살고, "얼굴에 땀을 흘리는" 노동과 금욕을 실천하는 것이다. 세속적인 성공은 신의 은총을 받았다는 신호로 해석될 수 있다. 물론 이 성공을 마음껏 누려서는 안 된다. 성공은 그저 더 열심히 일하라는 채근이나 다름없다. 이윤은 다시 투자해서 더 불려야 한다. 암스테르담이 경제 중심지가 되었고 네덜란드 동인도회사는 막강한 권력을 가진 최초의 다국적 무역회사였다. 20세기 초 막스 베버(Max Weber)는 이런 사정을 『프로테스탄트의 윤리와 자본주의 정신』에서 상세히 설명했다. 우리의 종교가 우리 경제의 기반을 닦은 것이다.

프로테스탄티즘과 더불어 종교는 일체의 세속적 권위에 복종하지 않으려는 개인주의로 이동한다. 하지만 엄격한 도덕관은 전혀 흔들림이 없었다. 사제가 뇌물을 받을 수야 있겠지만 어차피 신은 모든 것을 보기에 그는 신의 심판을 피하지 못한다. 따라서 목표는 모든 것을 꿰뚫어 보는 엄격한 신의 감시 아래 전보다 더 덕 있는 삶을 사는 것이다. 네덜란드 연합 왕국의 격률은 능력에 따라 보상을 받는 능력주의(meritocracy: 출신이나 가문 등이 아닌 능력이나 실적, 즉 메리트(merit)에 따라서 지위나 보수가 결정되는 것을 말한다.—옮긴이)이다. 물론 최종 심판은 내세에서 받을 것이다. 가난과 실패는 불운과 우연 탓이 아니라 종교적, 도덕적 결함의 증거이다. 반대로 성공과 부는 개인의 노력에 대한 신의 은총이다. 종교와 경제의 결합은 근면과 성실을 채근했다. 이것이야말로 황금시대의 비법이었던 것이다.

로마에 있는 중앙(교황)의 권위를 거부한 신념은 새로운 견해를 환영하는 열린 사회의 기초를 닦았다. 이 시대(16세기 말과 17세기 초)에 논란이 되었던 사상가들은 거의 모두 암스테르담으로 몰래 도망가 책을 출판했다. 이들의 저서는 신속하게 실생활에 쓰였고, 이는 다시 무역을 활성화시켰다.

신생 학문이 종교를 너무 많이 흔들지는 않았기에 아직은 햇살이 따스했다. 사실 둘 사이에는 큰 유사점이 있었다. 칼뱅파는 직접 신을 향하고 학자들은 직접 자연을 탐구했다. 실험과 수학적 증명은 이성을 유일한 판단 기준으로 인정하는 사고 안에서 길을 제시했다.

그러나 칼뱅파와 과학자들에게서 발견되는 자기 단련은 이상하게도 양쪽 모두에게서 인간적 요소를 몰아냈다. 종교는 인간의 상을 투영하지 못하게 했고(수염이 달린 할아버지 모습의 신이 사라졌다.) 과학 역시 엄격하게 객관적이고자 했다.(과학자는 차가운 이성적 기계이다.) 두 경우 모두 자기 부정이 필요했다. 과학은 객관적 인식을 얻기 위한 조건으로, 종교는 신의 진실을 얻기 위한 조건으로 말이다. 종교와 과학이 유일하게 '자기인식'에 대해 동의하는 지점은 인간의 본성은 순수하지 않고, 오염되었으며 주관적이라는, 즉 악이라는 것이다.

이 시대 이후 윤리적 행동이라는 개념은 여전히 우리에게 상당히 익숙한 '자기극복'의 뒷맛을 남긴다. 우리 모두는 오직 선을 원하지만, 육신은 약하다. 그러므로 우리는 육신에게, 더불어 우리 자신에게 저항해야 한다. 더 많이, 더 흔들림 없이 저항할수록 우리의 도덕 수준도 더 높아질 것이다. 노력하지 않는 '자기극복'은 아무 소용이 없다. 힘들고 아파야 한다. 프로이트는 질병을 유발하는 그런 윤리의 효과를 깨달은 최초의 학자였다.

초월성과 자기부정의 의미와 효과

기독교가 우리의 자아상을 얼마나 바꾸어놓았는지는 고대 그리스와 로마의 도덕과 비교해보아도 충분히 알 수 있다. 고대의 윤리는 관습과 성격을 하나로 본다. 그래서 자아실현을 높이 평가한다. 인간의 본성은 하나의 목표를 추구한다. 자신을 보살피고 자제하여 훌륭한 인간이 되려고 노력하는 것! 최고의 지도자는 최고의 자기

인식 능력을 갖춘 인물이다. 오만하고 교만한 사람은 항상 벌을 받는다. 자신만이 아니라 공동체 전체가 벌을 받게 된다. 반대로 자기 절제는 공동체에도 득이 된다. 근본적으로 인간은 사회적 존재이기 때문이다.

기독교는 윤리를 인간을 능가하는 것, 인간을 '초월하는' 것, 즉 신과 인간이 맺는 관계의 일부로 본다. 나아가 인간의 본성은 나쁘기 때문에 선한 것, 신적인 것을 얻기 위해서는 자기부정이 필요하다. 하지만 어차피 신적인 것은 내세에서나 얻을 수 있다. 세속의 생명은 유한하고, 신의 은총을 얻는 데 도움이 될 때에만 의미가 있기 때문이다. 모든 유한한 존재는 항상 두려움에 떨며 살고 쉬지 않고 양심의 시험에 들어야 한다. 이는 내적 갈등을 조장하고 결코 끝나지 않을 자신과의 싸움을 부추기는데, 결국 인간은 참회하고 신체에 가해지는 벌을 받게 된다. 아무리 노력하고 열심히 기도하며 일해도(ora et labora) 구원을 받으리라는 보장은 없다. 그럼에도 노력하는 편이 더 낫다. 최후 심판의 날에 결산이 이루어지기 때문이다. 공동체를 위해서 그런 노력을 기울이는 것은 아니다. 신앙인은 신에게만 의무를 진다.

이런 이중의 변화는 지금까지도 목격되며, 그사이 우리 정체성의 일부가 되었다. 첫째 우리는 윤리와 도덕을 고대인들과 다르게 우리의 '자연적 성향'을 거스르는 외적인 무엇으로 생각한다. 이 말은 곧 우리의 자연적 성향이 나쁘다는 뜻이다. 둘째 우리는 우리 밖에 있는 더 높은 권력에, 만인을 항상 예리한 눈으로 감시하는 전능한 심판자에게 해명해야 한다고 확신한다. 그 결과 감시에서 벗어나기 위해 온갖 탈출구를 생각해야 한다. 사실 최선의 길은 이 전능한 심판자를 아예 배제하는 방법일 것이다.

인간은, 그러니까 우리는 천성적으로 나쁘다는 확신에도 새로운 변화가 추가되었다. 원죄의 관념은 타인에게 늑대로 존재하는 인간, 이기적 유전자 등의 역시나 모호한 사회생물학적 인간관으로 교체되었다. 이로써 우리는 깨닫지도 못하는 사이에 어영부영 윤리는 생물학에 뿌리는 두고 있다는 고대 그리스의 시각을 넘겨받았지만 정반대의 결과를 도출했다. 인간이 천성적으로 나쁘다면 교육으로 이 나쁜 천성을 두들겨 패서 내쫓아야 한다. 이렇듯 인간의 본성을 물으면 염세적인 대답이 나오는 상황에서 우리가 윤리와 정체성을 따로 떼어 생각하는 것도 놀랄 일은 아니다.

한번 상상해보자. 아리스토텔레스를 무덤에서 끌어내 윤리와 정체성을 바라보는 우리의 달라진 시각을 알려주는 것이다. 그는 분명 흰머리를 쥐어뜯으면서 당장 규범과 가치의 상실을 한탄할 것이다. 전형적인 기독교의 덕목인 사랑, 소망, 믿음은 신식 헛소리로 치부해버리고, 우리의 분열을 부족한 자기인식의 결과로, 자기부정을 장애로 해석할 것이다. 그리고 즉각 '에티카 로마나 데카덴티아(Ethica Romana Decadentia: 썩어 문드러진 로마의 윤리)'라는 제목으로 현대인들이 인간의 천성, 인간의 본성을 부인한다는 내용의 글을 쓸

것이다. 이런 현상은 규범과 가치의 상실이 아니라 더 광범위한 사회 진화에 따른 정체성의 변화이며, 이로 인해 고대와는 다른 규범과 가치가 정체성의 구성 요인이 되었다는 사실을 이해하지 못할 것이다.

기독교는 또 하나의 중요한 변화를 몰고 왔다. 최고의 존재로서 신이 하늘에 군림하고 그 밑에는 천사들이 떠다니고 있다. 지상에서 신에 가장 가까운 창조물은 남성이다. 남성은 다른 피조물, 특히 여성보다 위에 자리 잡는다. 나아가 자연보다 위에, 그리고 자연 바깥에 자리 잡는다. 정신적인 것, 영혼만이 중요하다. 그 본질은 앞에서 말한 초월성이다. 2000년 동안 기독교가 이런 확신을 너무나 강하게 심어놓았기에 우리는 내재성 같은 개념을 만나면 어찌해야 할지를 몰라 당황하고 우리를 자연의 일부로 파악하지 못한다.

톤 르메르(Ton Lemaire)의 『프로메테우스의 추락(*De val van Prometheus*)』을 읽으면서 나는 그 의미를 확실히 파악했다. 초월적 종교는 자연을 자기 뜻대로 착취해도 된다는 면죄부로 해석된다. 인간은 자연보다 위에 혹은 자연 바깥에 있고 동물에게는 영혼이 없다.(훗날의 과학은 동물을 "이성이 없는" 존재라고 부른다.) 흙, 공기, 물 같은 무생물은 전혀 중요하지 않다. 정반대로 내재적 종교는 신적인 것도 인간적인 것도 사물 위에 있지 않고 사물 안에 있다고 본다. 그러니까 전체의 일부로 본다는 말이다. 이 말은 동시에 인간이 동물을 죽이거나 벌목을 하거나 강을 오염시킬 때 한 번 더 고민해보는 것이 옳다는 뜻이기도 하다.

나랑 상관없는 일이야. 요즘 좌파들은 이렇게 생각하며 유기농 당근을 씹어 먹는다. 정말 그럴까? '환경'을 거론하고 환경을 위해 무언가 해야 할 필요성을 거론하면서 정작 우리는 환경을 파괴하는 중이다. 환경이란 우리 바깥에 있는 것, 우리 집 문 앞에서 약 4미터 떨어진 데 있는 것이다. 고대 그리스인이라면 인간이 자연 바깥에, 심지어 자연 위에 군림하며 따라서 자연을 마음대로 파괴할 수 있다는 생각보다 더한 오만과 교만을 알지 못할 것이다. 우리는 초월적 해석에서 벗어날 수 없고, 너무나 명백한 내재성을 볼 능력이 없다. 호모사피엔스는 완벽하게 자연의 일부이다. 우리의 교만으로 인한 벌은 우리가 이 자연을, 우리의 생활공간을 우리가 살아가기 어려운 공간으로 만든다는 것이다. 그렇더라도 물론 환경은 우리가 없는 미래에도 잘 살아갈 것이 분명하다.

어쨌든 역사는 중요한 전환점을 맞이했다. 20세기 후반으로 접어들면서 종교는 도덕적 힘을 잃었고 이제 과학이 방향타를 잡았다. 사람들은 낙관론에 젖어 이런 변화가 새로운 정체성을 창출할 뿐만 아니라 이성에 기초한 다른 규범과 가치를 낳을 거라고 생각했다.

3

인간과 과학(학문)

불변성에 대한 믿음이 깨지다

기독교의 영향으로 인간이 나쁘다는 확신이 널리 퍼져나갔다. 남자는 나쁘고 여자는 아마 더 나쁠 것이다. 여자 때문에 악이 이 세상에 나왔기 때문이다. 교만, 나태, 분노, 정욕, 폭식, 질투, 탐욕의 7대 죄악은 인간 성격의 유약한 일곱 가지 측면이다. 따라서 우리는 최대한 우리의 본성에 저항해야 한다. 내세에서 보상을 받으리라는 희망을 품고서 우리의 신체에 저항해야 한다. 정말 힘겨운 중노동이지만 그렇다고 신의 기대를 충족시키리라 확신할 수도 없다.

20세기 내내 대부분의 서구인들은 이런 믿음을 공유했다. 종교와 국가가 분리되기는 했지만 사회는 철저히 종교적이었다. 그 일부인 정체성은 내적 분열('내가 정말 잘 하고 있나?')에 시달렸고, 신체 및 여성에 극도로 적대적인 외부의 더 높은 권력('신은 모든 것을 본다!')에 복종해야 한다는 강제가 특징이었다. 현대 과학의 인식들은 1960~70년대 들어 서서히 효력을 나타내기 시작했다.

기독교의 기본 이념 중 하나에 치명적인 타격을 입힌 계몽주의 덕분이었다. 관련된 한 가지 이념은 바로 불변성이었다. 기독교 교리에 따르면 모든 것은 신이 창조했다. 이 세상에서 변화는 예정되어 있지 않고, 구원은 내세에서만 가능하며, 이를 의심하는 자는 교만의 죄를 짓는 것이다. 신이 천사의 3분의 1을 지옥으로 던진 이유도 바로 그들의 교만 때문이 아니었던가? 반항아들의 수장 역을 맡은 천사의 이름은 루시퍼였고, 루시퍼의 뜻이 '횃불의 운반자'인 것은 결코 우연이 아니다. 계몽주의의 악마적 성격을 더욱 강조하는 이름이기 때문이다.

오늘날 대부분의 사람들은(뉴턴, 케플러가 행한) 우주 연구가 기독교적 세계관의 추락에 도화선이 되었다고 생각한다. 하지만 지질학의 기여에 대해서는 아는 사람이 별로 없다. 종교가 그러하듯 진짜 도전은 우주론의 마른하늘에서 떨어진 것이 아니라 땅 밑에 숨은 지옥에서 튀어나왔고, 그 역사는 지질학의 전신으로 거슬러 올라간다. 1800년 무렵이 되자 대형 공사가 잦아졌고 현장에서 땅을 파면서 사람들은 점차 옛날 땅은 지금과 다른 모습이었다는 확신을 갖게 되었다. 예를 들어 지금은 산이지만 옛날에는 바다가 있었던 것이다. 찰스 다윈(Charles Darwin)은 비글호를 타고 여행하는 내내 스코틀랜드 지질학자 찰스 라이엘(Charles Lyell)이 쓴 『지질학의 원리(*Principles of Geology*)』를 꼭 가지고 다녔다. 거들먹거리고 싶은 영국인이라면 누구나 최근에 유행하는 취미 활동인 화석 헌팅에 동참하여 곳곳을 돌아다녔다. 아마 당시 영국 신사들은 집집마다 자랑하고 싶은 화석을 보관해둔 캐비닛이 하나씩은 있었을 것이다. 문제는 화석이 불변의 자연 관념에 의문을 제기했다는 것이다. 신이 1주일 동안에 만든 불편의 작품인 자연의 사다리라는 개념에 맞지 않았던 것이다.

프랑스인 장 밥티스트 드 라마르크(Jean Baptiste de Lamarck)는 19세기 초 세계 최초로 일관성 있는 진화론을 주장했다. 하지만 안타깝게도 귀를 기울여주는 사람이 거의 없었다. 영국 학자들은 프랑스 사람의 말에 관심을 두지 않았고 고위 정치가들은 기요틴 및 과격 공화파와 손잡고 달려올지 모르는 혁명 사상을 두려워했다. 진화라고? 이런 야단났군! 어리석은 생각을 부추길지 몰라! 반세기 후 다윈이 흠잡을 데 없는 논리로 무장한 이론을 발표하면서 비로소 하늘의 문은 닫히고 말았다. 하필이면 미심쩍은 동유럽의 수사 그레고어 멘델(Gregor Mendel)이 실험을 통해 불변성의 교리에 치명상을 입혔다는 사실은 역사의 아이러니가 아닐 수 없다. 유전자는 부모에게 물려받고 각 세대마다 새롭게 결합되며, 가끔씩 예상치 못한 변화, 돌연변이가 일어날 수 있다. 진화는 변화를 의미한다.

이는 분명 서구 정신사에서 가장 중요한 전환점이다. 생명체가, 인간 역시 **변할 수 있다**는 관념 말이다. 이런 관념은 엄청난 결과를 낳았고 수많은 의문을 제기했다. 진화는 확정된 정체성이 없다는 의미이다. 그럼 규범과 가치는 어떻게 되나? 그보다 더 중요한 문제로서 '자연 질서'는 어떻게 되나? 인간은 자신에게 배정된 사회 위계 서열을 믿을 수 있을까? 사회 역시 변할 수 있고 계속 발전할 수 있는가? 우리는 이 변화의 방향을 수정할 수 있을까? 어쩌면 우리가 직접 방향을 조종할 수 있지 않을까? 소위 개선이나 진보 쪽으로 말이다. 인간은, 사회는 만들 수 있는 것인가?

유토피아의 꿈

종교전쟁은 다윈이 등장하기 오래전부터 이미 사회질서의 근거가 꼭 종교여야 하는 것은 아니라는 충분한 증거를 제공했다. 홉스는 이런 생각을 더욱 발전시켜 『리바이어던』(1651)에서 정해진 규정을 따르는 통치자의 엄격한 지배를 받는 세속화된 사회를 제안했다. 이 사회가 실패하면 인간은 "자연상태"로 돌아가고 만다. 홉스가 말한 자연상태란 자신의 나쁜 자아, 나머지 늑대들을 공격하는 고독한 늑대의 상태를 의미한다.(인간은 인간에게 늑대이다.) 그의 이론이 존립하려면 종교는 어쩔 수 없이 사적인 문제로 보아야 하며, 사회질서는 지식에 기반을 두어야 한다. 그리고 이 모든 것이 권위 있는 중앙의 엄격한 지휘를 받는다. 따라서 홉스의 이론도 기본 관념은 그대로 둔 채 단순히 종교적 논리를 정치적 차원으로 옮긴 데 불과하다. 즉 인간은 악하고(원죄, 늑대), 더 높은 권력(신, 주권자)의 통제를 받아야 한다는 기본 관념은 여전하다.

핵심적인 질문은 이런 것이다. 그날 이후 우리는 스스로를 다른 눈으로 볼 수 있게 되었을까? 그래서 가변성의 관념을 진지하게 고민했을까? 깊이 생각하지 않는다면 '그렇다'라고 대답할 것이다. 어쨌든 이상적 인간이 자아실현을 할 수 있는 이상사회에 대한 몇 가지 이론이 출현했으니 말이다. '유토피아'라는 말은 어원만으로도 즉각 우리를 불안으로 몰고 간다. 낙관적으로 읽으면 '좋은 장소'(그리스어로 에우 토포스(eu topos))이지만 조금 덜 낙관적으로 읽으면 '어디에도 없는 곳(ou topos)', 그러니까 불가능성을 의미한다. 피할 수도 있을 수많은 덫에 걸려들지 않기 위해 이 문제를 조금 더 자세히 다루어보기로 하자.

유토피아는 원래 당시의 영국 사회에 대한 반응으로 이상국가를 다룬 토머스 모어(Thomas More)의 책 제목으로 1516년에 발표됐다. 문학에서 서로 대립되는 양극단이 탄생했다. 한쪽에서는 진지한 유토피아 소설이 이데올로기에 기초한 더 나은 사회를 진중하게 변호했다. 다른 쪽에선 ('나쁜 장소'라는 뜻의 디스토피아로 지칭되기도 하는) 풍자적 버전이 그런 이데올로기적 낙원의 위험을 경고했다. 이 두 번째 버전의 대표작으로 올더스 헉슬리(Aldous Huxley)의 『멋진 신세계』와 조지 오웰(George Orwell)의 『1984』가 있다. 이 두 소설에서 심리학과 정신약리학이 중심 역할을 수행하는데, 이는 안타깝게도 우연이 아니다. 우리 시대가 낳은 가장 불길한 디스토피아는 1958년에 나온 마이클 영(Michael Young)의 『능력주의』에서 찾아볼 수 있을 것이다. 이 책은 '엔론 사회'를 다룰 5장에서 더 자세히 살펴보겠다.

낙관적 유토피아들의 저변에는 가변성의 관념에 대한 중요한, 이중 해석이 깔려 있다. 변화란 **진보**를 의미하며 진보는 **만들어낼 수 있는 것**이다.

진화를 진보로 착각하다

진보 사상의 기원을 물으면 아마 대부분 이맛살을 찌푸릴 것이다. 기원이라니? 늘 있어왔던 게 확실한데 무슨 기원? 르네상스까지지도 사물의 불변성을 확신했다는 사실을 현대인들은 상상하기도 힘들다. 식물학의 문을 연 칼 폰 린네(Carl von Linné)조차 모든 식물은 늘 존재했고 영원히 존재할 터이므로 자신의 임무는 신의 작품들을 체계적으로 목록에 기입하는 것이라고 확고히 믿었다. 우리의 관점은 그의 생각과 정반대다. 세상에 늘 존재하는 것은 없다. 모든 것은 영원히 발전한다. 그리고 진화는 항상 개선의 방향으로 달려간다. 아이가 자라 어른이 되고, 무식하던 사람이 지성인이 되는 식의 발달은 인간뿐만 아니라 사회 차원에서도('원시 사회'에서 '고도로 발달한' 사회로) 재발견된다.

우리는 이런 가설을 너무나 당연하게 생각하므로 잠시 멈춰서 그것이 정말 사실인지 숙고해볼 겨를도 없다. 사실 '멈춘다'는 말 자체가 요즘에는 무척 불길하게 들린다. 멈춤이라는 관념은 이런 식으로만 해석된다. "정지는 곧 후퇴를 의미한다!" 진화가 곧 진보라는 가설의 주요 논리는 우리가 누리는 삶의 질이 우리 조상들과 비교할 때 개선됐다는 것이다. 하지만 우리는 이런 논리가 무엇보다도 기술 진보만을 고려한 것이라는 사실을 잊고 있다. 물론 기술 진보는 서구인들의 삶을 더 편하고 안락하게 만들었다. 하지만 이는 기술 진보에 국한된 이야기며 심지어 이러한 진보는 대다수 사람들을 희생시키고 환경을 파괴한 대가로 세계인의 극히 일부에게만 혜택을 주었을 뿐이다.

진보는 명확하게 정의된 개념이 아니다. 진화의 순수 생물학적 관점에 국한한다고 해도 이내 몇 가지 오해와 만나게 된다. 진화는 근본적으로 진보가 아니며, 적자(적자생존)는 성공과 동의어가 아니다. 다윈은 한 유기체가 생산할 자손의 숫자는 그가 얼마나 환경에 잘 적응하느냐에 달려 있다고 가르친다. 그러므로 우연한 돌연변이와 이로 인한 여러 변화들은 특정한 종이 특정한 환경에 적응하도록 만든다. 하지만 이것을 '성공'이라고 부르는 것은 생물학의 경계를 넘어선다. 진화사의 가장 중요한 교훈은 접어든 방향의 '우연성'이다. 이 방향은 예언할 수 없고 항상 시간적으로 제한된다. 이를 진보라 부르는 것은 거울에 비친 자기 모습을 너무나 좋아하는 한 존재의 도덕적 판단일 뿐이다.

진화와 진보를 동일시하는 또 하나의 논리 역시 다윈의 주장으로 알려져 있다. 과거보다 현재의 생명 형태가 훨씬 더 발전했다는 논리이다. 그러니까 '더 낮은' 종과 '더 높은' 종이 있다는 것이다. 그래서 파충류는 말 그대로 '더 낮은' 곳에서 기어 다니는데 인간은 당당하게 허리를 쭉 펴고 사다리의 맨 위쪽에 서 있다는 것이다. 태아를 촬영해보면 이런 과정을 입증할 수 있다고 한다. 단세포가 다세포가 되고 올챙이가 원숭이로 자라 마침내 '나'라는 특제품으로 발전한다. 고개를 푹 숙이고 털이 부숭부숭하고 머리가 작은 원숭이 인간으로 시작하여 당당하게 직립하는 초인으로 끝나는 인물도는 다윈의 진화론에서 우리가 가장 좋아하는 부분이다. 그것이 과학적으로 입증되었다고? 아니, 절대로 그렇지 않다. 이 역시 변형된 버전의 자연 사다리와 다르지 않다. 인간이, 다시 말해 백인 남자가 나머지 인류보다 위에 있다는 초월적 사고조차 변함이 없다. 사다리의 제일 꼭대기 디딤판 너머에는 천상 낙원의 세속적 버전인 펜트하우스가 기다리고 있고, 그곳에 가면 우리는 마침내 원래의 우리가 될 수 있다. 신의 형상이 될 수 있다.

생물학적으로 볼 때 이런 위와 아래의 구분은 말도 안 되는 헛소리다. 다소간 복잡한 생명 형태가 있긴 하지만 그 복잡성을 보면 결코 진보를 운운할 정도가 아니다. 과거의 자화상을 포기하고 완전히 새로운 진화론의 자화상을 인정하기란 말처럼 쉬운 일이 아닐 테지만, 변화는 생명의 구성 요인이며, 방향 없이 우연히 일어난다. 진화로 인한 변화를 더 낮은 단계와 더 높은 단계가 있는 진보로 해석하는 것은 기독교식 독법이다. 진보란 개인의 노력을 전제로 한 사상이라는 점을 알고 나면 더 확실히 드러나는 사실이다. 더 노력하는 자는 더 빨리 발전할 수 있다. 이렇게 생각하며 우리는 자신도 모르게 생물학적 진화를 사회, 나아가 개인의 진보로 도약시킨다.

그 때문에 새로운 신조가 등장했다. 사회도 인간도 만들 수가 있다!

측정 가능성, 향상 가능성

적자생존이라는 말은 흔히 다윈이 처음 쓴 말이라고 생각하지만 그렇지 않다. 다윈의 진화론을 상당히 이용하기 좋은 말로 바꾸어 사회에 적용한 당대의 가장 영향력 있는 학자 허버트 스펜서(Herbert Spencer)의 말이다. 진보로 이해된 진화는 우연한 변화에서 나타날 수도 있지만 그렇다고 해서 계속 우연에만 목을 맬 이유는 없다. 그렇지 않은가? 우리가 이런 우연에 약간의 도움을 줄 수도 있지 않을까?

이로써 진화 사상에는 중요한 측면이 보강된다. 우리가 변화를 조종할 수 있게 된 것이다. 그것도 주로 올바른 방향으로 말이다. 이것이 19세기 말에 등장한 이데올로기, 사회진화론의 의미와 목표이다. 사회진화론의 입장에서 보면 사회는 살아 있는 유기체이고, 유기체와 똑같이 진화를 겪는다. 세포(사회계층 및 인종) 중에는 병든 것도 있고 건강한 것도 있다. 다시 말해 적응한 것도 있고 적응하지 못한 것도 있을 수 있다. 이 이론에서도 우리는 중요한 의미 변화를 관찰할 수 있다. 다윈이 말한 적자(fittest)는 "가장 환경에 잘 적응한" 자였다. 그런데 스펜서를 거치면서 "가장 성공한", "가장 강한" 자로 의미가 바뀌었다. 특정 집단이나 계급은 다른 것들보다 더 강하고 모든 것을 습득한다. 더 약한 것들은 점차 멸종하는데, 이는 세계의 자연적 흐름에 부합한다. 이런 논리대로라면 사회의 각종 폐해는 사회경제적 현상이 아니라 질병, 그중에서도 '악성 종양'이며, 이 병에 걸린 환자는 싸워 무찔러야 하는 '기생충'이다.

이런 단순화된 진화론의 관점에서 보면 종양 같은 질병을 막는 비법은 명확하다. 약한 집단은 방해물이며, 심지어 전염의 위험까지 있으므로 자연도태를 통해 최대한 빨리 제거해야 한다. 사회진화론의 실행판이라 할 우생학은 그렇게 탄생했다. 우생학의 논리대로라면 강자의 번식은 장려해야 하지만 열등한 인간의 번식은 최대한 억제해야 한다. 요즘도 스펌 쇼핑(sperm shopping: 동물 세계에서 알려진 번식 전략으로 암컷은 최고의 정자를 찾는다.—옮긴이)이라면 눈을 반짝거리는 학자들이 여전히 존재한다. 자신들의 정자가 쇼윈도의 제일 앞쪽에 진열될 거라는 희망을 품고서.

19세기 이후 사회진화론은 인종주의와 권력 남용의 과학적 변명으로 이용되었다. 제국주의가 가장 대표적이다. 아프리카 흑인, 인도 사람, 원주민, 기타 남태평양의 '야만인'과 '원시인'은 '이성이 없는 동물'보다 그저 한 단계 위에 있는 저급한 인종이다. 미국의 이민법도 마찬가지이다.

엘리스 섬(허드슨 강 하구에 있는 섬이다. 1892년 1월 1일부터 1954년 11월 12일까지 미국으로 들어가려는 이민자들이 입국 심사를 받던 곳으로 유명하다.—옮긴이)에서 중국인은 무조건 거부당했다. 동유럽인과 이탈리아인은 엄격한 심사를 받아야 했고 약간이라도 부적합하다 싶으면 추방되었다. 설사 입국 허가가 떨어지더라도 사전 불임 수술을 받아야 했다. 인종법은 또 어떤가. 나치는 1차로 사회의 '병든' 요인들(장애인과 정신병 환자)을 제거했고, 더 야심찬 프로젝트를 가동해 '퇴폐' 인종의 말살을 꾀했다.

19세기에 인종주의를 정당화하기 위해 끌어온 '과학적' 논리는 사회문제를 바라보는 시각에도 큰 영향을 미쳤다. 실패는 마음이 약하거나 병이 든 증거라고 생각했으므로 사회복지 제도는 불필요할 뿐 아니라 반생산적이라는 주장이 대두되었다. 멸종할 수밖에 없는 골칫덩이 집단의 생존을 복지제도가 괜히 질질 끌며 연장시킬 뿐이라는 논리였다. 스펜서는 국가가 복지에 전혀 관여하지 않아야 한다고 확신했다. 사회진화론이 인용하기 좋아했던 토머스 맬서스(Thomas Malthus)가 영국 경제학자였던 것도 우연은 아니다. 맬서스 역시 가난한 사람들이 번식을 못 하도록 사회복지 제도를 없애라고 주장한 학자였으니 말이다. 맬서스의 영향 아래 영국에선 1834년 '빈민법'이 가결되었다. 가난을 도덕적 나약함으로 정의한 법이었다. 다음 단계는 빈민들에게 강제노역을 시키는 워크하우스(workhouse)의 설립이었다. 찰스 디킨스(Charles Dickens)의 『올리버 트위스트』 역시 워크하우스를 배경으로 한 이야기이다. 사회진화론자들은 심지어 이런 워크하우스까지도 반대했다. "그따위는 당장 없애라! 복지국가는 자연을 거역한다!"

진화론적 이해는 하나의 사회 안의 계급과 인종에 국한되지 않았다. 식민주의는 자신들이 '자연적으로' 우월하다는 서유럽인들의 믿음을 강화했다. 곧 서유럽 열강들은 이런 논리를 '생존 투쟁'과 '강자의 권리'로 해석하여 자신들에게 유리한 방식으로 이용하게 되었다. 독일 민족에겐 **열등한 인간**들의 영토를 점령할 도덕적 권리가 있다는 히틀러의 주장은 시대정신의 적확한 표현이었다. 오늘날 우리는 까맣게 잊었지만 원래 파시즘은 최대한 완벽한 사회를 만들기 위해 당시 학문(과학)들을 적극 활용했던 진보 이데올로기였다.

인간이 진보를 일굴 수 있다는 생각의 원천은 과학이었다. 더 정확하게 말하면 "모든 것은 측정할 수 있다!"고 주문을 외던 특정한 과학의 견해였다. 특히 20세기 초에는 개인과 인종의 차이를 입증하기 위해 소위 온갖 객관적 자료들이 동원되었다. 키, 몸무게, 두개골의 부피, 지능검사 결과 및 심리 연구 결과 같은 수치 자료들이 총동원되었다. 이쪽에는 우수한 사람들이 있고 저쪽에는 열등한 인간들이 있다. 놀랍게도 우리는 아직도 그런 식의 평가 방법을 사용하고 있다. 아이들이 장애(유전적 장애)를 갖고 있는지 최대한 빨리 알아내기 위해 온갖 실험을 실시하고 이를 기준으로 아이들을 낙인찍어 추방해버린다.

종교의 기능을 물려받은 과학

앞 장에서 나는 서구의 종교가 정체성과 윤리를 어떻게 새로운 내용으로 채웠는지 설명했다. 그사이 종교의 기능은 학문(과학)으로 넘어갔고, 이제 우리의 궁금증은 학문(과학)이 정체성과 윤리를 바라보는 우리의 시각에 어떤 영향을 미치는지를 향한다. 그 책임은 자연과학의 원칙과 방법을 거의 모든 분야에, 심지어 인문과학에까지 적용해버리는 지극히 특정한 변종 학문에 있다. 이런 변종을 우리는 '과학주의(scientism)'라 부른다. 이 과학주의가 현재의 무대를 지배하고 있다.

계몽주의의 초기 단계에서는 기대가 높았다. 과학의 인식이 역사상 최고의 사회를 선사할 거라고 모두들 기대했다. 이런 기대는 프랑스 살롱에서 반세기 넘게 지식인들이 주고받았던 이상사회 형태를 둘러싼 논쟁으로 거슬러 올라간다. 그들의 중심 사상은 간단했다. 인간에게 해가 되면 틀렸고 인간에게 행복을 주면 옳다. 그들의 목표는 공리주의의 창시자인 제러미 벤담(Jeremy Bentham)의 말대로 최대 다수의 최대 행복이었다. 이런 방향의 급진적 대표들은 무신론자들이었고, 이 사실은 엄청난 윤리적 결과를 낳았다. 선과 악을 결정할 신이 없다면 인간이 스스로 고민해야 한다. 보상을 받거나 벌을 받기 위해 내세를 기다릴 필요도 없다. 보상과 벌은 이 지상에서 받는 것이다. 그것도 인간 본성의 인식에 기초를 둔 체제에 따라 드니 디드로(Denis Diderot)를 중심으로 모인 학자들은 바로 이런 인간 본성의 탐구를 가장 중요하게 생각했다. 바로 그것을 기반으로 하여 새로운 사회질서를 세워야 한다고 생각했기 때문이다. 하지만 인간의 진짜 본성은 무엇인가? 우리의 정체성은 정확히 무엇이 결정하나? 그들은 세 가지를 꼽았다. 바로 합리성과 열정과 공감이다. 이것들이야말로 세속화된 사회를 떠받칠 기둥이라고 보았다. 열정은 추동력이며, 이 열정을 가장 잘 조종하는 것이 합리성이고, 공감은 척도가 되어 합리성에 봉사한다. 그러므로 열정의 거부는 신체적인 것이라면 무조건 나쁘게 보고 영적인 것만 중시하는 종교의 전형적인 영향이다.

필립 블롬이 "사악한 철학자들"이라고 불렀던 디드로를 비롯한 학자들은 자신들의 사상을 출판하여 널리 알리지 못했다. 생명이 위태로웠기 때문이다. 반면 볼테르와 루소는 엄청난 성공을 거두었다. 낭만적 자연관 안에서 종교와 이성(합리성)을 결합한 그들의 순화된 사상은 프랑스혁명 이후 세속화된 국가종교로 칭송받았고 이성은 최고의 자산, 최고의 신으로 추앙받았다. 이보다 더한 역설은 생각할 수 없을 것이다. 모든 교회의 문을 닫게 한 정치체제가 여성을 자유와 이성의 여신으로 도입했으니 말이다. 마리안느라는 이름도 얻은 그녀는 지금까지도 프랑스 시청과 법원 건물을 장식하고 있다. 이성의 이름으로 모든 종교적 상징(십자가, 차도르, 키파)을 엄격하게 금지하는 건물들을 말이다. 더구나 그녀의 모습은 몇 년에 한 번꼴로 시대정신에 맞추어 변화를 겪었다. 항상 이성의 막역한 친구일 듯한 여성이 모델이 된다. 브리지트 바르도가 아마 이 마리안느들 중에서는 가장 유명한 여성일 것이다.

교회가 담당하던 기능이 "이성(합리성)의 성전"으로 넘어가면서 프랑스 공화국의 이데올로기가 과거 종교의 자리를 차지했다. 이 역시 과거의 종교가 그러했듯 하나의 이데올로기만 존재할 경우엔 아무 문제가 없었다. 하지만 여러 종교나 이데올로기가 서로 자기만 옳다고 싸움을 시작하면 종교나 이성의 이름으로 종교 전쟁 혹은 이데올로기 전쟁이 시작될 수밖에 없다.

세속화된 종교들 역시 빠른 속도로 교체되었다. 사회주의, 공산주의, 파시즘, 그리고 프랜시스 후쿠야마(Francis Fukuyama)가 "역사의 종말"이라 선언했던 최후의 변종 자유민주주의에 이르기까지, 모두가 지금보다 더 나은 새로운 세상을 약속했다. 이 역시 시작은 미미하지만 끝은 창대한 사다리의 이상을 다시 한번 환기시킨다.

이들 다양한 이데올로기에서 기독교의 유산을 찾기란 그리 어려운 일이 아니다. 더 나은 사회, 지상의 천국은 늘 미래를 약속하며 우리에게 노력(절제)을 요구한다. 이 말을 들으면 나도 모르게 프로이트의 반응이 떠오른다. 단기간의 혁명이 어쩔 수 없이 희생과 궁핍을 요구하지만 그래도 공산주의는 지상 낙원을 약속한다는 말을 들은 프로이트의 반응 말이다. 그는 말했다. 초기 단계의 설명이 옳다는 데에는 추호도 의심이 없지만 약속한 최종 결과에 대해서는 의심스럽다고.

종교와 이데올로기의 가장 중요한 차이는 이성이냐 믿음이냐를 선택하는 데서 갈린다고 한다. 과연 정말 그럴까?

합리적이어야 한다는 강박

계몽주의가 강조한 이성은 고대 그리스의 자연철학으로 거슬러 올라간다. 물론 계몽주의의 이성은 그리스의 원래 사상과 비교할 때 그 의미가 지극히 제한적이었다. 아리스토텔레스와 고대 그리스인들은 개인의 삶도, 사회도 당연히 지적인 덕목에 기초를 두어야 한다고 생각했다. 로고스에 기초한 지성과 도덕의 결합은 너무나 당연하기에 더 이상 거론할 이유가 없는 것이었다. 로고스에 대한 다양한 해석에 관해서라면 도서관 전체를 채우고도 남을 만큼 많은 저서가 있다. 그러니 여기서 이를 짚고 넘어가는 것은 우리의 관심사를 넘어선다. 다만 한 가지, 오늘날엔 로고스 개념이 너무도 빨리, 너무도 쉽게 경험적으로 측정할 수 있는 자료에 근거한 계산 가능한 합리성으로 축소된다는 사실만은 짚고 넘어가야겠다. 그런 식의 축소가 낳은 결과는 이 책의 2부에서 조금 더 자세히 살펴보기로 하자. 로고스의 원래 의미는 그와 연관된 학문(과학)관과 더불어 훨씬 더 광범위했다. 그러므로 원래의 로고스 개념에서 나온 두 가지 이념을 자세히 조명해보는 것도 값진 일이리라.

첫째, 오늘날의 '과학(학문)'은 과도하게 이성적인 뾰쪽귀 미스터 스포크(「스타트렉」에 등장하는 이성적인 부함장—옮긴이)가 들여다보는 컴퓨터 이미지를 연상시킨다. 모든 열정이 제거된다. 학문(과학)이란 가치와 무관하며 객관적이어야 한다는 것이 공식 독법이기 때문이다. 아리스토텔레스와 그 시대 사람들이 들었다면 단순하기 짝이 없는 생각이라고 혀를 찼을 말이다. (과)학자란 삶의 기본 문제에 해답을 찾는 사람이기에 학문(과학) 자체에 가치가 담겨 있다. 아리스토텔레스가 지식에 대한 견해를 두 권의 윤리 책에 실은 것은 결코 우연이 아니다. 지식은 윤리에 종속된다. 가치가 없는 지식이란 존재하지 않는다. 열정이 없는 과학이 존재하지 않는 것처럼 말이다. 하지만 과학을 바라보는 날로 좁아져만 가는 이른바 터널 시각 탓에 이런 사정은 점점 더 무시되고 만다.

아리스토텔레스의 또 다른 주장은 잊혀간다. 그는 학문에는 두 가지 형태가 존재하며 각기 특수한 적용 영역이 있다고 보았다. 그 중 한 가지는 보편타당하고 따라서 맥락에 좌우되지 않는 인식의 형태이다. 2 더하기 2는 어디서나 4이다. 다른 하나의 학문은 맥락에 따라 의미가 크게 달라지는 주관적 인식을 낳는다. 이 학문의 적용 영역 중 하나가 심리학이다. '성격'이라는 개념이 없는 문화권에서는 성격장애도 생각할 수가 없는 것이다.

이런 식의 학문의 분류는 20년 전까지만 해도 널리 퍼져 있었고 심지어 서유럽 국가 대부분에선 학제의 기준으로도(수학-자연과학 학과, 인문학-언어 학과) 활용되었다. 그러나 오늘날에는 그런 추세가 거의 사라졌다. 이제는 우리의 수업도 완벽하게 '능력 지향성'을 띤다. 문맥과 상관없는 보편타당한 테제를 바탕으로 **모든 것**을 자연과학적으로 이해할 수 있고 그래야 한다는 확신이 지배적이다. (당연히 가치중립적인) 학문은 실제 측정을 (모든 것을 측정할 수 있다는 믿음 위에) 바탕으로 삼으며, 여기서 나온 수치는 객관적으로 평가된다.

이처럼 편협한 해석을 이성의 이름으로 자행하다니 완곡하게 표현해도 이상한 일이 아닐 수 없다. 아리스토텔레스는 다양한 지식의 형태를 극도로 합리적인 검증에 근거하여 구분했다. 보편적이고 문맥에서 자유로운 지식은 활용 영역이 매우 제한돼 있다. 진짜로 중요한 지식, 그가 보기에 도시국가를 다스리는 데 필요한 지식은 거기에 해당되지 않는다. 따라서 그는 다른 형태의 지식에 더 큰 의미를 부여했다.

오늘날 이런 지혜는 사라졌다. 과학주의 모델 안에서 우리는 모든 것을 자연과학의 모델에 따라 규제할 수 있다고 믿는다.* 그러니까 특수한 문맥과 상관없이 완벽하게 마스터할 수 있고 예상 가능하며, 소위 증거에 기초한 기록을 실제로 활용하려는 도구적-합리적 학문 말이다. 이 기록들은 언제 어디서나 사용할 수 있다. 보편타당한 학문적(과학적) 인식에 바탕을 두기 때문이다. 그럼에도 과학(학문)의 전쟁 같은 것이 일어나고 있으니 이상한 노릇이다. 여러 연구 집단들이 서로 싸우면서 각자의 견해를 입증력이 있는 수치로 뒷받침하려는 이른바 '사이언스 워' 말이다. '증거에 기초한' 학문(과학)은 점점 더 종교의 몸짓을 취한다. 여러 집단들이 상반되는 입장을 내놓으면서 모두 자기가 옳다고 확신한다.

종교의 자리에 학문(과학)이 들어섰다. 그리하여 학문은 앞에서 우리가 던졌던 질문을 제기한다. 이 사실은 우리의 정체성에 어떤 영향을 미치며 우리가 종교로부터 배운 사실과 어떻게 다른가? 학문을 과학주의 모델로 축소하면 종교와 별 차이가 없다는 점이 불

* 『덕의 상실』에서 매킨타이어는 이런 비유를 든다. 수학, 화학, 물리학의 연구 결과가 계속해서 다른 연구 결과에 의해 반박당한다고 상상해보라. 자연과학은 깜짝 놀랄 것이다. 과학주의의 자연과학적 모델을 따르는 동안에는 사회과학에서도 계속해서 이런 일이 일어나지만 이상하게도 밤잠을 설치는 학자는 없다. 매킨타이어는 이를 학자들이 자신의 모델을 진지하게 생각하지 않는다는 의미로 해석한다. 옥스퍼드 대학 교수 벤트 플라우비에르(Bent Flyvbjerg)는 『사회과학이 중요하다(*Making Social Science Matter*)』에서 아리스토텔레스의 학문 모델에 대한 자신의 평가를 설명하고 다시금 인문학을 독자 학문으로 인식하라고, 인문학을 자연과학의 캐리커처로 만들려는 현재의 유혹에 저항하라고 주장한다. 또 정신과 의사이사 정신분석학자인 한 젊은 동료는 절망에 젖어 이렇게 말했다. "심리학에 무슨 일이 일어났나? 갑자기 모두가 의사가 되려고 한다."

쾌하지만 이는 어쩔 수 없는 진실이다. 차이보다는 일치하는 점이 훨씬 더 많다.

종교와 과학주의는 둘 다 개인에게 분열된 정체성을 안겨준다. 기대에 부응하지 못하리라는 두려움과 싸워야 하기 때문이다. 나는 나쁘고 죄가 많다. 혹은 비합리적이고 우매하다. 내가 충분히 노력만 한다면 선한 것이나 합리적인 것에 도달할 수 있으며, 내 위에 자리 잡은 실력자가 쉬지 않고 나를 통제하고 보상하고 벌주면서 나를 도와줄 것이다. 큰 집단이 죄를 짓거나(무신론자들) 우매할(반동주의자들) 때는 실력자들이 과격한 조치를 취해야 한다. 교화와 개조, 필요하다면 근절까지 다양한 방법을 동원해야 한다. 만드는 것도 한계가 있으니까.

종교도 과학주의 학문 모델도 현재의 인간을 불완전하다고 본다. 진정한 완벽함은 내세에 가거나 사회가 진정 과학적으로 작동하는 먼 미래가 되어서야 이룰 수 있다. 두 경우 모두 개인의 희생을 요구한다. 종교를 믿는 사람들은 신의 은총을 얻기 위해 열심히 기도하고 일해야 한다. 무지한 인간들은 올바른 인식에 도달하여 마침내 이성을 얻기 위해 부지런히 공부해야 하며 필요하다면 심리치료도 받아야 한다. 포스트모던 과학주의의 독법으로 보면 희망은 별로 없다. 먼저 인간종의 유전자가 우리 스스로 만든 포스트 산업

환경에 더 잘 적응할 때까지 기다려야 하기 때문이다.*

두 경우 모두 열정은 금지다. 열정은 악덕이므로 싸워 물리쳐야 하고, 원시적이고 비합리적인 것이어서 진지하게 받아들일 필요가 없다. 이성에 기초한 변화와 그것에 자극받은 새로운 연구가 합리적 존재로서 혼자 알아서 올바른 길을 개척하도록 인간을 이끌 것이다.** 종교와 과학주의는 다른 견해들에 비해 극도로 비관용적이다. 둘 다 자신의 시각만이 옳다고 생각한다. 종교는 신에게서 오기 때문에, 과학주의는 자연과학적으로 입증이 되었기에 자신만이 옳다고 믿는다. 둘 다 무지한 사람들과 비교하여 자기네가 더 우월하다고 믿는다. 과학주의의 진실은 종교의 진실보다 토론을 덜 허용하며 과학주의자와의 토론은 종교인과의 토론보다 더 가망이 없다는 폴란드 철학자 레셰크 코와코프스키(Leszek Kołakowski)의 말[2]은 이 지점에서 정당성을 얻는다. 하지만 소위 비판적 사고라는 명분을 내건 과학주의자들이 학문(과학)에 접근하는 일체의 다른 방식을 참지 못하는 것은 정말로 아이러니가 아닐 수 없다.

* 그사이 사회 구성원 대다수가 이런 이념을 공유하게 된 것은 미셸 우엘벡(Michel Houellebecq)을 국제적인 작가로 만든 소설의 제목처럼 '소립자'의 냉소주의 세상에서 그 이념만이 유일하게 희망을 주기 때문이다. 그의 첫 작품 『투쟁 영역의 확장』은 이 냉소주의의 기원을 고통스러울 정도로 아름답게 묘사하고 있다.

** 오늘날의 합리주의자들은 과거의 낭만주의자들과 반대되는 사람들이다. 낭만주의자들은 열정에 도취하여 확신을 찾았지만 합리주의자들은 숫자에 기초한 이성 안에서 확신을 찾는다. 하지만 둘 다 미성숙의 한 형태라는 사실은 각각의 양극단인 히스테리(낭만주의)와 강박노이로제(합리주의)를 보면 잘 알 수 있다.

과학(학문)의 전쟁은 서로 다른 이데올로기들의 은폐된 토론과 다르지 않다. 은폐되었다는 표현을 쓴 이유는 이런 전쟁들이 가치라는 자신의 출발점을 절대로 자백해서는 안 되기 때문이다. 지난 세기 우리는 이런 식의 전쟁들을 더 큰 규모로 경험했다. 당시에도 다들 유일하게 올바른 이데올로기에 기초한 최고의 사회 형태를 찾아 다녔다. 그러나 설득력 있는 대답은 없었다. 소위 학문(과학)에 근거한 이데올로기로 이상사회를 실현하려 했던 몇몇 사례는 모두 예외 없이 재앙으로 끝났다. 국가 사회주의와 공산주의의 몰락으로 인해 20세기 후반 들어 이상사회의 이념을 진지하게 재고하게 되었다. 어쨌거나 파시즘의 수용소와 공산주의의 굴라크를 계몽의 산물로 착각했기에 이제는 잠시 주춤하며 한 발 물러나 있을 필요가 있다고 생각했던 것이다. 베를린 장벽이 무너지면서 마침내 이데올로기는 사망 선고를 받았다. 인위적으로 완벽하게 만들어낼 수 있는 사회라는 관념은 고물상에 처박혔다. 변화와 형성 가능성은 여전히 열쇳말로 남아 있지만 이제는 새로운 적용 영역을 발견했다. 그것은 바로 개인이다. 지난 세기의 종말은 동시에 급진적으로 새로운 정체성 개념이 등장했음을 알린다. 너는 **너 자신**을 창조해야 하고, 바로 그 일을 해내야 한다.

개인의 진짜 본성을 만개시키는 계발

20세기의 마지막 25년 동안 사회 진보에 찍혔던 방점이 개인의 형성 가능성으로 옮겨갔다. 우선은 심리학적 차원이었지만, 이내 신체의 차원으로, 그리고 마침내 사회경제적 차원으로 이동했다.

이 시기에 정체성은 갑자기 지극히 개인적인 문제가 되었다. '신빙성'이 있고 '진실'한 것, 나아가 자율적이고 순종적이지 않기에 집단 및 원래의 시민사회와 구분되는 것이 되었다. 이제 인간에게는 '자신'을 경험해야 한다는 과제가 주어졌고 심리학은 '진짜' '진정한' '원초적' 자아 같은 개념들을 남발했다. 안타깝게도 집에서는 자기체험이 빠르게 진행되지 않기에 인도나 네팔 같은 장소를 찾아야 한다. 그곳까지 갈 형편이 못 되면 심리치료의 대안적 형태들과 결합된 각종 '의식 확장의 방법들'을 이용하면 된다. 1장에서 언급한 대로 소위 '유일한' 정체성이 있다는 요즘 사람들의 오해도 다 이 시기에 생긴 것이다.

새천년이 시작될 즈음 '자기 자신의 경험'은 '자기 자신의 창조'가 되고, 여기서 가장 중요한 것은 젊은 몸이다. 최신 트렌드(피트니스에서 줌바까지)를 놓치지 않으려면 피트니스클럽으로 달려가야 하며, 그래도 안 되면 보톡스와 성형수술이 기다리고 있다. 영원한 젊음과 섹시한 몸이 메시지이고, 서른 번째 생일은 재앙과 동의어이다. 이 시기엔 특정한 심리장애도 급증했다. 자해와 섭식장애, 우울증, 성격장애 같은 것들이다. 앞의 두 장애는 몸과 관련이 있고 뒤의 두 장애는 정체성과 관련된다.

그사이 사회적으로 엄청난 변화가 있었지만 개인들은 거의 눈치를 채지 못한다. 자신에게 관심을 쏟느라 너무 바쁘기 때문이다. 이데올로기의 종말과 더불어 전통적인 정당 간 정책 대결이 사라지고, '국민이 선출한' 사람들은 증시에 조종당하는 경제의 피리 소리에 맞추어 착실하게 춤을 춘다. 심지어 정치가들은 국가를 폐지하고 고아가 된 국민들을 그냥 방치할 각오까지 되어 있다. "사회 같은 것은 없다.(There is no such thing as society.)"는 가장 많이 인용되는 마거릿 대처의 정치적 발언 중 하나이다. 실제 그녀는 이 말을 정치적 결정을 통해 실천에 옮겼다.* 사회의 해체는 서서히 공동체 의식을 무너뜨린다. 개인은 점점 더 경쟁자가 되어간다. 처음엔 좋은 측면도 있었다. 능력에 따른 임금 덕분에 가장 열심히 일한 자에게 가장 많은 대가가 돌아간다. '자기 자신의 경험'은 '자기 자신의 창조'에서 '성공'으로 이동한다. 포스트모던의 나르시시즘이 텅 빈 거울을 통해 뒤에 숨은 사회의 파편들을 알아보기까지는 제법 긴 시간

* 1987년 10월 31일자 《우먼스 오운》과 했던 인터뷰에서 마거릿 대처는 이렇게 말했다. "내 생각엔 과거엔 너무 많은 사람들이 자신들의 문제를 돌봐주는 것이 정부의 임무라고 생각했습니다. '어려움에 처하면 재정 지원을 받을 거야.', '집이 없으면 정부가 잘 곳을 마련해주어야 해.' 이렇게 자신의 문제를 사회에게 떠밀었지요. 하지만 사회 같은 것은 존재하지 않습니다. 그저 각각의 남자와 여자, 가족이 있을 뿐이지요. 그리고 정부는 아무것도 할 수 없습니다. 사람이 필요하고 사람들은 우선 스스로를 도와야 합니다. 우리 자신을, 우리의 주변 사람들까지도 스스로 돌보는 것이 우리의 의무입니다. 다들 너무 요구만 생각하지 의무는 잊고 살거든요."

이 걸릴 것이다.

얼른 보면 심리학의 찬란한 개화기였다. 개인은 해방되었고 아무 방해 없이 발전할 수 있다. 하지만 이런 자유는 극도로 상대적이다. 아무도 눈치채지 못하는 사이 최신 버전의 사회진화론이 귀환했기 때문이다. 다만 '자연도태'는 더 이상 종이 아니라 개인을 노린다. 다른 남자들과 여자들을 희생시켜 성공을 일구어내는 자가 가장 강한 남성 혹은 가장 강한 여성이다. 판단의 기준은 성공이다. 이 버전 역시 과거 버전의 사회 진화론처럼 서둘러 사이비 과학적 하부구조를 구축한다. 이번에는 '이기적 유전자'라는 비유를 반드시 거론한다. 1등을 향한 투쟁은 개인에게만 국한되지 않는다. 유전자 역시 승리를 쟁취하기 위해 사력을 다한다. 따라서 반칙을 부끄러워할 필요가 없다. 반칙도 우리의 유전자에 새겨져 있는 글자이다. 하지만 당시의 인종주의가 그러하듯 현재의 에고크라시(egocracy) 역시 치부를 가릴 과학이라는 무화과 잎이 필요하다.

집단에서 개인으로! 이런 이동은 책임에도 비슷한 방식의 변화를 몰고 왔다. 생존 투쟁에서 유리한 입장에 설 수 있다면 나는 모든 것을 할 수 있다. 나의 책임은 바로 거기에 있다. 사회는 절대 내 앞길에 걸림돌을 놓아서는 안 된다. 사회는 만인에게 모든 기회를 제공해야 한다. 그러고 나면 "최고가 승리할 것이다!" 이런 논리대로라면 성공하지 못한 개인을 지원하는 짓은 그야말로 비정상이다. 그들의 실패는 오로지 자기 자신의 책임이다. 왜 그들을 도와야 한

단 말인가? 열심히 일하기만 하면 성공한다. 게으름을 피우면 결과에 책임을 져야 한다. 가혹한 운명도 이겨낼 수 있다. 우연은 존재하지 않는다. 성공하지 못한 사람은 다 자기 책임이다.

그러므로 충분한 노력을 전제로 인간은 스스로를 '만들어낼' 수 있다. 판단의 기준은 성공과 그에 따른 권력이다. 권력은 새로운 생활 감정을 표현하는 두 단어, 경제적 성공과 재정적 권력으로 이해된다.

윤리적 차원에서도 예상치 못했던 결과가 나타난다. 돈이 많은 사람은 다 노력과 성격 덕분이므로 인성도 훌륭하다. 따라서 윤리의 사다리에서도 높은 자리(사다리를 만든 신에게 가장 가까운 자리)를 차지한다. 이렇듯 재정적 권력이 도덕적 권력과 같은 뜻이기에 이제 우리는 사회를 어떻게 꾸려나가야 할지에 대해서도 은행가나 기업체의 높은 자리에 있는 사람들에게 물어본다. 반대로 실패 역시 자기 책임이다. 따라서 실패자는 인성이 유약하고 규범과 가치 체계를 악용하는 부당 이익 취득자이다. 자신의 상황을 바꾸기에는 너무 게으르고 우매한 인간 말종이다.

비교를 위해 아리스토텔레스의 시대를 돌아보자. 그 시대엔 최고의 자기인식 능력을 갖추고 아레타이(arètai), 즉 자신의 우수함과 지혜를 공동체에 제공하는 사람이 최고의 지도자였다. 기독교 시대에는 신이 수장을 선택했고, 선택된 자는 신의 영광을 위해 자신의 나쁜 점을 최대한 억눌러야 했다. 또 얼마 전까지만 해도 루퍼트 머독 같은 미디어의 왕이 영국의 수상을 결정하고 로비를 벌이는 자본가들이 미국 대통령 후보를 지명했다.

하지만 우리는 자기도 모르는 사이 180도 달라졌다. 계몽주의는 사회와 윤리를 만들어낼 수 있다고 주장했고, 진화론은 변화가 당연하다는 점을 입증했다. 그와 달리 사회진화론은 자연을 그대로 보존하자고 주장한다. 절대로 개입하지 말라! 인간이 갖고 있는 최고의 자산이 최고의 인간을 탄생시킬 것이다. 사회진화론의 최신 버전인 신자유주의는 자연 대신 '시장'을 보존하려 한다. 바탕에 깔고 있는 논리는 똑같지만 어떤 경우에도 숫자와 도표로 중무장을 한다.

자연을 그대로 두자는 이런 식의 주장은 형성 및 계발 가능성과 진보의 이념을 뜻밖의 모습으로 탈바꿈시킨다. 형성 및 계발 가능성이 방해 요인을 제거하여 '진짜' 인간이 있는 그대로 나타날 수 있게 하자는 결론으로 이어지는 것이다. 진보는 무엇보다 '자연상태'로 회귀하는 데서 기대해야 한다. 그곳에서 인간의 진짜 본성, 인간의 진짜 정체성, 타고난 규범과 가치가 아무 방해 없이 개화할 수 있을 것이다.

자연상태? 홉스가 "인간은 인간에게 늑대다."라는 말로 경고했던 바로 그것이 아니던가? 결국엔 만인에 대한 만인의 투쟁으로 이어지는 상태 말이다. 그런 상태에서라면 우리는 다시금 진짜 정체성, '자연적' 정체성의 관념으로 돌아가고, 더불어 예전처럼 똑똑해질 것이다.

4

본성이라는 신화

생물학과 유전학의 극단적 전용

1장에서 나는 정체성이 왜 외부에서 온다고 보는지, 그것이 얼마나 인간관계 혹은 (넓은 의미에서) 문화의 영향을 받는지를 설명했다. 규범과 가치는 항상 정체성 및 사회관계와 연관돼 있다. 2장에서는 윤리와 그것의 역사를 조명했다. 기독교의 영향으로 윤리는 인간 바깥에 있는 존재가 설정한 심급으로 변했다. 이 절대자는 우리가 근본적으로 나쁜 존재이고 선은 내세에서나 얻을 수 있다는 메시지를 발송한다. 물론 내세에서 구원을 얻기 위해서는 최선을 다해야 한다. 더구나 인간은 늘 심판대에 올라 있다. 신은 어디에나 있고 인간은 결코 자신이 충분히 잘 하고 있는지 확신할 수 없다. 3장의 주제는 학문(과학)이었다. 계몽주의는 아주 중요한 새로운 견해를 발전시켰다. 변화가 가능하며, 사회는 만들 수 있지만, 이 모든 과정을 밟아가는 인간은 매우 큰 노력을 기울여야 한다는 견해 말이다. 포스트모던 시대에는 개인의 형성(계발) 가능성이 전면으로 부각된다. 기준은 경제적 성공이다. 현재 우리는 다양한 에움길을 돌아 다시 생물학과 유전학이 모든 것을 결정한다는 확신에 도달했다. 우리는 되도록 이 사상에 의문을 제기하지 말아야 한다. 정체성은 우리의 유전자에 숨어 최강자가 승리를 거두도록 보살핀다. 이것이 오늘날 우리의 신조이다.

본성이냐 양육이냐

이로써 우리는 다시 전통적인 논쟁으로 되돌아왔다. 우리의 정체성 발달은 유전(nature)의 결과인가 아니면 환경, 즉 교육(nurture)의 영향인가? 더 극적으로 표현해 인간은 원래 본질적 정체성, 본성을 갖고 태어나는가? 아니면 환경이 내용을 채워 넣는 백지 상태에서 출발하는가? 이런 의문은 곧바로 또 다른 의문을 낳는다. 우리의 핵심은 선하므로 혹시 우리가 그릇된 길(나쁜 친구를 사귀는 것에서 시작하여 아이가 먹는 음식에 과도한 색소와 방부제를 집어넣는 짓까지)로 접어들 경우 죄다 환경에 책임을 미룰 수 있는가? 아니면 인간은 철저히 나쁜 존재이므로 엄격하고도 합당한 교육만이 올바른 길로 인도할 수 있는 걸까? 자유의지나 선택의 가능성이 있을까? 아니면 예정론의 최신 버전대로 처음부터 우리의 유전자와 뇌에 모든 것이 새겨져 있는 걸까?("우리는 우리의 뇌다.")

이런 논쟁의 숨은 의미는 결코 만만치 않다. 정체성이 생물학적으로 예정된 사안이라면 변화는 불가능하며, 설사 가능하다 해도 매우 제한돼 있다. 사회관계에도 같은 원리가 적용된다. 이 경우 우리는 복지정책을 편안한 마음으로 폐지할 수 있다. 어차피 다 갖다 버리는 돈이니까 말이다. 그런 복지정책은 자연을 거스르는 행위이다. 가만히 놔두면 자연이 알아서 더 나은 해결책을 제시할 것이다.

아마 많은 독자들이 '이것 아니면 저것' 식의 이런 사고방식을 너무 유치하다고 생각할 것이다. 그래서 어깨를 으쓱하면서 대체 어떤 사람들이 그런 유치한 생각을 하느냐고 물을 것이다. 정말로 그랬으면 좋겠다. 그러나 안타깝게도 너무나 많은 사람들이 이런 생각을 하고 있고 그 숫자는 날로 늘어나고 있다. 아마도 이런 식의 논리가 대부분 토론 과정에서 만들어졌기 때문일 것이다. 너무 많은 주제를 다루다 보니 결국엔 어떻게 해서 그런 논리가 나왔는지 헷갈리는 토론 말이다. 토론의 와중에서 점점 더 많은 사람들이 과학의 연구 결과를 들이민다. "연구 결과에 따르면……"은 아마 지난 10년간 우리가 가장 많이 들었던 말일 것이다. 그렇다면 유전을 지지하는 논리는 무엇이며 환경을 지지하는 논리는 무엇일까?

유전을 옹호하는 사람들에 따르면, 인간은 본질적인 정체성을 가지고 있으며 이는 유전자와 뇌에 새겨져 있다. 이런 생물학적인 논리의 기원은 아리스토텔레스로 거슬러 올라간다. 그에 따르면 성장은 자아실현을 의미하며, 이를 통해 우리는 원래 타고난 그 사람이 된다. 자신을 얼마나 잘 아느냐, 이 자기인식으로부터 어떤 결론을 끌어내느냐에 따라 더 나은 결과 혹은 더 나쁜 결과가 나올 수도 있다.

아리스토텔레스를 끌어들이는 것이 얼른 보기엔 매력적으로 비칠 수 있겠지만 현대의 학자들은 금방 문제에 봉착한다. 아리스토텔레스는 생물학과 윤리를 분리할 수 없는 일체로 보았지만, 다윈에게 영감을 얻은 오늘날의 지배적 사고방식의 소유자들은 전혀 그렇지 않기 때문이다. 오히려 아리스토텔레스와 반대다. 그들이 보기엔 인간을 포함하는 모든 생명체는 자기 보존과 번식에 토대를 둔 시간을 초월한 진화의 자연도태가 낳은 결과물이다. 그걸로 끝이다. 이런 관점에선 규범과 가치란 없으며 있다 해도 문화적 현상으로 치부된다. 하지만 놀랄 정도로 명쾌한 이런 정의는 자기 보존의 이 '자기'가 정확히 무엇을 의미하는지 묻는 순간 갑자기 명쾌함을 잃고 만다. 자기란 종을 의미할까? 아니면 개인? 아니면 유전자? 대답의 결과가 미칠 파장은 크다. 개인의 의미를 부각시키면 진화에 따른 도태의 기준이 개인주의 및 이기주의가 될 것이기 때문이다. 반대로 집단의 의미를 강조하면 도태의 압박은 사회적 행동과 이타주의의 방향으로 이동한다. 이기주의냐 이타주의냐? 이렇게 하여 우리는 진화생물학을 거쳐 자기도 모르는 사이 다시 윤리적 문제에 도달했다.

우리 인생이 일종의 백지 상태에서 시작된다는 정반대의 입장은 우리의 막강한 적응력과 이로부터 발생하는 차이를 정체성, 규범, 가치의 차원에서 논하는 심리학적 시각에 기초를 둔다. 이를 위해 심지어 인간 자체를 연구하는 학문, 즉 인류학까지 등장했다. 계몽주의 시대에는 적응력은 물론 다양성의 원천 역시 전형적인 인간의 능력, 즉 의식적 결정과 의도적 변화를 이끄는 이성에 있다고 보았다. 20세기 초에는 교육의 힘에 대한 신뢰가 교육학적으로 중대한 의미를 갖는 기본 원칙이었다. "나를 가르쳐라, 그러면 내가 세상을 바꿀 것이다." 이런 입장은 얼마 후 초기 행동심리학을 이용해 과학적 토대를 마련했다. 거기에 인지주의(cognitivism)까지 가세하여 일련의 조건 조성과 학습 과정을 통해 인간과 사회를 뜻대로 만들 수 있다고 주장했다. 다음 장에서는 이런 교육학의 논리들이 지금까지도 우리 생각보다 훨씬 더 많은 영향력을 행사하고 있는 현실을 살펴볼 것이다.

어쨌든 두 방향은 정반대 이데올로기 진영에서 열광적인 지지자들을 얻어 극단적인 형태를 띠게 되었다. 인간은 백지라고 확신하는 심리학의 방향은 전통적으로 진보적 사고 모델로 불린다. 인간은 만들 수 있고 변화시킬 수 있다는 입장이다. 사회 역시 변화가 가능하다. 그 속도는 빠를수록 좋다. 그래서 사회주의자와 공산주의자들은 최대한 빠른 시간 안에 이상적 인간들이 사는 이상사회를 건설하고자 했고 미국과 프랑스 역사를 모델로 삼아 혁명을 외쳤다. 보수적 이데올로그의 생각은 전혀 다르다. 인간의 유연성과 이성(합리성)은 변치 않는 열정의 씨앗을 에워싸고 있는 얇은 껍질에 불과하기에 엄격한 교육을 통해 열정의 씨앗을 최대한 억제해야 한다. 변화가 불가피하다 해도 아주 천천히 진행시켜야 한다. 모든 형태의 혁명은 악이기 때문이다. 네덜란드 최초의 정당 이름이 '반(反)혁명당'이었으며 프랑스혁명의 이념에 대한 반응으로 등장했다는 사실은 우연이 아니다.

하지만 조금만 더 자세히 들여다보면 서로 대립하는 이 두 방향은 의도적으로 자신의 중심 사상을 반박하는 논리를 허용할 수밖에 없다. 사회진화론은 생존 투쟁을 생물학적으로 결정된 생명의 본성이라고 보며, 따라서 일체의 협력에 눈을 감는다. 협력 따위는 기껏해야 잠재해 있는 이기주의에 불과하기에 사회진화론의 기본 확신을 뒤흔들지는 못한다고 생각한다. 그런데 이상한 것은 똑같은 사실을 두고 양쪽이 똑같이 자기 입장의 정당성을 입증하는 논리라고 해석한다는 사실이다. 약간의 지성만 활용해도 우리는 도킨스의 이기적 유전자를 협력적 유전자라고 고쳐 부를 수 있다.*

* 나는 이런 식의 견해를 2011년 여름에 발표한 바 있다. 그로부터 6개월 후(2012년 1월 7일) 도킨스는 벨기에 일간지 《데 모르겐》과 했던 인터뷰에서 자기 책은 '이타적 개인'이라고 이름 붙여도 무방하다고 말했다. 그러나 이미 그가 그러지 않았다는 사실이 중요하다. 대신에 그는 '이기적'이라는 말을 썼다. 지금은 이미 한 세대가 이기주의는 유전자에, 인간 안에 숨어 있다는 확신을 갖고 성장한 뒤다. 학문 연구가 방법론 차원에서는 객관적일지 몰라도, 학자가 연구 결과를 말로 옮기자마자 객관성은 사라진다.

그 반대편에는 이성(인지적인 것)에 대고 맹세하면서 비합리성과 열정을 무시하는 진보적 이데올로기가 있다. 비합리성이나 열정은 원시적이고, 여성의 본성에 해당되는 특성이라는 것이다. 이 사실 역시 학문(과학)이 종교의 후계자이며 근본적으로 여성을 경시한다는 사실을 입증한다. 그래서 이들은 프랑스 정치학자 도미니크 모이시(Dominique Moïsi)가 『감정의 지정학』에서 설명한 대로 국제 관계가 감정에 기초를 두고 있다는 사실을 외면한다. 또한 경제가 이성적 계산으로 운영되는 거라고 굳게 믿는다. 증시는 컴퓨터의 작동보다는 호르몬이 봇물을 이루는 사춘기 소년의 뒤죽박죽된 감정("그녀는 날 사랑해, 아냐 그녀는 날 사랑하지 않아…….")과 더 유사하다는 사실을 무시한 채 말이다.*

하지만 양쪽 논리는 공히 자신의 확신에 모순되는 숫자와 사실은 까맣게 '잊어버릴' 뿐만 아니라 상대의 중심 논리를 끌어대지 않으면 도저히 유지될 수가 없다. 그러기에 인간의 본성(만일 이런 것이 있다면)은 환경을 통해서만 실현될 수 있다. 대표적인 사례가 언어이다. 언어는 두말 할 것 없이 유전적 기초이다. 하지만 어떤 유전학자도 영어 유전자, 프랑스어 유전자, 독일어 유전자가 있다고 주장하

* 굳이 현대 신경학까지 동원하지 않더라도 우리는 섹스와 모험심, 경제의 명백한 상관성을 쉽게 파악할 수 있다. 하지만 현대의 뇌과학이 이 사실을 입증한 건 좋은 일이다. 포르노 영화를 볼 때는 경제적 모험에 뛰어들 때와 같은 뇌 부위가 활성화된다. 그래서 성적으로 흥분한 남자들이 도박에 더 많은 돈을 거는 것이다. 카지노에 미녀들을 배치해두는 이유이다.

지는 않을 것이다. 사람들 사이에서 성장하지 못한 아이는 절대 말을 배울 수 없다. 실현되는 환경에 따라 본질적인 특성들이 전혀 다른 현상 형태를 띨 수 있는 것이다. 어디서나 교육이 일어나고, 또 유전자의 영향을 받지만, 교육의 종류는 문화에 따라 천차만별이다. 그러므로 본성은 다양한 형태로 나타날 수 있다는 것이 필연적 결론이다.

'모든 것'이 환경의 결과물이며 무엇도 미리 확정되어 있지 않다고 믿기에 모든 인간은 어떤 방식이든 무언가가 될 수 있고 이 과정에서 자신도 선택권을 갖는다는 백지론을 펴는 이들도 마찬가지의 말을 할 수 있겠다. 이들은 인간 특유의 전전두엽(prefrontal cortex)이 없다면 자유의지와 변화는 상상조차 할 수 없으며 전전두엽은 느린 진화가 낳은 가장 중요한 결과물이라는 사실을 간과한다.

달리 말해 현실은 이론보다 복잡하고 미세하지만 더 이해하기 쉽다. 건강한 이성을 갖춘 채 눈을 크게 뜨기만 하면 풀쩍 한 걸음 앞으로 나아갈 테니 말이다. 따라서 지금은 행동생물학의 진짜 전문가에게 마이크를 넘길 시간이다. 그가 베네룩스 출신이라는 점에 나는 큰 자부심을 느끼지만, 또 그가 성공을 위해 미국으로 이민을 갔다는 사실은 우리가 사는 이곳에 영감을 자극하는 환경이 필요하다는 또 하나의 증거일 것이다. 그의 이름은 프란스 드 발(Frans de Waal)이다.

윤리와 생물학을 제대로 이어보자

'사회질서의 일부인 윤리의 생물학적 기초에 관한 입문' 같은 제목의 대학 세미나를 요즘 대학생들은 상상조차 할 수 없을 것이다. 그렇지만 내 세대의 기억에는 아직 '지배자 민족(Herrenrasse)'이나 노예도덕 같은 개념이 생생히 남아 있다. 우리는 나치를 사회진화론의 마지막 장에 나오는 집단으로 치부해버리는 경향이 강해 최신 버전의 사회진화론을 알아채지 못한다. 하지만 신자유주의가 최신 버전의 사회진화론이라는 사실을 알아차리기란 그리 어려운 일이 아니다. 드 발은 『공감의 시대(*The Age of Empathy*)』에서 신자유주의가 일방적으로 생물학을 제멋대로 전용한다고 주장한다. 하지만 드 발이 보기엔 공감이 중심 자리를 차지하는 전체적인 상을 보도록 노력해야 옳다.

행동심리학자인 드 발은 점진적 변화와 여러 동물 종의 차이, 특히 인간과 영장류의 차이에 주목한다. 기독교와 지배적인 계몽주의 철학자들의 생각과 달리 그는 양자를 엄격히 구분해야 한다고 주장하지 않는다. 진화론적으로 볼 때 포유류는 작은 인형 안에 더 작은 인형이 숨어 있는 러시아 마트로시카 인형과 같다. 옛날의 특징들이 (더 작은 인형처럼) 그대로 유지되지만 새로운 특징들(더 큰 인형들)로 인해 변화할 수도 있는 것이다. 그러므로 나는 이렇게 이해한다. 인간의 가장 가까운 친척인 영장류의 특징은 대부분의 경우 인간에게도 해당된다. 하지만 인간에게서는 영장류에게서는 보이지 않는 특징들이 확인된다. 가장 눈에 띄는 특징이 언어이며, 이와 결합된 사고력과 의식, 이로부터 나온 의지의 자유를 들 수 있다.*

둘의 차이는 대단하다. 따라서 우리의 정체성을 이해하기 위해 영장류를 연구하는 것은 별 의미가 없어 보인다. 영장류가 아침마다 정체성과 삶의 의미를 캐물으며 고통스럽게 잠에서 깨어날 개연성은 극도로 낮다고 본다. 이 장의 첫머리로 잠시 돌아가보자. 우리의 정체성은 타인과의 관계를 거쳐 발달한다. 심지어 그런 관계가 정체성 발달의 필수 조건이다. 영장류 연구가 유익하려면 이 영역에서 살펴보아야 한다. 특정 조건 아래 놓인 영장류에게서 특징적인 관계 모델을 발견할 수 있는가?

2장에서 설명한 대로 우리를 원래 의미의 윤리에 다시 데려다줄 관습, 그러니까 점차 하나의 규칙 체계로 발전할 수 있는 습관과 성격을 발견할 수 있는가?

이런 측면으로 관심을 돌리자마자 중요한 특징 하나가 눈에 들어온다. 인간은 사회적 동물이라는 특징이다. 아리스토텔레스(조온 폴리티콘을 생각하라.)도 이미 알고 있었던 사실이지만, 홉스와 대처

* 복잡한 소통 체계를 갖춘 동물 종은 많지만 이들의 체계는 우리의 언어와 구조적으로 다르다. 일반적으로 그것은 하나의 신호에 하나의 특정한 의미를 부여하는 신호 체계이다. 인간의 언어에선 동일한 한 단어가 여러 가지 의미를 가질 수 있다. 또 언어는 소통 기능을 담당할 뿐 아니라 지식을 전달하여 정체성 형성에도 지대한 영향을 미친다. 나아가 인간 고유의 의식은 단어 사용의 전제 조건이기에(말로 할 수 없는 것은 모른다.) 정서적 경험에만 국한되는 인지와는 다른 점이 있다.

("사회 같은 것은 없다."), 그리고 소위 사회계약론자들은 이를 잊어버렸던 것 같다. 18세기부터 시작된 이들의 입장은 자연상태의(또 자연이다!) 인간은 외톨이일 뿐 아니라 자유로운 존재라는 생각에서 출발한다. 고독한 존재인 인간이 개인의 자유를 포기하고 집단을 선택하려면 오직 이성이 있어야만 한다. 물론 조건이 따라붙는다. 조건은 계약(사회계약)의 형태를 띠며, 계약에 동의한 사회질서가 자신에게 유리하다는 사실을 개인이 명확히 인식할 수 있어야 한다. 당연히 마음에 들지 않을 경우 계약을 해지할 수 있다.

이런 인간관은 학문적으로 유지될 수 없다. 출발점 자체가 틀렸기 때문이다. 생물학은 우리가 무리 동물이며, 혼자 살아가는 개인은 병이 들거나 배척당한다는 사실을 입증했다. 배척은 지금도 전세계적으로 가장 가혹한 형벌이다.(구석에 가서 손 들고 서 있어!) 추방은 곧 죽음을 의미한다. 숲에서 고독하게 사는 고귀한 야만인 이미지는 낭만적이지만 실제로는 결코 낭만적이지 않다. 영장류들은 항상 위계질서가 엄존하는 집단에서 살고, 해당 집단 내의 사회관계는 생존과 번식에 매우 중요하다.

집단의 중요성 외에도, 영장류는 또 다른 중요한 특성을 공유한다. 다른 영장류와 마찬가지로 인간의 경우에도 정서적 기초(직관)가 합리적-인지적 외피보다 훨씬 더 사회관계에 중요하다는 사실이다. 위험한 상황에서는 의식적으로 사고할 시간이 없다. 대부분의 경우 이성은 나중에 우리의 자동적 반응을 설명할 '적절한' 이유를 공급할 뿐이다. 스스로 이해가 안 되는 일, 심지어 수치스러운 일을 나중에 정당화하는 '합리화'라는 말이 '합리성'에서 나온 것은 우연이 아니다. 직관을 무시하고 오직 이성에만 기초한 윤리는 종이 위에만 존재한다. 앞서 말한 사회계약론자들의 윤리 역시 종이 위의 윤리일 것이다.

이런 정서적 기초가 무엇이며 어떻게 작동하는지는 생기론(Vitalism)의 창시자 앙리 베르그송(Henri Bergson)에게 물어보면 된다. 요즘 사람들은 잘 모르겠지만 생기론은 인간이 유인원과 공유하는 지성의 형태를 설명하는 이론이다. 어쨌든 우리는 정서적 기초와 관련된 지식을 굳이 애써 배우지 않아도 무의식적으로 활용한다. 우리의 행동을 조종하도록 도와주는 일종의 집단 기억, 집단 무의식에서 나온 지식이기 때문이다. 하긴 '무의식'이란 말도 요즘엔 이미 한물갔다. 진화론에 입각한 현대 특수 용어로는 특정 반응이 "사전 배선되어 있다(pre-wired)"고 표현한다. 그러니까 우리는 데뷔도 하기 전부터 이미 전선에 연결되어 있기 때문에 프로그램에 따라 행동하는 존재이다. 뭔가 과학과 기술의 냄새를 풍기는 설득력 있는 말같이 들린다.

사실 이 두 개념(무의식적 지성과 미리 프로그래밍된 행동)은 우리가 이해하지 못하는 것의 비유에 불과하다. 우리는 반복되는 행동 모델을 인식할 수 있으며, 이것이 의식적 결정의 결과가 아니라는 사실도 알고 있다. 또한 이 두 개념은 '이것'이 유전자에 숨어 있다고 믿는 사람들의 비유이다. 물론 유전자가 일차적으로 단백질을 코드화하지만 그걸로 끝이다. 단백질과 행동의 간극은 엄청나기에 당장은 둘 사이에 어떤 연관성이 있는지 누구도 짐작하지 못한다. 우리는 비유적 '설명'(집단 무의식, 내장)을 곧이곧대로 듣고 맹신하지만 사실 그것은 특정한 과학적 확신이 다른 모든 확신을 이기고 자리를 잡을 수 없다는 사실만을 입증할 뿐이다. 노벨물리학상을 수상한 파인먼의 말대로 사물에 이름을 붙였다고 해서 그것을 이해했다고 할 수는 없다.

살면서 자주 느끼지만, 어떤 것을 이해시키려면 그것이 무엇이 아닌지를 설명하는 편이 쉽다. 결정은 직관이 내리지만 직관이 어떻게 결정을 내리는지는 자극과 그에 대한 반응이라는 알고리즘적 체계로는 설명할 수 없다. 만일 특정한 알고리즘으로 설명이 가능하다면 우리의 행동은 항상 예상할 수 있을 것이다. 하지만 그렇지가 않다. 더구나 그런 사고 모델은 인간의 엄청난 적응력을 완전히 도외시한다. 따라서 정서적 기초를 이해하고 싶다면 기질이라는 개념을 넓은 의미에서 설명하고 오해를 바로잡는 것으로 만족해야 한다. 이제 다시 드 발에게로 돌아가보자. 그의 책은 인간 종의 사회적 애착과 관련하여 무엇을 가르치는가?

오는 말이 고와야 가는 말도 곱다

흔히 영장류의 행동은 생존 투쟁에 근거한다고 생각한다. 영장류는 매우 공격적이고 서로 싸우며 새끼를 죽이고 동족의 고기를 먹는다는 식으로 말이다. 이런 킬러 원숭이의 이미지는 그사이 우리 문화 자산의 일부가 되어버렸다. 내가 꼽은 영화사 최고의 시작 장면은 스탠리 큐브릭의 「2001 스페이스 오디세이」의 첫 장면이다. 그 장면을 볼 때마다 나는 소름이 돋는다. 원숭이들이 뼈로 두개골을 부수는 방법을 터득한다. 배경으로 깔린 군가풍의 리하르트 슈트라우스의 「차라투스트라는 이렇게 말했다」가 점점 더 소리를 키워가고, 파란 하늘로 던져진 뼈는 요한 슈트라우스의 「아름답고 푸른 도나우」의 부드러운 선율에 맞춰 빙빙 돌다가 우주선으로 바뀌며…… 가히 천재적이다!

실제로 영장류의 무리에서 지배와 공격을 특징으로 하는 강력한 위계질서가 존재함을 입증한 연구 결과는 충분히 많다. '모두가 동등하다.'는 나긋나긋한 관념이 입증된 경우는 한 번도 없다. 오히려 그 반대다. 안정된 권위와 결합된 위계질서는 안정을 보장한다. 그래서 권위가 사라지면, 예를 들어 연구자가 어떤 무리에서 우두머리를 다른 곳으로 옮길 경우 불안과 공격성이 나타난다.

드 발 역시 영장류의 공격성을 부인하는 것은 아니다. 하지만 드 발의 혁신성은 다른 측면들까지 함께 연구한 덕분에 그의 연구 결과가 훨씬 더 다채로운 이미지를 제공한다는 데 있다. 사회적 행동을 통한 영장류의 상호 부조가 매우 일반적이라는 사실은 그사이 진화생물학도 인정한 점이다. 영장류의 상호 이타적 행동, 나아가 (일화적 형태이기는 하지만) 다른 종에 대한 이타적 행동을 입증하는 증거는 수없이 많다. 식량 찾기에서부터 새끼 양육과 안전 보장을 거쳐 곤경에 빠진 다른 동물에 대한 즉흥적 도움에 이르기까지 이타적 행동의 반경 또한 매우 넓다.

자연 환경에서 살아가는 영장류들은 식량이 남으면 친척이나 친구에게 남은 식량을 나누어주고 그걸 받은 동물은 다시 일부를 떼어 다른 동물들에게 나누어준다. 사냥감은 사냥에 기여한 정도에 비례하여 분배한다. 그러니까 위계질서에 따라서만 분배를 하는 것이 아니다. 그래서 우두머리 역시 사냥에 참여할 때가 많다. 물론 위계질서도 중요하지만 진화론적으로 타당성이 입증된 공정함이 우선시된다. 지위의 차이와 식량 분배의 차이는 일정한 한도 내에서만 인정된다. 학자들이 개입하여 특정한 배치를 만들어내거나 변형시킬 경우 더 흥미로운 결과가 나온다. 예를 들어 특정한 과제를 수행한 원숭이에게 보상으로 먹을거리를 주는 것이다.

두 원숭이에게 같은 과제를 주고 같은 '상(오이)'을 주면 아무 문제가 없다. 하지만 한쪽에게는 더 맛난 음식(포도)를 주고 다른 한쪽에게는 똑같이 오이를 주면 후자는 협력을 거부할 뿐 아니라 오이까지 받지 않는다. "오이 저리 치워!" 이런 의미를 전달하는 얼굴 표정까지 지으면서 말이다. 그사이 학자들은 이 실험을 다양한 형태로 바꾸어 여러 차례 반복했지만 결과는 똑같았다. 공평하지 않은 분배는 거부를 당한다. 원숭이는 똑같은 일을 하고 남보다 더 적게 받을 바에야 차라리 아무것도 받지 않는 쪽을 택한다.

또 다른 실험에서는 상으로 먹을거리를 '살' 수 있는 플라스틱 동전을 주었다. 동전은 두 가지 종류가 있는데, 하나로는 자기만 먹을거리를 살 수 있고 다른 하나로는 다른 동료들에게도 사줄 수가 있다. 원숭이들은 상당히 체계적으로 후자의 동전을 선택했다. 상대 원숭이가 처음 보는 사이인 경우에는 선택이 조금 덜 명확했다. 상대와 아는 사이라도 실험 구조상 서로를 볼 수 없게 해놓으면 역시나 나누어 먹는 횟수가 줄었다. 그러나 상대 원숭이에게 더 많고 더 좋은 음식이 돌아갈 경우엔 자기만 먹을 수 있는 동전을 택했다. 이렇듯 원숭이들은 서로 나누고 서로에게 선물도 하지만, 분명 그들의 자선에는 한계가 있다.

곁말이지만 이런 실험들은 시선 교환이 얼마나 중요한지도 가르쳐준다. 동료가 시야에서 사라지면 교환 의지도 줄어든다. 사람의 경우도 마찬가지이다. 컴퓨터 앞에 앉아 눈에 보이지 않는 상대에게 매우 불리한 결정을 내리라고 하면 눈에 보일 때보다 훨씬 더 높은 비율로 그렇게 한다. 현대식 전쟁이 바로 그렇다. 모니터로 사람을 죽이는 것은 컴퓨터게임과 별로 다를 바가 없다. 기계장치마저 비슷하게 생겼다.

앞에서 설명한 원숭이 실험이 사람을 대상으로 하는 실험에서 파생됐음을 알고 나면 많은 이들이 좋아하며 반길 것이다. 바로 '최후통첩 게임'이다. 두 명이 참가한다. 한 사람이 돈의 분배를 결정하면 상대는 제안을 받아들이거나 거부한다. 거부하면 둘 다 빈손이 된다. 양쪽 모두 돈을 벌기 위해 어떤 노력도 할 필요가 없다. 그냥 돈을 나누어 갖기만 하면 된다. 이 실험에서 두 번째 참가자는 상대가 자신보다 월등히 많은 돈을 가져가려고 하면 제안을 거부했다. '공정하지' 않다는 이유에서였다. 승낙을 하면 아무것도 안 하고 5유로를 벌 수 있어서 사실 그런 결정은 완벽하게 비합리적이지만 쉽게 이해가 된다. 첫 번째 참가자가 가져가겠다는 금액이 자신보다 약간 많은 경우(나는 10유로, 너는 8유로)에는 대부분이 수락했다. 이런 실험들의 결과를 보면, 인간의 경우 공정한 분배가 상당히 보편적이고 또 규칙적이다. 인류학 연구 역시 협력을 지향하는 문화일수록 분배가 공정하다는 사실을 입증한 바 있다.[3]

여기까지가 나눔에 관한, 다시 말해 영장류의 좋은 면에 관한 실험이었다. 그렇다면 다른 측면은 어떨까? 남이 잘못되면 고소해하는 마음은? 동물들은 심지어 쥐와 같은 작은 동물들조차 고통스러워하는 동족을 보면 뜻밖의 반응을 보인다. 형제 쥐가 고통스러워하면 자기가 고통을 느끼는 듯한 반응을 보이는 것이다. 하지만 처음 본 쥐가 고통스러워하면 고통을 덜 느끼거나 아예 느끼지 않는다.[4] 그사이 인간을 대상으로 같은 실험을 실시했다. '뇌 속'을 들여다볼 수 있는 현대 의학 기술 덕분에 우리는 더 특수한 결과에 도달한다. 보통의 상황에서 인간은 타인의 고통을 같이 느낀다. 실험 대상자의 뇌에서 비록 같은 강도는 아니라 해도 같은 부위가 활성화된다. 하지만 게임을 할 때(게임 역시 실험의 일부이다.) 우리를 속인 상대가 고통을 느끼면 소위 말하는 **쾌감 센터**에 불이 들어온다. 남이 잘못되는 것을 보고 좋아한다는 신경학적 증거이다. 게다가 이런 반응은 거의 남성에게서만 나타난다.[5]

드 발은 무리 동물의 사회 행동이 미리 프로그래밍돼 있을 뿐 아니라 상황에 따라서도 좌우된다는 사실을 보여주기 위해 일군의 실험들을 실시했다. 이때 영장류의 경우에는 공감도 큰 역할을 한다. 남이 느끼는 것을 함께 느낄 수 있는 능력 말이다. 드 발은 영장류의 공감을 입증하는 데 상당한 공을 들였다. 오랜 세월 공감은 인간만의 특징이라고 생각되어왔기 때문이다. 공감은 실제로 사회관계를 완전히 다른 차원으로 격상시킨다. 물론 드 발이 이 둘의 관련성을 주장하진 않지만, 예를 들어 쇼펜하우어는 이성만이 윤리의 기초라고 주장한 다른 철학자들과 정반대로 공감을 윤리의 기초로 보았다. 사람들이 네게 하기를 원치 않는 일은 너도 다른 사람에게 하지 마라. 이것을 인간의 성찰 능력, 자신과 자신의 행동을 살펴볼 수 있는 능력과 연관 지으면 이내 양심의 문제로 다가가게 된다. 우리는 우리가 무엇을 느끼는지 알고, 남이 무엇을 느끼는지 느낄 수 있다. "난 아무것도 몰랐어."라고 외치는 방관자들은 몰랐다기보다 보고 싶지 않고 알고 싶지 않은 마음을 이런 변명으로 정당화하는 것이다.

영장류 연구는 정체성 문제의 답을 주지 못한다. 하지만 몇 가지 확실한 결론을 허용한다. 인간은 안정과 협력을 보장하는 사회적 서열이 필요한 무리 동물이라는 결론 말이다. 영장류의 경우도 우두머리가 평화를 보장한다. 약간의 호감을 품고 연구 결과를 살펴보면 정의와 연대의 경향까지도 발견할 수 있다. 물론 주로 서로를 아는 경우에 한정되지만 말이다. 실험 결과는 공격성과 거부감도 입증한다. 실제로 현대 의학 기술 덕분에 우리는 남의 불행을 고소해하는 마음까지도 눈으로 확인할 수 있다. 더구나 실험은 공감은 물론 남의 불행을 좋아하는 마음 역시 특정 원숭이 종의 개별적 특징(장애!)이라기보다는 기나긴 진화사의 일부임을 말해준다. "네가 나를 속였어. 그러니까 이제 네가 대가를 치르는 게 너무나 정당한 일이야!" 우리의 가장 가까운 친척 영장류들은 "네가 주면 나도 준다."는 물론 "눈에는 눈, 이에는 이"라는 규칙을 잘 알고 있다. 두 경우 모두 사회구조의 작동 여부가 그런 반응을 부추기거나 제동을 건다. 달리 말해 영장류는 원래가 착하거나 나쁜 것이 아니다. 그들의 태도가 어떤 방향으로 향하는가는 환경에 달려 있다.

마지막으로, 처음에는 나 자신도 별로 관심을 보이지 않았던 사실을 지적하고 싶다. 교환 행동은 항상 구체적인 상황에 집중된다는 사실이다. 처음엔 나도 이런 행동의 의미를 이해하지 못했다. 그러다 마르셀 모스(Marcel Mauss)를 만났다. 1923년에 나온 그의 에세이 『증여론』은 현대 인류학의 기초를 닦았다. 그에 따르면 한 공동체는 증여의 은총으로 **존재한다**. 그렇지 않으면 절대로 공동체가 아니다. 또 모든 문화는 무엇보다도 교환이 이루어지는 방식에 따라 성격을 규정할 수 있다. 따라서 나는 1장의 주장을 확대해볼 수 있겠다. 모든 정체성은 그것이 형성되는 공동체의 영향을 받으며, 따라서 이 **특정 공동체 내의 전형적인 교환 방식에도 영향을 받는다**고 말이다. 2부에서는 특히 이런 생각을 발판으로 삼아 논지를 펼 것이다. 영장류는 무엇보다도 식량과 섹스를 교환한다. 우리 의 경제 역시 이런 시스템으로 귀결된다. 다른 경제체제는 다른 형태의 교환 행동을 낳고, 이를 통해 다른 사회적 애착과 다른 정체성을 낳는 것이다.

에로스와 타나토스의 긴장 혹은 균형

드 발의 연구 결과는 영장류가 사회 행동을 할 때 공감을 하고 이타적이거나 이기적이고 공격적일 수 있다는 사실을 보여준다. 이것은 종의 내재적(사전 배선된) 특징이며, 어떤 행동이 더 전면으로 부각되는가는 환경이 결정한다. 사회관계에서 식량 이외에 섹스도 중요하다는 사실은 우리의 눈길을 프로이트에게로 돌리게 한다. 그는 대부분 개인을 다루었지만, 그럼에도 개인과 사회의 관계를 다룬 아주 중요한 몇 편의 에세이를 집필한 바 있다.

베르그송처럼 프로이트 역시 인간은 진화를 거치면서 종으로서 특정한 방향과 반응을 습득했다고 생각했다. 일종의 집단 기억, 공유하는 잠재의식의 일부에 저장된 방향과 반응은 오늘날의 개인의 행동에까지 영향을 미친다. 이런 집단 무의식을 프로이트는 우리를 두 가지 다른 방향으로 이끄는 상반된 기본 충동으로 인식한다. 바로 에로스와 타나토스, 즉 삶의 충동과 죽음의 충동이다.

삶의 충동은 인간을 타인과 합일하는 길로 이끈다. 이 충동이 가진 성적 요소 때문에 프로이트는 이를 에로스라 불렀지만 사실 이것은 섹스를 넘어서는 본능이다. 단순히 두 개의 신체가 서로에게 녹아드는 것만이 아니라, 강력하게 상승하는 힘의 영역에서 융합되는 에너지의 작용에 관한 것이다. 이 긴장 상태에서 만들어진 에너지야말로 삶 그 자체이다. 따라서 '삶의 충동'이다. 그것의 반대편에는 죽음, 즉 타나토스가 있다. 사랑하는 사람들을, 혹은 공동체나 집단을 분열시키고 개인을 온전히 자신에게로 던져버리는 충동이다. 프로이트는 이것 역시 훨씬 더 포괄적인 의미로 해석했다. 이별은 때로 엄청난 양의 에너지를 갑작스럽게 방출하여 전체적인 긴장을 해소한다. 이는 모든 생명체에게 죽음을 의미하며, 따라서 '죽음의 충동'이라는 암울한 명제가 붙은 것이다.

이런 사변적인 관념을 글로 적을 당시만 해도 프로이트는 아직 핵분열이나 핵융합, 빅뱅이나 빅크런치 같은 것들을 전혀 알지 못했다. 그렇기에 나는 이 문제와 관련하여 감히 이러쿵저러쿵 추측을 하지 않으려 한다. 하지만 인간에게 적용해보면 분리 운동은 우리의 일상생활에서도 그리 어렵지 않게 만나볼 수 있다. 성 행위 자체가 이미 그러하다. 두 신체의 합일은 긴장을 증폭시켜 마침내 오르가즘이라는 에너지 방출에 도달한다. 이름하여 작은 죽음(la petite mort)이다. 그 후 두 신체는 다시 분리되어 두 사람의 개별 존재로 돌아온다. 우리의 정체성 발달 역시 다르지 않다. 인간은 누구나 요즘 심리학에서 '애착'이라고 부르는, 타인과 최대한 많은 접촉을 추구하는 단계를 거친다. 또 어른이 된 후에도 타인의 '속으로' 기어들어가고 싶은 순간들이 있다. 애착이 충분히 단단해지면 방향을 바꾸어 조건 없는 독립을 바라고 자신만의 일을 하고 싶다. 이것이 분리 단계이다.

정신과 상담실에 가보면 이와 관련된 공포를 겪는 사람들이 많다. 바로 분리공포("싫어요. 날 혼자 두지 마세요. 난 당신이 필요해요.")와 정반대의 침입공포("당신이 날 잡아 먹어, 제발 나 좀 내버려둬. 난 떠날 거야.")이다. 집단에서도 똑같이 이 두 가지 성향을 만날 수 있다. 합일을 원하는 집단의 크기가 계속 커지다 보면 언젠가는 어쩔 수 없이 분리 쪽으로 방향을 돌려야 할 시점이 찾아온다. 기관이건, 기업이건, 국가건, 일체의 합병은 독립의 욕망을 불러일으킨다.

이제 문제는 이 기본 충동과 더불어 어떻게 사느냐 하는 것이다. 영원한 에로스는 듣기야 좋은 말이지만 영원한 타나토스처럼 참을 수 없는 개념이다. 가까움과 거리, 향락(Genuss)의 문제는 역시 다시금 윤리의 문제로 귀결된다. 프로이트의 대답은 정말로 흥미롭다. 얼른 보기엔 전혀 관련이 없는 세 가지의 연관성을 찾아냈기 때문이다. 그 세 가지란 집단의 윤리 규칙, 긴장된 신체를 다루는 개인의 규율, (통합적이거나 혹은 분리적인) 사회관계이다. 내가 아는 한 프로이트는 해당 개념들을 이렇게 편성한 유일한 학자이다.

향락

유기적으로 볼 때 우리의 몸은 에너지 긴장에 기초하여 작동한다. 이런 긴장으로 인해 겪게 되는 주관적 경험은 공포는 물론이고 쾌감을 통해서도 얻을 수 있다. 하지만 이것을 어떻게 말로 표현할 수 있을까? '쾌락'은 너무 고리타분한 표현이고, '뿅갔다'는 너무 저속하며, '흥분된다'는 너무 기계적으로 들린다. 하지만 의미론적 문제만이 아니다. 프로이트가 삶의 종착역에서 쾌와 불쾌의 문제를 전체 심리학에서 가장 어려운 문제라고 불렀던 것도 우연은 아니다. 먼저, 무엇보다 '향락'이 무슨 뜻인지 애당초 명확하지가 않다. 두 번째 문제는 특정한 기대와 관련이 있다. 모든 인간은 향락에 빠져 살고 싶어 한다. 하지만 어떻게 그것을 규제할 수 있겠는가?

이에 대한 프로이트의 첫 번째 대답은 전형적으로 남성적이다. 향락은 긴장의 방출이며 오르가즘이 대표적인 사례이다. 긴장의 증가(스트레스)는 극도로 불쾌하기에 반드시 해소되어야 한다. 프로이트의 여성 동료 루 안드레아스 살로메(Lou Andreas-Salomé)가 그의 잘못을 바로잡았다. 그녀가 보기엔 긴장의 증가도 매우 유쾌할 수 있고 긴장 해소가 항상 좋은 것만도 아니다. 더구나 긴장이 적을수록 죽음이 가까워진다. 무엇이 향락이고 무엇이 향락이 아닌지는 쉽게 정의할 수 없다. 심지어 쾌와 불쾌가 서로 훼방을 놓을 수도 있다. 더구나 프로이트는 상담실에서 또 다른 사실을 확인하게 된다. 인간이 향락의 경험에 극도로 이중적인 반응을 보인다는 사실 말이다. 향락에는 반드시 막대한 죄책감과 스스로 정한 금기가 동반되기 때문이다.

프로이트가 살았던 당시를 살펴보면 이유를 금방 알 수 있다. 빅토리아시대에는 거의 모든 것이 금지되었기에 시민계급의 삶은 경직되었다. 성적 긴장의 해소는 막대한 수치심을 동반했다. 그래서 사회는 악하고(불만스러운 영향력 때문에) 개인은 선하다(자연 상태의 때 묻지 않음 때문에)는 나이브한 결론이 나온 것이다. 하지만 프로이트는 결코 그런 이중성을 입에 올린 적이 없다. 그의 관점은 훨씬 더 복잡했으며, 개인과 문화가 맺는 관계의 의미를 연구했다.

내가 보기엔 바로 이런 입장이 프로이트 이론에 대한 여러 대중적인 해석과 정반대되는 지점이다. 흔히들 프로이트는 성에 대한 사회의 억압 일체를 건강하지 않다고, 자연에 역행한다고 보았다고 생각한다. 하지만 그의 글들을 보면 전혀 다른 입장임을 알 수 있다. 충동을 억제하는 심리적 압박은 우리의 유기체에 내재한다. 하지만 인간은 그것에 외적, 사회적 형태를 부여하려고 한다. 19세기 말의 고리타분한 빈에서는 이런 사회의 충동 억제가 병을 키울 만큼 철저히 가식적이었음에도 프로이트는 명백하게 윤리적 입장을 취했다. 물론 그가 완벽한 자유를 부르짖었다는 뜻은 아니다. 프로이트가 정한 환자 치료의 목표는 너무나 냉철한 만큼이나 도덕적으로 들린다.

> 예전에 억눌려 있던 본능들은 여전히 억눌린 상태에 있다. 그러나 억압은 정신분석을 통해서도 가능하다. 정신분석이 고도의 의식적 심급의 힘을 빌려 본능들을 적절하고 목적에 알맞게 조절함으로써 억압의 과정—이것은 자동적이고 과도한 과정이다—을 대체하는 것이다. 한마디로 정신분석이 유죄선고를 통하여 억압심리를 대체하는 것이다.[6]

이 글로 볼 때 프로이트는 우리의 충동적 행동을 억제할 필요가 있다고 보았다. 자기인식과 자제를 결합했던 아리스토텔레스의 논리를 살짝 재확인할 수 있는 대목이다.

말년에 프로이트는 내적 억압을 항상 존재하는 삶의 충동과 죽음의 충동이 혼합된 결과로 이해했다. 하나의 충동은 다른 충동을 억제하며 이 둘은 함께 개인은 물론 사회의 삶을 모든 차원에서 결정한다. 그는 이런 결합을 사실로, 우리의 본성에 내재하는 것으로 보았다. 프랑스 정신분석학자 자크 라캉은 프로이트의 결론에 더 큰 방점을 찍어 설명했다. 그는 정의하기 어려운 '향락'을 쾌락과 고통을 동시에 의미하는 주이상스(jouissance)라는 지극히 모호한 개념으로 이해했다. 모든 유기체는 이 주이상스를 억제할 본능적인 브레이크를 가지고 있다. 그렇지 않으면 금방 죽을 것이다. 인간은 원래의 내적 억압을 밖으로 옮겨 가서 사회질서 내에서 그것에 집단적 형태를 부여한다. 그렇기에 질서의 형태는 엄청나게 다를 수 있지만, 모든 질서는 향락을 제약하고 배분하는 권위가 반드시 존재해야 한다는 조건을 수락한다. 전통적으로 이런 권위는 아버지에게 있다. 물론 아버지는 사회 규칙의 대리인이며, 그 역시 사회 규칙에 복종한다.

하지만 언제나 음탕한 생각만 하는 개인과 그를 항상 옥죄는 사회가 대립하는 구도는 절대 아니다. 프로이트도 라캉도 임상 연구를 통해 인간에게는 충동 조절 욕망이 있으며 사회 상황이 이런 욕망에 영향을 미친다는 사실을 인식했다. 이와 관련된 규칙의 특수한 성격은 사회의 특수한 성격을 결정한다. '자연상태에서' 자유로운 '자연인'이란 관념은 헛소리이다. 모든 인류학의 연구 결과가 이를 입증한다. 정해진 규칙이 없는 공동체란 존재하지 않는다. 소위 원시사회에는 포스트모던의 서구 사회보다 오히려 더 엄한 규칙이 있다. 인류학의 가르침은 그것으로 끝나지 않는다. 하나의 공동체는 다름 아닌 행동 규범(Dos-and-Don'ts)을 기반으로 할 때 공동체인 것이다. 협력과 가족에 대한 소속을 바탕으로 삼아 사회 규칙은 식량과 섹스의 분배를 결정한다. 또한 이 분배에서 상당히 다른 규범과 가치가 탄생한다. 포스트모던 사회에서는 순서가 뒤바뀌었다. 이곳에선 돈의 분배가 중요하다. 물론 이 역시 식량 및 섹스와 관련이 있다는 사실은 굳이 경제학자가 아니어도 알 수 있지만 말이다.

정신분석학의 관점에서 볼 때 이 사실은 중요한 결론을 도출한다. 인간은 결코 순진무구하게 개인과 사회 중 하나를 선택할 수 없다. 우리에겐 그럴 능력이 없다. 겉보기엔 대립이지만 배후에는 상호 종속이 숨어 있다는 사실을 알기 때문이다. 그럼에도 우리는 프로이트와 마찬가지로 사회와 개인의 특정한 관계에 대해 명확한 윤리적 입장을 취할 수 있다. 이 주제에 관해선 2부에서 다시 살펴보기로 하자.

그렇다면 본성은?

이 장을 시작할 때, 우리의 정체성이 우리의 유전자에 숨어 있다고 생각하는 사람들이 많다고 말한 바 있다. 인간은 경쟁하는 개인들이며 최신 버전의 사회진화론이 주장하는 대로 강자가 승리를 거둔다는 생각 역시 널리 퍼져 있다. 이런 생각은 틀렸다. 정체성은 대부분 환경에 의해 결정되며 인간은 본질적으로 공동체 동물이다.

또 인간의 진화론적 유산에는 협력과 이기주의, 두 가지 성향이 모두 들어 있다. 어느 쪽이 우선권을 쥐느냐는 환경에 달려 있다. 모든 사회에선 교환이 중요하며, 식량과 섹스가 가장 중요한 교환 대상이다. 이런 교환을 규제하는 사회 규칙은 긴장의 축적과 해소의 균형을 꾀하는 신체 고유의 조절을 기초로 삼는다. 프로이트에 따르면 이는 타인과의 합일과 분리에서 볼 수 있는 균형과 똑같은 균형이다. 둘 다 우리 정체성의 기초를 닦는 메커니즘인 것이다.

막간

심리장애는 사회적인 것이다

우리의 정체성은 사회가 정한 관계 내에서 타인과 동일시하기 및 거리두기를 통해 탄생한다. 몇 가지 행동 모델은 진화를 거치면서 형성되었기 때문에 환경의 영향이 없어도 나타나거나 숨어 있을 수 있다. 최고의 목표는 생존이며, 그다음이 섹스이다. 두 경우 모두, 즉 생존은 물론 섹스에서도 마음의 불안과 내적 억압이 작동하며, 인간의 경우 이는 사회조직에서 표현과 형태를 찾는다. 이런 형태가 특정 사회의 도덕이나 윤리이며 구성원들의 정체성 발달의 확고한 요인이다.

내적 억압의 사회적 표현은 사회마다 매우 다르며 언제라도 변할 수 있다. 보편적인 근친상간의 금지를 빼면 절대적 규칙은 없다. 나머지 규범은 대부분 자의적이다. 자의적이라는 말을 쓴 이유는 가장 중요한 사실, 즉 어디나 규칙이 존재한다는 사실을 간과해서는 안 되기 때문이다. 예를 들어보자. 왜 40일 동안 금식을 해야 하나? 왜 결혼할 때까지 섹스를 하면 안 되나? 왜 술은 마셔도 되는데 대마초는 피우면 안 되나? 이런 규범의 자의적 성격 탓에 많은 사람들이 규칙 없이도 잘 살 수 있다는 생각을 하기 쉽다.

이성만 있으면 충분히 올바른 결정을 내릴 수 있다고 말이다. 현실은 그렇지 않다. 전통적인 규범과 가치를 다 내다버린다고 해서 완벽한 자유를 누리고 이성에 기반을 둔 관계들을 맺게 되는 것은 아니다. 혼란과 공포를 낳게 된다.

이로써 나는 은연중에 본질적 정체성이라는 관념과 대립되는 결론을 내리게 되었다. 각 사회가 사회관계의 조직과 규범 및 가치에서 근본적으로 차이를 보일 수 있다면 정체성 역시 다양할 것이다. 그리고 다른 문화, 다른 정체성은 자동적으로 '우리는 그들과 다르다.'는 정서로 이어질 것이다. '우리'라는 것이 가변적인 것임에도 말이다. 오늘날의 정체성을 두 세대 전의 정체성과 비교해보면 권위, 성, 교육, 노동의 일상 같은 중요한 영역에서 급격한 변화를 겪었다는 사실을 금방 깨닫게 된다. 이런 심대한 변화는 당연히 정체성의 변화를 몰고 왔다. 하지만 우리는 이를 깨닫지 못한 채 여전히 '플랑드르 사람'이나 '네덜란드 사람' 같은 게 고정적인 관념이라고 생각한다.

더 심하게 말해 당시 평균적인 플랑드르 사람이나 네덜란드 사람은 오늘날의 플랑드르 혹은 네덜란드 사람보다는 오히려 오늘날의 무슬림들과 더 비슷할 것이다. 규범과 가치가 타락했고 정체성을 상실했다는 요즘의 한탄은 규범과 가치가 변했으며, 더불어 정체성도 변화했다는 사실을 우리가 얼마나 애써 외면하는지를 여실히 보여준다.

이렇게 하여 나의 전공 분야에 도달했다. 요즘 어디를 가나 떠들어대는 '심리의 과학'이다. 한 사회가 사회관계와 이와 관련된 규범 및 가치를 결정할 경우 이 사회는 정상적인 정체성뿐 아니라 장애와 이상(異常)도 결정한다. 이 말은 프로이트의 의문을 확대시킨다. 아마 대부분의 독자들은 이 문제에 의학의 논리로 반응할 것이다. 심리장애는 유전자와 뇌에 숨어 있는 질병이 아닌가요? 이들의 이런 반응은 지금 우리 사회를 지배하는 입장의 반영이다. 물론 몇 가지 심리장애에선 유전적 요인이 중요한 역할을 한다. 이미 많건 적건 입증이 된 사실이다. 하지만 그것들을 뺀 나머지 장애는 아무도 원인을 알 수 없다. 차라리 점쟁이한테 물어보는 편이 낫다. 더구나 심리적 정상과 비정상의 차이는 항상 '비정상'의 의미를 암시한다. 즉 규범, 그것도 사회규범에서의 이탈을 의미하는 것이다. 사회적 기준을 도외시한 채 심리의 정상과 비정상의 차이를 밝혀냈다는 실험은 여태껏 한 번도 본 적이 없다. 전문용어로 말하면 생물학적 표식이 없는 실험이다. 그런데도 신경생물학과 두뇌에 대한 현재의 과민반응은 이런 현실을 외면한다. 신경생물학에 대한 보편적 믿음은 무엇보다도 변명거리를 마련하고 싶은 우리의 욕망을 말해준다. '난 아무것도 못 해. 다 유전자, 뇌가 하는 일인걸.' 이런 변명의 욕망은 또한 우리가 얼마나 압박감에 시달리는지를 잘 보여준다.

그러므로 다른 사회는 다른 규범을 적용하고 비정상도 다르게 정의한다. 다시 프로이트를 인용해본다면 심리장애는 곧 도덕적 장애로, 아니 무엇보다 도덕적 장애로 보이는 것이다. '환자'들은 기존 규범과 가치에 적응하지 못하고 고통을 당하거나 남들에게 고통을 안겨준다. 프로이트가 설명했던 장애들은 19세기 말 사회에서는 전형적이었지만 지금은 대부분 사라진 증상들이다.

프로이트가 살았던 사회는 철저히 가부장적이었고 시민의 의무와 책임에 방점이 찍혀 있었다. 20세기 후반이 되자 그에 대한 거부반응이 나타났다. 개인의 해방에 주목하게 되었고 집단에 대한 관심이 줄어들었다. 이 사실은 법제의 변천 과정에서 가장 잘 드러난다. 1948년에 발표된 '세계인권선언'은 특정 집단(여성, 아동, 노동자)의 이익과 공익(교육의 권리, 의료 혜택의 권리)의 실현을 목표로 삼았다. 1960년대부터 시작된 시민권 운동은 모든 형태의 권위에 도전했고, 특정 집단보다는 개인의 자유를 전면에 부각시켰다. 최대한 많은 권리를 갖고자 했던 자율적인 자아, 진정한 자아의 시대였다. 의무는 공동체로 넘어갔다.

물론 당시의 심리치료 대상이었던 문제들도 프로이트

시대의 문제들과 근본적으로 다르지는 않았다. 다만 사람들은 다른 대답을 기대했고 다른 대답을 얻었다. 플라워파워 히스테리와 지도자(Guru)의 번영기였다. 모든 것이 해방되어야 했고 심리치료 역시, 아니 특히나 심리치료가 해방되어야 했다. 가부장적인 의무의 강조는 상대적으로 단기간에 페터 슬로테르데이크(Peter Sloterdijk)가 말한 "대형 응석의 공간(großeu Verwöhnungraum)"으로 대체되었다. 결과는 1970년대에 와서 뚜렷해졌다. 서유럽 사회가 복지국가와 자신들의 권리를 당연한 것으로 생각하는 한 무리의 개인들로 가득 차 있던 시대 말이다.

하지만 오늘날엔 그 시대와도 거리를 취하는 분위기이다. 다들 68세대에게 손가락질을 해댄다. "그들이 너무 지나쳤어. 무조건 규범과 가치로 돌아가야 해. 이대로는 안 돼." 좌파 복지국가가 모든 문제의 원인이란다. 최근까지만 해도 이런 구호를 앞세운 우파 정당과 극우파 정당이 서유럽 곳곳에서 큰 호응을 얻었다.

내 생각은 다르다. 우리가 오늘날 경험하는 것들은 새로운 규범과 가치로 새로운 정체성을 빚어내는 새로운 사회 모델의 결과이다. 나는 이것을 '엔론 사회'라 부른다. 도발하려고 내가 의도적으로 붙인 이름이다. 이 사회의 가장 두드러진 특징은 바로 빚으로 산 우울한 향락이다.

2부

우리의 가장 나쁜 측면을 장려하는 사회

5

엔론 사회

역사상 가장 잘 살지만 가장 기분이 나쁜 사람들

고대 중국의 속담이라고 알려져 있지만 실제로는 서양인들이 즐겨 쓰는 속담으로 "May you live in interesting times."라는 말이 있다. 일종의 저주라고 하는데, 직역하면 "흥미로운 시대에서 살아봐라."가 되겠지만, 풀어서 해석하면 "개똥 같은 세상에서 뒹굴어봐라." 정도가 될 것이다. 이 속담의 이중 의미는 현재의 상황과 완벽하게 맞아떨어진다. 불경기, 치솟는 실업률, 금융위기, 파산 직전의 국가들…… 리스트의 항목은 끝없이 이어질 수 있다. 각국이 내놓는 전형적인 정책은 예산 삭감, 복지 예산 축소, 그리고 소위 '기생충 같은 정신 상태'를 막기 위한 조치들이다. 이를 통해 마치 일하기 싫어하는 실업자들, 너무 높은 임금, 너무 이른 퇴직 연령이 모든 위기의 원인인 듯한 인상을 전달한다. 북유럽인들은 남유럽인들에게 손가락질을 해대고, 자기 땅에 사는 사람들은 외국인과 망명자 들을 비난하며, 젊은이들은 베이비부머 탓을 하고, 더블린에서 만난 한 택시 기사는 여자들이 이 모든 문제의 원인이라고 쉬지 않고 떠들어댔다. 더구나 모두가 한 마음으로 내가 남들보다 불이익을 당해서는 안 된다고 생각한다.

경제의 광기로 인해 우리는 얼마 전까지만 해도 다른 문제로 고민했다는 사실을 까맣게 잊는다. 예를 들어 우리는 날로 늘어나는 심리장애를 치솟는 이혼율과 달라진 교육 모델 탓으로 돌렸다. 그러다 학교와 일터에서 벌어지는 왕따, 날로 심해지는 마약 남용, 청소년 범죄를 원인으로 지목했다. 그러니까 모든 경우에 규범과 가치가 관건이었고, 배경에는 항상 자기 정체성에 대한 질문이 도사리고 있었다.

그사이 우리는 점점 더 (인터넷과 같은) 가상의 세계에서 살게 되었다. 몇몇 사람들은 경제위기 역시 실제 원인보다는 가상의 원인 탓이라고 주장한다. 하지만 우리가 사는 서구 사회가 반세기 전부터 이미 '상상 가능한 모든 세계 중 최고'라는 사실도 부인할 수 없다. 이거야말로 우리 시대가 처한 최고의 역설이다. 우리의 교육은 모두에게 열려 있고 가격도 저렴하며 질적 수준도 높다. 우리의 신문은 원하는 것은 무엇이든 쓸 수 있다. 검열은 아예 없다고 보아도 좋다. 의료 시설 및 복지제도는 세계 최고 수준이며, 교육 수준과 기대수명도 높고, 우리는 매우 건강하며 자신의 의견을 자유롭게 표현할 수 있고 물질적으로도 매우 안락하다. 과거 상류계층만의 질병이었던 당뇨병, 비만, 심장질환은 오늘날 낮은 사회계층에서도 흔히 걸린다. 이를 두고 복지의 역설이라 부른다.

한마디로 지금의 서구인들은 역사상 가장 잘 살지만 가장 기분이 나쁘다. 이런 사실에는 설명이 필요하고, 우리는 이런 설명을 쉽사리 책임 전가로 왜곡한다. 우리의 한탄은 무엇보다 포스트모던 시대의 인간이 무기력하다는 점에 집중된다. '버릇 나쁜 애들, 꾀병, 사방에 널린 기생충들' 같은 말들은 단골 술집에서 전쟁 때를 들먹이는 할아버지들의 빼놓을 수 없는 단골 메뉴다.("그 시절엔 그랬지……") 그 시절엔 적어도 진짜 문제가 있었다. 지금처럼 문제 같지도 않은 가짜 문제가 판을 치지는 않았다. 전쟁 이야기가 끝나면 곧장 도덕의 타락과 회복 필요성이 거론되는데, 이는 최대한 빨리 결론을 내기 위해서다. 68년 5월이 엄청난 오류였으니 다시 좋았던 옛날로 돌아가야 한다는 결론 말이다.

그런 식의 구호들이 잘 팔린다. 지식인들 사이에서도 예외가 아니다. 나에겐 이런 현상이 인간의 이성이란 불안한 직관을 덮은 얇은 칠에 불과하다는 증거로밖에는 안 보인다. 특히 불안의 시대에는 더욱 그렇다. 영국에서 시어도어 달림플(Theodore Dalrymple) 같은 인물들이 성공하는 이유도 여기에 있다. 정체성 문제를 겪는 탓인지 본명 앤서니 다이넬스를 버리고 가명을 쓰는 그는 강연과 저서를 통해 뛰어난 말솜씨로 우리의 복지국가를 비판한다. 그의 주장은 여러 측면에서 극도로 단순하다. 넘쳐나는 문제들이 다 응석을 받아주는 사회가 낳은 결과물이라는 것이다. 특히 의료 부문에서 그런 현상이 심각하단다. 사람들을 환자 역할로 내몰고, 이로 인해 아무도 스스로 운명에 맞서려 노력하지 않는다고 말이다. "불평을 그치고 행동하라!" 이것이 그의 메시지이다.

위기의 시대엔 항상 이런 식의 외침이 호응을 얻는 법이다. 특히 일화를 곁들여 재미있게 설명하는 뛰어난 연설가의 입에서 나온 말이라면 더욱 그렇다. 그럼에도 그의 주장은 아주 간단하게 반박할 수 있다. 달림플 같은 저술가들이 모든 악의 원인으로 꼽는 복지국가는 탄생지인 영국에서 이미 1990년대에 공중분해되었다. 특히 의료 부문의 현 상황은 극도로 암울하다.* 달림플의 이상, 그러니까 복지국가의 정반대에 가장 가까운 현대 산업국가는 미국이지만 이 나라야말로 가장 많은 의학적, 심리사회적, 정서적 장애와 최고의 수감자율을 자랑한다.[7] 우리의 의료망 및 복지망이 남용당하고 있다는 것은 의심할 여지없이 맞는 말이다. 다들 관련 사례들을 잘 알고 있을 것이다. 그럼에도 치솟는 성인의 자살율과 아이들의 행동장애를 꾀병이나 기생충 이론으로 설명하는 것은 문제가 너무 많다.

* 영국 돌봄 서비스 품질위원회(CQC)에 따르면 병원 열 곳 중 한 곳은 노인 환자들에 대한 처우가 바로 처벌 대상이 될 정도로 나쁘다. 식사, 화장실 사용, 통증 완화 등의 기초 간병이 '체계적으로' 부족하다.

두 번째 설명은 조금 먼 과거에서 원인을 찾는다. 1968년 5월의 아이콘인 장 프랑수아 리오타르(Jean François Lyotard)는 아이러니하게도 거대서사의 실종을 이야기한다. 종교와 이데올로기는 수세기 동안 공동체의 정체성을 떠받치는 기둥이었다. 이 논리의 라인을 따라가다 보면 계몽주의의 철학자들과 그들의 영혼 없는 도구적 합리성에 모든 책임이 돌아간다. 리오타르는 이제 현대인이 믿을 수 있는 것은 없다는 결론을 내린다. 따라서 정체성도 기댈 언덕이 없다. 이로 인해 많은 문제가 발생하리라는 것은 너무나 뻔한 사실이다. 해결책은 새로운 거대서사의 구상에 있다. 우리가 함께 믿을 수 있고 우리의 새로운 정체성을 길러낼 수 있는 거대서사 말이다.(간달프를 대통령으로!) 어리석게도 우리는 그런 풍요로운 서사를 어떻게 완성해야 하는지를 모른다. 그러니 방법을 찾아내 실행하는 것은 아예 꿈도 꾸지 못한다.

새로운 서사: 신자유주의

두 번째 설명은 첫 번째보다 토대가 튼실하다. 솔직히 말하면 나도 한동안은 이를 믿었을 정도이다. 하지만 이 두 설명이 같은 결론으로 이어진다는 것을 깨달은 후 생각이 바뀌었다. 그들의 결론은 하나다. 옛날이 더 좋았어! 이런 생각이 사회 구석구석까지 널리 퍼져 있다는 사실에 나는 무척 가슴이 아프다. 하지만 이 사실을 통해 우리는 우리의 기억이 얼마나 믿을 수 없는지를 절절히 깨닫게 된다. 특히 이런 기억이 오해를 기반으로 한 낭만주의와 결합될 경우 더 믿을 수가 없다. 그사이 나는 더 설득력 있는 설명을 발견했다. 1장에서 소개했던 우리의 정체성 형성 방법과 너무나 멋지게 조화되기에 더욱더 설득력이 있는 설명이다. 비유를 하자면 생크림과 같다. 그것이 현실을 덮고 있어 우리가 더 빨리 깨닫지 못했던 것이다.

많은 사람들이 주변 사람들의 정체성에 극도의 불만을 품고서 과거의 정체성으로 돌아가자고 외친다면 이는 단 한 가지 의미가 있다. 즉 새로운 정체성이 주도권을 쥔 것이다. 나아가 새로운 정체성의 방향을 잡아주는 새로운 지배 서사가 권위를 얻었다는 뜻이기도 하다. 바로 그 때문에 우리는 무슨 일이 벌어지고 있는지 파악하지 못한다. 그것이 바로 생크림 효과이다. 정체성을 형성하는 서사는 강제성을 잃었을 때 비로소 정체가 드러난다. 서구에서는 최근까지도 종교가 그런 서사였다. 기독교 서사가 강제성을 띠었을 때는 서사와 현실이 동일했다. 강제성을 잃고 나자 비로소 종교를 서사로 볼 수 있게 되었다. 나이 든 세대들이 속았다고 느끼는 이유도 바로 그 때문이다. "우리한테 대체 뭐라고 사기를 친 거야!" 서사와 현실이 일치하는 동안에는 다수가 그것이 현실이라고 믿는다. "현실적으로 생각해(Get real)!", 요즘 유행하는 이 말은 곧 새로운 서사의 새로운 규범에 복종하라는 뜻이다. 이제는 그것이 현실이기 때문이다.

이 사실을 일단 이해하고 나면 갑자기 퍼즐 조각들이 맞춰지면서 예전과 다른 점도 눈에 들어온다. 얼마 전까지만 해도 우리의 문화와 정체성은 네 가지 주요 측면의 상호작용에 기초를 두고 있었다. 정치, 종교, 경제, 예술 말이다. 그중에서 정치와 종교가 권력을 두고 다툼을 벌였다. 하지만 이제 정치가들은 개그맨의 먹잇감에 불과하고 종교는 자살폭탄 테러범이나 성추행이나 떠올리게 만든다. 예술은 누구나 할 수 있다. 모두가 예술가다. 경제를 제외하면 아무것도 중요하지 않다. 신자유주의 서사가 모든 것을 결정한다. 한스 아흐테르하위스(Hans Achterhuis)는 자유시장의 유토피아와 관련하여 냉정하고 그만큼 설득력 있는 설명을 내놓는다. 오늘날의 우리는 현대의 유토피아를 곧이곧대로 받아들여 그걸 실현하고 있다고 말이다. 특정한 인간관과 세계관에 대한 믿음은 자신의 태도에 영향을 미치고 "난 그런 말 안 했어." 같은 반응을 유발하는 특정한 과정을 불러일으킨다. 이로부터 도출되는 인간상, 우리를 둘러싼 거울을 요약하면 아마 이럴 것이다.

> 인간은 자신의 이익만 노리는 경쟁하는 존재이다. 그것이 사회적 차원에서 우리 모두에게 득이 된다. 모두가 정상에 오르기 위해 경쟁하는 동안 최고의 결과를 내놓을 것이기 때문이다. 그 덕분에 우리는 국가가 전혀 개입하지 않는 공동의 자유시장에서 더 값싸고 질 좋은 제품과 더 효율적인 서비스를 제공받게 될 것이다. 이는 윤리적

으로도 옳다. 개인의 성공과 실패는 오로지 자신의 노력 여하에 달려 있기 때문이다. 모두는 자신의 성공이나 실패에 스스로 책임을 진다. 따라서 교육의 중요성이 부각된다. 우리가 사는 세상은 급속도로 발전하는 지식경제로, 유연한 능력을 갖춘 많이 배운 인간이 필요하다. 대학 졸업장이 하나면 좋고 둘이면 더 좋다. 평생 공부는 의무이다. 모두가 쉬지 않고 성장해야 한다. 하지만 경쟁은 무자비하다. 때문에 직원 면담과 끊임없는 평가 역시 어쩔 수 없는 필수 조건이다. 지휘봉은 중앙 경영의 보이지 않는 손이 쥐고 있다.

여기까지가 오늘날 우리 문화를 지배하고 더불어 우리의 정체성을 형성하는 거대서사의 요약본이다. 문화는 주로 포괄적 의미에서 해석된다. 그사이 이 서사가 경제에서 출발하여 교육을 거쳐 의료와 언론에 이르기까지 모든 영역을 장악했기 때문이다. 이 지점에서 다시 한번 상기해야겠다. 정체성은 무엇보다도 우리의 규범과 가치를 포함하며, 이를 통해 타인과 맺는 관계도 결정한다는 사실을 말이다.

신자유주의의 역사적 배경에 관해서는 더 이상 파고들지 않겠다.* 아흐테르하위스가 이미 멋지게 설명한 바 있다. 네덜란드 역사

* 많은 독자들이 놀라겠지만 신자유주의는 진보적인 이데올로기이다. 공산주의, 민족사회주의 같은 다른 이데올로기들처럼 혁명적인 개입을 통해 급격한 변혁을 이루려 하며, 그 대가로 한 세대 전체를 희생시킬 수밖에 없다는 사실을 완벽하게 알고 있다. 바로 이 일을 해낸 이들이

학자이자 미국 전문가인 마르턴 판 로섬(Maarten van Rossem)이 '시장 근본주의의 등장과 몰락'이라는 부제로 브레이크 없는 자본주의를 분석한 최근의 연구 결과까지 곁들인다면 누구나 지금의 경제위기와 신자유주의의 연관성을 명확히 파악할 수 있을 것이다. 두 저자의 분석에서 몇 가지 중요한 점이 눈에 띈다. 과거에는 경제가 종교, 윤리, 사회의 조직들로 이루어진 전체 조직에 끼어 들어가 있었다. 그런데 신자유주의에선 그렇지가 않다. 윤리와 사회가 '시장'에 복종한다. 이런 의미에서 신자유주의는 단순한 경제 이론으로 그치지 않는, 훨씬 더 포괄적인 이데올로기이다.

아흐테르하위스는 신자유주의가 다른 이데올로기들과 똑같이 '현실'의 가장 충실한 모사라고 자처한다는 사실을 지적한다. 정직한 학자라면 이런 논리의 마차를 '이성'과 다윈이 나란히 앞에서 끌고 있는 현실을 보며 무척 가슴이 아플 것이다. 내가 다른 자리에서 말한 과학주의와, 에인 랜드(Ayn Rand) 그룹의 철학인 '객관주의'는 거의 차이가 없다고 봐도 좋다. 나아가 아흐테르하위스는 정통 자유주의와 신자유주의 사이에는 엄청난 차이가 있다는 사실을 입증

소위 시카고 보이스이다. 밀턴 프리드먼에게 배우고 고국인 칠레로 돌아가 독재자 피노체트와 함께 칠레를 신자유주의 실험장으로 만들고 결과적으로 엄청난 불황과 불평등을 불러온 일군의 경제학자들 말이다. 아흐테르하위스가 신자유주의의 성경이라고 부른 에인 랜드의 『아틀라스(*Atlas Shrugged*)』 역시 같은 이야기이다. 이 책은 파괴된 풍경 위를 나는 주인공의 승리의 비행으로 막을 내린다. "길이 치워졌어요. 이제 세상으로 돌아갑시다." 골트는 손을 들어 황량한 대지 위 허공에 손가락으로 달러 표시를 그렸다.

한다. 전자는 국가와 사회의 엄격한 분리를 추구하지만 신자유주의는 국가를 소위 자유시장에 복종시키려고 한다. 자유주의는 복지국가의 방만함과 과도함을 지적하지만 신자유주의는 도저히 상상할 수 없는 일을 꾀한다. 즉 자유시장의 자체 규제가 실패로 돌아갈 경우 국가 기능을 은행과 다국적기업의 보호자로 전환시키려 애쓰는 것이다. 개인 영역과 관련된 모든 것, 학교, 의료, 보안은 개인의 문제일 뿐이다. 그런 일에는 국가가 단 한 푼도 지출해서는 안 된다.

그러므로 이 책의 2부에서 다룰 가장 중요한 문제는 이것이다. 지난 30여 년 동안 신자유주의 이데올로기는 우리의 정체성에 과연 어떤 영향을 미쳤나? 이 시스템은 우리의 모든 개인적, 집단적 욕망을 거스르면서 어떤 방식으로 우리의 사고를 식민지화했나? 두 번째 질문에 대답을 하자면 먼저 신자유주의의 무화과 잎사귀, 그 정당화 수단을 조금 더 자세히 살펴보아야 한다. 그것은 바로 메리토크라시, 능력주의이다.

신자유주의 능력주의:
그렇게 똑똑한데 왜 돈을 못 버니

'능력주의'라는 개념은 얼마 전까지만 해도 한 번도 들어본 적이 없는 말이었다. 그래도 "일한 만큼 받는다.", "뿌린 대로 거둔다."는 말의 밑바탕에 깔린 생각은 모두에게 낯설지 않다. 성경에서도 능력주의 요소가 발견된다. 열심히 일하여 자신의 정신적, 신체적 능력을 다 투자할 경우 두 배가 되는 달란트를 비유로 삼아서 말이다.(마태복음 25장 14절) 권력(kratos, 크라토스)은 노력이나 성과(merit, 메리트)의 공이다. 2차 대전 후의 서부 유럽에선 이런 관념이 사회 형태에도 영향을 미쳤다. 모든 아동에게 최적의 성장 기회를 주어야 하며, 사회계층이나 인종, 성별에 따른 장애물을 모조리 제거해야 한다는 분위기가 확산된 것이다. 꾸준한 노력에 따른 능력이 사회적 성공의 새로운 판단 기준이 되었다.

계몽주의 사상은 분명 엄청난 사회적 유동성을 키웠다. 예전 같았으면 (사제나 군인이 되기로 작정하지 않는 한) 학교 문턱도 넘어보지 못했을 젊은이들이 처음으로 대학에서 공부할 수 있었다. 물론 여성은 아직 더 참아야 했다. 1960년대에 초등학생의 지능 테스트가 실시되었고, 많은 부모들이 당시의 심리·의학·사회 센터로부터 자신의 여드름투성이 아들을 더 공부시켜야 한다는 통지를 받았다. 하지만 재능은 저절로 자라는 것이 아니기에 기숙학교가 생겨났고 그곳에서 아이들은 매일 4시간 20분씩 6년 동안 수업을 받았다.

능력주의 자체는 나쁘지 않다. 능률을 끌어올리는 데는 어느 정도 도움이 된다. 능력주의의 유용성은 대부분 환경에 좌우되며, 당시만 해도 긍정적인 효과가 있었다. 하지만 20세기 후반에 들어 학교의 문이 개방되면서 이내 이런 정적(靜的) 사회는 자취를 감추고 말았다. 때문에 유럽에선 거의 동시에 유럽 전역으로 도입된 '교육 능력주의'에 대한 관심이 높았다. 미국의 경우 능력주의는 역사도 더 오래되었고 방식도 전혀 다르다. 접시닦이가 백만장자가 되고, 신문팔이가 미디어 왕국의 제왕이 되는 신화, 최신 버전은 실리콘밸리의 차고가 인터넷 대기업의 요람이 되는 신화이다. 한마디로 아메리칸 드림이다. 이는 경제적 버전의 능력주의이며, '부정석 자유'의 관념과 긴밀하게 얽혀 있다. 즉 개인에게는 일체의 제약을 가해서는 안 된다. 설사 국가라 해도 그래서는 안 된다. 미국의 전통에서는 이를 순수 경제적으로 이해한다. 즉 비즈니스에서 국가가 손을 떼라는 의미이다. 반면 유럽의 경우 정치적인 의미가 더 강하다. 정치적 권위가 국민에게 어떤 세계관도 강요해선 안 된다는 것이다.

이 두 관념, 즉 자유와 능력에 따른 임금의 결합은 왜 우리 모두가 능력주의에 매력을 느끼는지를 설명한다. 그사이 교육 능력주의와 경제 능력주의는 하나가 되었고, 경제적 잉여가치를 창출하지 못하는 지적인 업적은 더 이상 존중을 받지 못하게 되었다. 한 가지 예를 들어보자. 오늘날 '지성적'이라는 말은 욕이나 진배없다. "그렇게 똑똑한데 왜 돈을 못 버니?"라는 물음은 현실을 비판하는 논문의 농담 섞인 제목으로 그치지 않는 것이다.[8]

하지만 바로 이런 결합 덕분에 전체가 엉망이 되어버렸다. 그리고 이제 우리는 '신자유주의 능력주의'라는 말을 쓸 수 있게 되었다. 이처럼 엉망이 된 현실의 의미는 그것의 결과에서 읽을 수 있다. 최단 기간 안에 사회적 유동성은 마비되고 빈부 격차는 심해지며 자유는 보편적 공포에 자리를 내줄 수밖에 없다. 그 결과 원래 추구하던 바와 정반대 결과가 나타난다. 이런 실패의 원인은 두 가지이다. 첫째 만인의 출발 기회가 동등하다는 가정인데, 이는 망상이다. 둘째 이 시스템은 자기 다음 차례로는 아무도 들어오지 못하게 조심조심 문을 닫아버리는 새로운 엘리트들을 고용한다.

많은 이들이 이런 상황을 예언했었다. 1958년 마이클 영은 풍자 소설 『능력주의』에서 이런 이데올로기의 원인과 결과를 설명했다. 그 책은 최고의 지능과 업무 능력을 갖춘 최고의 인간만 상을 받고 나머지는 벌을 받는 유토피아 사회가 어떻게 최단 기간 안에 악몽이 되어버리는지, 어떻게 혼란과 반란에 휩쓸리는지를 다루고 있다. 사회주의 성향의 정치가 마이클 영은 이 풍자 소설을 20세기 중반부터 시작된 사회변화의 끔찍한 결과를 보여주기 위해 썼다. 하지만 같은 정당의 당원인 토니 블레어가 약 50년 후 영국을 완전히 능력주의로 탈바꿈시키자며 목소리를 높였고 이미 고령이 된 영이 그를 공개 비판했다는 사실은 역사의 아이러니가 아닐 수 없다.[9] 영이 자신의 책에서 사회주의와 능력주의의 결합이 우연이 아니라는 점을 뚜렷이 강조했다는 사실을 안다면 그 책의 예언적 성격에 더욱 감탄하게 될 것이다. 지옥으로 가는 길은 항상 최선의 의도로 포장되는 법이다.

경제 능력주의와 교육 능력주의의 결합은 얼핏 보면 아주 매력적이고 이해하기 쉬워 보인다. 만인의 동등한 기회, 가장 노력하는 사람이 가장 큰 보상을 받는다! 감히 누가 이의를 제기하겠는가? 하지만 현실은 그렇지 않다. 출발점이 다를 경우 이는 최종 결과에 막대한 영향을 미친다. 그나마 교육 능력주의는 초등학교 수업에 막대한 투자를 하여 일부 막을 수 있다. 물론 아이들이 집에서 가져오는 지적, 도덕적 가방을 늘 바꿔주기란 정말로 힘겨운 일이지만 말이다. 하지만 경제 능력주의의 경우 기회의 균등은 완벽하게 불가능하다. 돈 많은 집에서 태어나는 것이 평범한 일이 아니기 때문이다. 더구나 대부분의 경우 두 가지 출발점이 분리되지 않는다. 즉 돈 많은 집에서 태어난 사람이 교육도 많이 받는다. 그러므로 자유 선택은 전체적으로 애초의 기대에 미치지 못한다. 아트 페르브뤼허는 자발성에 기초하여 무한한 선택의 가능성을 누리는 '자유로운' 개인이라는 관념이야말로 최대의 오류라고 지적한 바 있다.[10]

설사 출발선의 불평등을 차단할 수 있다 해도 신자유주의 능력주의는 결국 매우 부정적인 결과를 낳을 것이다. 하지만 이런 결과는 장기간의 연구를 통해서만이 밝혀질 것이다. 초기 단계엔 능력주의도 대단히 긍정적인 결과를 초래한다. 특히 전통과 연줄, 연공서열을 기초로 작동하던 사회나 기관이라면 더더욱 그러하다. 마침내 능력에 따른 임금 수령이 가능하다. 마침내 자신의 노력으로 성공할 수 있다. 그런 다음 잠시 안정된 단계가 찾아오지만 결국 시스템은 정반대로 바뀌고 만다. 나는 능력주의가 3장에서 자세히 살펴보았던 이론과 유사하다는 사실을 깨달은 이후에야 이를 정확히 파악하게 되었다. 그 이론은 바로 사회진화론이다.

경제의 옷을 입은 사회진화론

능력주의의 아름다운 이미지는 20세기 후반에 등장한 사회진화론과의 유사성을 깨닫는 순간 매력을 잃는다. 3장에서 나는 이 이론을 제국주의를 정당화하기 위한 사이비 학문이라고 비판했다. 백인은 우월하기에 모든 원시 인종을 자기 수준으로 끌어올려야 한다. 그것이 바로 "백인 남성의 짐(영국 작가 러디야드 키플링(Rudyard Kipling)이 1899년 2월에 발표한 시의 한 구절이다.—옮긴이)"이다. 우월성을 정당화하기 위해서는 자기 집단 내의 약점을 적시에 제거할 필요가 있다. 이런 의학-과학적 관념은 1900년경 유럽은 물론 미국에서도 인종주의를 낳았고, 결국 나치는 이 이념을 잔인하게 실천에 옮겼다.

둘의 유사성은 쉽게 입증된다. 사회진화론과 신자유주의 능력주의의 목표는 적자생존이다. 최고에게 상을 주고 나머지는 추려낸다. 사회진화론이 집단(백인이 우월하다.)에서 개인으로, 나아가 이기적 유전자로 강조점을 옮겨 갔던 것을 상기해보라. 또 하나의 유사성은 사회진화론에서도 교육이나 사회계층, 더 넓은 의미의 환경 영향 등이 아무런 역할을 하지 못한다는 것이다. 유전적 요인만 중요하다.[11] 유전자의 자리에 재능을 앉히면 둘의 일치가 뚜렷해진다. 개인이 중요하다. 노력하고 올바른 능력을 발휘한다면 누구나 성공할 수 있다.

바로 여기에 이 논리의 약점이 있다. 사회진화론과 신자유주의는 제일 **잘 태어난** 인간에게 살짝 더 이익을 얹어주는 듯한 분위기를 조장한다. 그냥 두어도 어차피 그 사람은 성공했을 것이다. 다만 '적자'가 더 빨리 위로 올라갈 수 있도록 우리가 자연을 약간 도와주었을 뿐이다. 하지만 현실은 전혀 다르다. 사회진화론도 신자유주의도 무엇을 적자로 볼지, 그리고 (실로 중요한 점인데) 어떻게 적자를 측정하는지를 자신들이 결정한다. 실제로 이들은 점점 더 그들 스스로가 정의한 제한된 현실을 만들어내면서도 '자연의 승자'를 지원한다고 우긴다. 그런 다음 승자에게 체계적으로 이익을 주어 이들이 꼭대기에서 떨어지지 않도록 함으로써 이런 '현실'을 구조적으로 정당화한다. 게다가 이 시스템의 옹호자들은 승자가 꼭대기에 있는 것이 자기 논리의 정당성을 입증하는 증거라고 확신한다.

대표적인 사례가 소위 증거에 입각한 '자연적' 우월성에 대한 믿음이다. 처음엔 여성에 대한 남성의 우월성이 등장했고, 뒤를 이어 나머지 세상에 대한 백인의 우월성이 등장했다. 그 결과 여성과 유색인은 건실한 교육을 받지 못했고, 당연히 건실한 일자리를 얻지 못했다. 물론 어차피 좋은 자리를 줘도 감당하지도 못할 거라고 믿었다. 백인 남성만이 리더의 자리를 차지할 수 있었고, 이는 다시 여성과 유색인은 그럴 능력이 없다는 생각을 낳았다. 이뿐 아니라 이들이 열등하다고 굳게 믿었던 백인 남성은 부끄러운 줄 모르고 이들을 착취할 수 있었다. 그런 시스템을 철저히 실현하면 정적인 사회를 낳는다. 정상에 있는 집단이 자기 자리와 특권을 다지고, 아래에서 절대 올라오지 못하게 철저히 봉쇄하는 정적인 사회 말이다.

요즘 사람들은 그런 인종주의를 주장하는 사람을 보면 이상한 사람 취급할 것이다. 또 그런 실수를 두 번 다시 저지르지 않을 거라고 확신할 것이다. 하지만 정작 사회진화론의 출발점에는 별 관심이 없다. 누구 혹은 어떤 집단을 적자로 볼지의 문제에도 별 관심을 보이지 않는다. 놀라운 일이다. 오랜 세월 사람들은 이 문제를 두고 논쟁을 벌였고, 정말로 피 터지게 싸웠기 때문이다. 어떤 사회 형태가 최선이며 우리는 어떻게 그런 사회를 일굴 수 있을까? 이 질문은 이제 강요된 현실의 결과인 강요된 대답에 밀려나버렸다. 예전에는 한 사회 내에서 정치, 종교, 문화, 경제가 다소 동등하게 공존했다. 지금은 전 인류가 강요된 단 하나의 현실에 복종한다. 이름하여 신자유주의 시장경제이다. 이것이 이상적 인간의 성품까지도 결정한다. 이상적 인간이란 최고의 생산성을 갖춘 남자 혹은 여자이다. 1958년 영이 이미 예언했던 바이다. 그로부터 다시 몇백 년 전 계몽주의 철학자 데이비드 흄(David Hume)은 '능력(merit)'에 기초한 사회는 어쩔 수 없이 해체된다고 주장했다. 그의 주장이 지금의 우리에게도 지극히 타당해 보인다.[12]

신자유주의 시대를 살아온 우리는 어떤 방식으로 흄이 말한 "사회 해체"를 맞이할지 궁금하다. 특히 전도유망하기 그지없던 신자유주의의 출발을 생각한다면 더더욱 궁금하다. 능력주의가 최고의 계층에게 장학금을 지급하는 수준에 머문다면 별 문제가 없다. 하지만 오늘날의 능력주의는 급속도로 달려가는 디지털 글로벌 자유시장으로 완벽하게 잠입했고 이런 결합은 공동체로서의 사회에 치명적인 듯하다. 기업 활동의 결과는 (항상 현실의 단면만 제공할 뿐인) 컴퓨터로 기록되고 요약된 후 묻지도 않고 처리된다. "컴퓨터는 '노'라고 하지 않는 법이다." 그런 후 수치를 기초로 결정을 내린다. 정반대 결정을 수십 번 반복할 수 있을 만큼 유연한 수많은 인간의 머리는 아무도 쳐다보지 않는다. 결국 숫자가 자신의 토대가 되는 현실을 창조한다. 이를 두고 물화(reification)라 부른다.('res'는 '사물', 'facere'는 '만들다'라는 뜻이다.) 한 대기업이 예상보다 적은 수익을 올렸다는 발표 하나가 미미한 공포를 몰고 오더니 곧장 주식 폭락으로 이어져 결국 공포가 자기충족적 예언이 되고 마는 지금의 증시가 대표 사례일 것이다.

이런 현상은 무엇보다 시스템 차원에서, 즉 대부분 소위 거시경제 수준에서 나타나기에 우리 개인들에게까지 직접 영향을 미치지는 못하리라 짐작한다. 아쉽게도 그건 착각이다. 더구나 소위 엔론 모델을 인사 정책의 기초로 삼을 경우 아주 위험한 착각이 아닐 수 없다. 엔론 모델이란 최고의 생산성을 올린 직원에게 보너스를 몽땅 몰아주고 생산성이 제일 낮은 직원은 해고하는 사회진화론의 실행 방안이다. 미국의 대기업 엔론이 20세기 말 '등수 매겨 내쫓기(Rank and Yank appraisal system)'라는 이름으로 이 모델을 도입했다. 직원의 성과를 지속적인 경쟁의 잣대로 평가하여 연말에 하위 10퍼센트를 해고했다. 물론 해고하기 전에 공개적으로 모욕을 준다. 이름, 사진, 달성하지 못한 목표를 기업 사이트에 공개하는 것이다. 어떻게 되었느냐고? 최단 기간 안에 거의 모든 직원이 수치를 조작했고 회사 전체에 공포 분위기가 확산되었다. 이런 대규모 사기극은 법정 소송으로 이어졌고 결국 회사는 파산하고 말았다.

이미 실패했고 범죄 성격이 있음에도 불구하고 엔론 모델은 도처에서 이용되고 있다. 다국적 기업의 인적자원 경영자들은 무조건 20/70/10 규칙을 지켜야 한다. 100명의 직원 중 20명은 최고로, 70명은 위태로운 대중으로 보아야 하며, 10퍼센트는 해마다 쫓아내야 한다. 그 10퍼센트가 수익 및 성장의 목표치를 달성했다 해도 마찬가지다. 구글에 들어가 '랭크 앤드 양크(Rank and Yank)' 혹은 '20/70/10 룰'이라고 치고 5분만 검색을 해보면 충분하다. 이런 규칙을 찬양하는 수백 개의 기업을 찾을 수 있을 것이다. 그리고 아마 대부분은 스펜서의 '적자생존'이나 도킨스의 '이기적 유전자'를 들먹일 것이다.

이런 사회진화론의 모델은 결코 거시경제에 한정되지 않는다. 앞에서도 말했듯 이 시스템이 경제에 국한된다는 생각은 착각이기도 하고 위험하기도 하다. 착각인 이유는 그것이 모든 것을 통제하기에 우리의 정체성에도 영향을 미치기 때문이다. 위험한 이유는 반대나 저항이 없는 거나 마찬가지이기 때문이다. 이 사실을 설명하기 위해 나는 신자유주의의 능력주의가 전혀 예상치 못한 부문, 즉 학문과 의료 부문에 어떤 영향을 미치는지를 먼저 언급하려 한다. 교육 부문에 미치는 결과들은 다음 장에서 별도로 다루기로 한다. 그 부문이 나의 주 관심사(정체성 발달과 타인과의 관계에 미치는 영향)와 직접 맞닿아 있기 때문이다.

지식 공장이 된 대학

2011년 10월 안트베르펜 대학은 신간 잡지의 발행을 결정하고 유명 졸업생들에게 기고를 부탁했다. 그런데 흔쾌히 글을 써주었던 기자 스번 스페이브룩(Sven Speybrouck)은 편집부가 자신의 글을 거부하는 바람에 깜짝 놀랐다. 이유가 뭐냐고? 몇몇 대기업이 법인세를 한 푼도 내지 않는다는 내용이 들어 있다는 이유에서였다. 대학 관계자들이 그런 글이 몰고 올 파장을 두려워한다는 것은 말도 안 된다. 안트베르펜 대학은 국가의 지원을 받는 기관이다. 학문의 자유는 어디로 갔단 말인가?

얼마 전까지만 해도 대학은 사회적 의미 덕에 존경을 받았다. 교양이 풍부하고 이성적인 시민을 배출하여 사회 개선에 기여하는 것이 대학의 목표였다. 요즘 그런 말을 들으면 다들 웃는다. '라티오(Ratio, 이성)'가 마트 이름인 줄 아는 사람들이 더 많다. 대학은 지식의 공장이다. 학생들이 곧바로 직업 세계로 뛰어들 수 있도록 현장 능력을 키워주어야 한다. 2011년 경제위기 때는 유명 인사들이 구체적인 제안을 내놓기도 했다. 곧바로 학생을 취직시키지 못하는 학과는 수업료를 올리고 '돈이 되는' 학과는 수업료를 낮추자고 말이다. 그럼에도 돈이 안 되는 학과를 선택한 구제불능들에겐 실업급여를 줄이거나 아예 주지 말아야 한다. 어릴 때부터 능력을 발굴하여 올바른 학과로 이끌어주자는 아이디어도 대히트를 쳤다. 작가 마르크 뢰헤브링크(Marc Reugebrink)가 의미심장하게도 "무고한 어린이들의 순교 축일"에 맞추어 비판 논조의 글을 기고했다(《데 스탄다르트》 2011년 12월 28일자). 그러자 바로 다음 주에 같은 신문의 학술부가 그를 꾸짖었다. 인문학은 쓸데없고, 사회학자들은 다윈을 읽어야 하며, 신자유주의는 비난할 것이 전혀 없다고 말이다.

권력을 쥔 사람의 입에서 나온 그런 제안은 오싹한 느낌을 준다. 나치가 득세한 1930년 무렵에 시작된 느낌 말이다. 그런데도 누구도 항의하지 않는다. 우리의 공동체 의식은 어디로 가버렸단 말인가? 이를 알자면 최근의 역사를 자세히 살펴보아야 한다. 특히 학문의 환경을 살펴볼 필요가 있다.

오랜 세월 대학은 정적 사회의 거울이었다. 교수들은 출신이나 성향을 통해 한번 자리를 차지하면 영원히 자기 자리를 떠나지 않았다. 1975년에 나온 W. F. 헤르만스(W. F. Hermans)의 명랑 소설 『교수들 사이에서(*Onder professoren*)』는 살짝 과장한 면이 없지 않지만 어쨌든 당시의 엉뚱한 현실의 일면을 그렸다. 그런데 20세기의 마지막 25년 동안 능력주의 인사 정책이 도입되면서 이런 시스템도 급격하게 변했다. 나이 든 교수들에게는 충격적인 일이었지만 이제는 교수들의 동의만으로는 임용이나 지원금을 결정할 수 없게 되었다. 위원회가 이력을 비교한 후 자세한 근거를 제시해야 결정이 통과되었다. 그리하여 변화의 초기엔 후보의 수업 능력과 출판, 강연, 회의 경력 등으로 입증되는 사회적, 학문적 참여도가 성패를 좌우했다. 대학은 역동적인 환경으로 변했고, 젊은 강사들은 마침내 자신들의 노력이 존중받는 세상이 왔다고 흡족해했다.

그들의 만족은 노력하면 반드시 상대적으로 빠른 지원과 임금의 인상이 뒤따른다는 경험 때문만이 아니었다. 사실 임금은 특정 시점부터는 동기부여의 효과를 상실한다.[13] 심리학적으로 볼 때 이런 긍정적 감정은 줄을 잘 타지 않아도, 뒷방에서 은밀한 거래를 하지 않아도 자신의 성공을 마침내 직접 통제할 수 있다는 확신에서 비롯된다. 이로 인해 자존감이 높아졌고, 그것이 다시 동기를 부여하고 일하는 재미를 키웠다. 나아가 그렇게 돌아가는 기관에 충성심을 느꼈다.

하지만 긍정적 효과는 채 한 세대를 넘기지 못했다. 오늘날의 젊은 학자들은 자신의 경력을 자신이 좌우할 수 있다고 생각하지 않는다. 오히려 눈에 보이지 않는 행정의 피리 소리에 맞추어 춤을 추어야 한다고 생각한다. 미친 듯이 일하지만 일하는 재미는 없다.

자기가 일하는 대학과 일체감도 없는 데다 동료 의식마저 사라진 지 오래다. 원인은 능력주의 평가 시스템이 신자유주의 평가 시스템으로 발전했기 때문이다. 내가 신자유주의라고 굳이 명시한 이유는 그 평가 시스템이 생산의 양적 측면만 강조하기 때문이다.

후보의 수업 능력과 참여도를 다방면에서 살펴보던 평가 방법이 불과 15년 만에 그가 내놓은 결과물, 요샛말로 '아웃풋'을 계산하고 평가하는 방식에 자리를 내주고 말았다. 조금이라도 논란이 될 만한 부분은 평가에서 제외하고 그냥 포기해버린다. 교육과 사회적 유용성 같은 측면은 의미를 잃고, 중점은 거의 연구와 '프로젝트' 쪽으로 옮아가 버렸다. 연구와 프로젝트의 일환으로 나온 출판물의 숫자만 중요하다. 그마저 자국 언어로 쓴 논문은 쳐주지도 않는다. 국제적인 출판물만 가치를 인정해준다. 여기서 '국제적'이란 '영어권'의 완곡어법에 불과하다. 하지만 그것도 잠시, 이젠 '영어'만으로도 안 된다. 소위 'A1 저널스'로 불리는 한줌의 최고 잡지들만 인정이 된다. 현재 국제적인(즉 앵글로색슨의) 요강은 이러하다. 학자들은 최고 랭킹의 학술지에서 득점을 해야 한다! 그사이 최신 기준이 보급되면서 중요한 변화가 생겼다. 최고의 학자는 제일 많은 연구 지원금을 확보하는 사람이며, 특허권도 제시할 수 있다면 가장 바람직하다. 바로 이 지점이야말로 교육과 경제의 결합을 가장 명확하게 보여주는 대목이다.

이런 발전은 우연이 아니다. 구조에 따른 변화이며, 따라서 피할 수가 없다. 능력주의는 중앙에서 조종하는 꽉 짜인 시스템에서만 가동된다. '생산'과 각자의 개별적 기여를 평가하는 시스템으로, 시스템 특성상 한정된 숫자의 '승자'만 있을 수 있다. 최고가 보스가 되어야 한다.[14] 이 말은 모든 고용이나 지원이 상호 경쟁 체제로 바뀔 수밖에 없으며, 결국 소수의 몇 사람만이 위로 올라갈 수 있다는 의미이다. 그로 인해 치열한 경쟁이 벌어지며, 성공의 기준은 다시 더 높아지고 더 엄격해진다. 이런 경쟁은 개인 차원에 머무르지 않는다. 각종 순위들(상하이 자오퉁대학(交通大學)의 세계 대학 순위, 독일 대학발전센터의 연구 순위 등)이 주식시세처럼 쏟아지면서 대학 총장들의 밤잠을 앗아간다.

이는 '등수 매겨 내쫓기' 시스템의 학술 버전이지만 결과는 똑같다. 종이 위에서는 늘 치솟기만 하는 생산성, 그러나 현실에서는 일체의 생산성을 말살하는 개인의 좌절과 시기심의 혼합, 공포와 망상증의 혼합…… 이것이 실제 결과이다. 엄격한 규정을 벗어나는 것은 무엇이든 중요하지 않다. 혁신과 발견의 조건인 멀리 내다보는 창의적 사고는 영원히 안녕이다. 창의적 사고가 갈 곳은 이제 차고뿐인 듯하다.*

이 지점에서 철학자 미셸 푸코(Michel Foucault)와 훈육(discipline: 푸코가 『감시와 처벌』에서 말한 새로운 방식의 통치 기제로, 사람들의 몸과 마

* 내가 일하는 헨트 대학에서도 2011년 10월부터 인사 정책을 대폭 수정했다. 이젠 강의의 지원 여부를 판단할 때 내부 경쟁은 중요하지 않다. 한편으로는 기준이 확대되었고(A1 출판만으로

음에 지배자의 시선, 감시의 시선을 체화시켜 통치하는 전략을 뜻한다.—옮긴이)

을 바라보는 그의 견해가 떠오른다. 오늘날의 학문 세계에서는 모두가 익명의 글로벌 감시자에게 속박되어 있다. 이 감시자가 앞에서 말한 최고 잡지의 얼굴을 하고서 높은 말잔등에 앉아 만인을 감시하고 처벌하고 줄을 세운다. 그러니 누구도 저항할 수 없다. 역설적이게도 이런 종류의 품질 감시는 네덜란드의 스타펄 사건에서 독일 대학들의 박사학위 사기 사건에 이르기까지 엔론과 똑같은 거짓과 위조를 몰고 온다. 네덜란드의 사회심리학 교수 디데릭 스타펄(Diederik Stapel)은 방대한 경험 연구와 최고 학술지에 발표한 수많은 논문 덕분에 최근까지만 해도 자기 전공 분야의 최고 권위자로 인정받았다. 하지만 그의 연구 대부분이 위조로 밝혀졌고 거의 모든 신문이 논문 발표에 대한 과도한 압박감과 살인적인 경쟁을 이 사건의 원인으로 꼽았다. 또 2009년 8월에는 독일에서도 박사학위를 둘러싼 대규모 사기극이 적발되었다. 여러 대학에서 약 수백 명의 교수가 연루된 사건이었다.

많은 대학 교수들이 이렇게 발각된 사건은 빙산의 일각에 불과하다고 생각한다. 그런데도 아무도 큰 소리로 털어놓지 못한다. 이런 구체적인 조작 말고도 더 큰 문제가 우리를 가로막고 있다. 대

는 안 된다.) 다른 한편으로는 더 축소되었다.(언어학 교수의 프로필은 실험심리학 교수의 프로필과 확연히 구분된다.) 덕분에 확실히 교수들 사이는 많이 좋아졌다. 하지만 모두가 이른바 상하이 순위 탓에 잠을 이루지 못한다.

부분의 연구 결과가 부정확한 것이다. 이 역시 경쟁과 출판의 압박에 따른 것이다. 학자들은 곰곰이 고민하고 깊게 파고들 시간 여유가 없다. 스탠퍼드 대학의 유명한 전염병학자 존 이오애니디스(John Ioannidis)는 2005년 「왜 출판된 연구 결과들이 대부분 위조인가」라는 획기적인 논문을 썼다. 그리고 2011년 4월 네이메헌 라드바우드 대학의 강연에서는 6년이 지났어도 전혀 변한 것이 없다고 말했다.

이런 종류의 통제와 그 부작용은 능력주의 시스템이 필연적으로 수반하는 문제이다. 그래서 결국 소위 '자유'시장의 신화가 베일을 벗게 된다. 제러미 벤담도 이미 알고 있었듯 신자유주의 '자유'시장은 공장과 글로벌 정치 결정의 타협이 있어야만 제 기능을 발휘한다. 아흐테르하위스는 물론 리처드 세넷(Richard Sennett)도 설득력 있게 입증한 사실이다. 이 문제는 다음 장에서 내 전공 분야인 심리치료를 다루면서 다시 거론하기로 하자.[15] 대학으로 돌아와서, 지금과 같은 추세가 계속된다면 두 가지 가능성이 떠오른다. 첫째, 대학이 국민의 돈으로 운영되는 대기업의 싸구려 연구 기관으로 전락할 것이다. 보너스로 미래 대기업 직원들의 인성(경쟁력을 갖추고 유연한 인성) 훈련도 떠맡아줄 것이다. 둘째, 그게 아니면 바로 매각되어 인풋(학생)과 아웃풋(직장인)이 시장에 좌우되는 상장기업으로 구조 개혁되는 것이다. 내 생각엔 멀지 않은 미래에 그렇게 될 것 같다.

건강 기업이 된 병원

심포지움에서 만난 한 동료가 자기 병원이 정신과 병동을 없애고 심장과 병동으로 만들어버렸다고 화를 냈다. 이유가 뭐냐고? 아주 간단하다. 심장과 병동이 정신과 병동보다 세 배는 더 돈을 많이 벌어들이기 때문이다.

이런 현실은 절대 우연이 아니다. 대부분의 정부가 국민 보건 분야를 장악하려고 시장 모델을 강요했다. 이를 통해 더 저렴하고 효율적인 의료 제도를 만들 수 있다고 생각했다. 하지만 결과는 정반대이다. 모든 '시장 관계자들'처럼 병원 역시 가장 돈을 많이 벌어들이는 분야를 선택하고 수익이 낮은 업무에선 손을 떼버린다. 환자는 의료 활동의 목표가 아니라 돈을 버는 수단에 불과하며, 이는 점점 충격적인 형태를 띠기 시작한다. 의료진의 과중한 업무 부담, 여러 의료 분과들 사이의 경쟁, 이해할 수 없는 규정들, 더 많은 수익을 올려야 한다는 강박이 결합되면서 사람들은 점점 더 병원을 멀리하게 된다. 여러 명의 의사한테 개인적으로 들은 이야기다. 과다 진단 및 과다 진료를 통한 이윤의 극대화 이외에도 병원들은 다른 경제 부문과 마찬가지로 비용 최소화에 매진한다. 인건비 절감이 가장 자주 거론되는 단골 메뉴이지만 그것 말고도 값싼, 다시 말해 질이 떨어지는 재료 역시 인기 메뉴이다. 쉽게 찢어지고 유독물질이 함유된 가슴 성형 보형물에서 엉터리 고관절 보조물에 이르기까지 다양한 재료가 투입되고 있다. 목표는 하나다. 이윤을 계산하라!

모든 경쟁의 중요한 측면은 고객의 확보이다. 의료 행위 광고는 여전히 금지돼 있지만 방법은 많다. 사람들에게 병이 들었다고, 병이 들 거라고, 그러니 대처를 해야 한다고 설득하면 된다. 지난 10년 동안 각종 유행병과 그와 관련된 조언들이 봇물 터지듯 쏟아져 나왔다. 건강검진은 무조건 받아야 합니다! 예방접종도 잊지 마세요! 혈압과 콜레스테롤은 반드시 체크해봐야 하고 가슴과 심장, 자궁 초음파도 빼먹으면 안 됩니다. 혹시 대장에는 문제 없어요? 이런 형태의 원치 않는 친밀함은 주로 미국 의료 산업의 전략이다. 이들이 가장 많이 사용하는 방법은 기사를 가장한 광고를 일간지에 싣거나, 라디오와 텔레비전에서 의료 상담 프로그램을 맡거나("발기부전이라고요? 말씀해보세요.") 사이비 환자 협회를 결성하여 버스의 광고판을 돈을 주고 빌린 다음 특정 '장애'와 특정 의약품에 대중을 노출시키는 것이다.* 이런 일들은 당연히 우리의 건강에 해롭다. 최소한 우리 모두 조만간 집단 우울증 환자로 전락하게 될 것이다. 우리 사회의 건강 비용이 감당할 수 없을 정도로 치솟는 것도 다 이런 이유 탓이다.

* 미국의 경우 사회적 공포와 관련하여 이런 일이 매우 성공적으로 이루어지고 있다. 크리스토퍼 레인의 『만들어진 우울증』 중 '소비자를 겨냥하라! 질병을 팔아라!'라는 제목의 장에는 이런 사례는 물론 황당하기 그지없는 다른 사례들이 듬뿍 실려 있다. 그의 책은 정신병원과 제약사의 복합체가 지금 서구 사회에서 임상 및 학술 분야의 일상을 어떻게 좌우하는지 한올의 숨김도 없이 까발린다.

학문과 임상의 종속은 통제의 증가와 밀접한 관련이 있다. 미국에서 의사들이 독자적으로 결정을 내리던 시대는 이미 오래전에 지나갔다. 무엇은 되고 무엇은 안 되는지는 의료보험 관련 기관과 원무과가 결정한다. 개인적인 일화를 얘기해보겠다. 2008년 나는 아내와 함께 필라델피아에 갔다. 그런데 도착하던 날 아내가 도로에서 헐렁해진 격자 쇠 덮개에 발이 걸려 넘어졌다. 통증이 너무 심했기에 병원을 안 갈 수가 없어서 미국 동료에게 물어보니 확신에 차서 한 병원을 가르쳐주었다. 자기가 보기에 다른 병원은 아무 도움이 안 된다는 것이었다. 접수처에서 우선 내 신용카드를 꼼꼼하게 심사했다. 심사를 마치고 나니 이번에는 내가 유럽 출신이라서 우리의 보험 상황을 알아낼 때까지 한참을 더 기다려야 했다. 보험이 되어야 치료를 할 수 있기 때문이었다. 모든 문제가 다 해결되자 비로소 의사를 볼 수 있었다. 아내는 팔꿈치 복합골절이었다. 심근경색이라도 일으켰다면 얼마나 골치가 아팠을까? 더 이상 생각하고 싶지도 않았다. 끝으로 병원 관계자들은 부상 원인과 관련하여 시에 소송을 걸라는 조언을 해주었다. 분명 소송에서 이겨 상당한 보상금을 받을 거라고 했다. 물론 우리는 그들의 조언을 듣지 않았다.

의료보험을 통한 이런 식의 실적 관리는 당연히 대규모 경영이 수반된다. 이 역시 돈벌이와 더불어 의료 부문을 망가뜨리며 점점 퍼져나가는 두 번째 암세포이다. 하향식 경영의 확대는 신자유주의 경제의 중요한 특징이다. 신자유주의 조직은 항상 비생산적인 상부

계층을 만들어낸다. 이들의 최우선 업무는 다른 이들을 통제하면서 자기 자리를 보존하는 것이다. 그러다 보니 계속해서 규제가 봇물처럼 늘어난다. 실적 평가는 '투명성'이라는 꼬리표를 좋아한다. 판단 기준이 명확히 모두에게 똑같이 적용된다는 것이다. 하지만 조금만 더 자세히 들여다보아도 진짜 일을 하는 사람들만 평가의 대상일 뿐 평가를 하는 사람들 자신은 평가에서 비켜나 있다는 사실을 알게 된다. 그것이 일벌과 일벌의 음료 위에 살짝 얹힌 에볼뤼에(evolues), 즉 '진보한' 사람들의 차이이다.

이 시대의 가장 중요한 사회학자 중 한 사람인 지그문트 바우만은 쉽게 이해할 수 있는 비유로 이런 평가의 투명성을 비판한다. 사무실의 유리벽을 통해 누구나 다른 사람을 볼 수 있고 통제할 수 있지만, 바우만이 보기에 이는 한쪽에서만 보이는 유리창이다. 양쪽 면을 다르게 하여 자기는 다른 사람들을 볼 수 있지만 반대쪽에선 자신을 볼 수 없게 만든 특수 유리인 것이다. 평가를 하는 관음증 환자들은 거울 뒤로 모습을 숨긴 채 기껏해야 자신을 둘러싼 거울이 고통을 증폭시킨다는 사실 정도만 눈치챌 수 있는 직원들을 열심히 관찰한다.[16]

이로써 우리는 신자유주의 조직의 예상치 못한 결과를 만나게 되었다. 이들이 '시장'의 규제 해제와 자유화에 역점을 둔다는 사실을 생각한다면 실로 예상치 못한 결과이다. 그런 조직은 역사상 유례가 없는 통제 시스템 및 무겁기 짝이 없는 관료주의와 결합한 과도한 규제의 늪에 빠질 수밖에 없다. 이런 결합은 창조성과 생산성에 치명적이다. 무엇을 말하건 더 많은 신자유주의가 정당화된다. 마르크 데스멧(Marc Desmet)은 『한 의사의 공개 편지(*Open brief van een arts*)』에서 자신의 경험을 바탕으로 네 가지 경영 증상을 설명했다. 이 네 가지 모두 자유시장경제의 발톱에 걸려든 모든 것과 빈틈없이 딱 맞아떨어진다.

그가 첫 번째로 비판하는 대상은 반복되는 구조 개혁에서 최신 컴퓨터 프로그램과 새로운 업무 계획의 도입을 거쳐 다른 병원의 '합병'이나 서비스 통합에 이르기까지 쉬지 않고 계속되는 변화이다. 이 과정에서 모든 것을 쉬지 않고 '점검'하고 '적응'시킨다. 특이한 점은 정작 일을 해야 하는 사람들은 전혀 발언권이 없다는 사실이다.

바로 이런 사실이 곧바로 두 번째 문제를 낳는다. 빅브라더의 느낌 말이다. 지속적인 평가의 대상은 구조 개혁이 아니라 직원 면담, 감사 등을 통해 지속적으로 평가를 받는 직원들이다. 이로 인해 가장 타격을 입는 것이 쾌적한 업무 환경이다. 팀 정신이 사라진 부서가 한둘이 아니다. 부서 내에서도 평가를 하고 계산을 하다 보니 모든 것이 정반대 결과를 낳는다. 최단 기간 안에 직급에 관계없이 모든 직원들이 각자의 행동을 평가에 맞추는 것이다. 다른 것은 중요하게 생각하지 않기 때문이다. 평가할 수 있는 것이 행하는 독재가 환자의 안위와 대립된다는 사실은 숫자로는 파악할 수 없다. 그러다 보니 진정한 간병은 종적을 감추고 만다.

결국 정말로 불합리한 세 번째 문제가 발생한다. 행정, 관리, 통제가 점점 부각되면서 정작 핵심 업무에는 관심을 쏟지 못하게 되는 것이다. 당연히 환자가 한 사람도 없으면 병원은 제일 잘 돌아갈 것이다. 환자와 학생은 우리의 소중한 시간을 너무나, 정말로 너무나 많이 잡아먹는다. 그들도 이런 사실을 잘 알고 있다. 그래서 다들 기어들어가는 목소리로 이렇게 애원한다. "교수님, 바쁘신 줄은 알고 있지만, 어떻게 시간이 안 되시나요? 안 되시면……" 혹은 "간호사님, 언제쯤 의사 선생님을 뵐 수 있는지 알려주실 수 있으세요?" 거지 떼를 치워버려라. 그럼 난방비도 바로 줄어든다.

마지막 네 번째는 데스멋이 '용기를 꺾는 모순들'이라는 제목으로 요약한 현상이다. 모든 직원들은 절약하라는 소리를 귀에 못이 박히도록 듣는다. 하지만 정작 엄청난 돈이 쓸데없는 일에 낭비되고 있는 현실을 목도한다. 새 이름과 그에 걸맞은, 하지만 누구도 믿지 못할("우리는 당신을 위해 여기 있습니다!") 슬로건을 생각해낸 자문위원, 혹은 새로운(전문가들에게서 절대 제대로 돌아가지 않을뿐더러 비용도 예상보다 두 배는 더 들 거라는 경고를 받은) 회계 프로그램을 개발한 자문위원에게 포상금이 쏟아진다. 최고의 간병 인력, 중점 연구, 전문가 집단 같은 미사여구를 폭탄처럼 쏟아붓는 것도 이들의 증상 중 하나이다. 정신의학과에선 그런 식의 증상에 자기애적 성격장애라는 진단을 내린다.

품질은 왜 이렇게 떨어지는가

모두들 능력주의를 통해 다른 시스템보다 더 나은 제품을 공급할 것이라 예상한다. 최고의 능력을 갖춘 사람들, 가장 열정적으로 참여하는 사람들이 최고의 자리를 맡는다면 분명 제품이나 서비스의 품질도 최고일 테니 말이다. 그 자체로는 옳은 논리다. 하지만 현실에선 두 가지 요인이 장애물로 작용한다. 첫째는 품질을 수치로 표현하기가 간단하지 않다는 것이다. 이로 인해 증명의 순서가 뒤집어진다. 수치로 표현할 수 있는 것만이 뛰어난 품질을 자랑하는 제품이 되는 것이다. 둘째, 신자유주의 시장경제의 유일한 목표는 이윤을 내는 것이다. 품질 자체는 목표가 아니다. 온갖 화려한 결과물에도 불구하고 우리는 모두 같은 경험을 한다. 철도에서 전기에 이르기까지 공기업들이 자유 경쟁의 영향으로 더 비싸지고 더 효율이 떨어져버렸다. 거의 모든 소비재의 품질이 떨어졌고 그로 인해 나날이 수명이 짧아진다.

손으로 만질 수 있는 제품(자동차)의 경우엔 그래도 품질을 일괄 평가할 수 있다. 하지만 미학이나 맛의 경우(식료품) 문제가 달라진다. 지식이나 서비스(연구, 교육, 보건 제도)의 경우엔 품질 평가가 특히 복잡하다. 그래서 능력주의 특유의 평가 시스템이 스스로 해답을 내놓는다. 평가와 평가 가능성이 품질을 결정한다는 것이다. 평가할 수 없는 것은 중요하지 않다. 그러므로 평가는 단순히 수동적 기록이 아니라 현실에 대한 적극 개입을 포함한다. 바뀐 평가 잣대는 항상 품질 개념의 변화를 동반하고, 이를 통해 관련자들의 행동을 바꾸어놓는다. 터널 시각이 발생한다. 이것, 이것만이 품질이다. 평가 시스템으로 파악할 수 없는 것은 실적을 올리지 못하기 때문에 시간을 들일 가치가 없다. 시청률이 프로그램의 '품질'을 입증한다면 패스트푸드 텔레비전을 낳고 말 것이다. 그런 품질의 상대적 성격은 평가의 종류와 기준이 변할 때 특히 확실히 드러난다. 더구나 변화의 속도는 어디서나 빨라지고 있다. 사람들은 최단 기간 안에 이전의 것을 잊어버린다. 새로운 평가의 잣대는 앞으로 무엇이 품질인지를 결정하고, 더불어 모든 관련자의 행동에도 영향을 미친다.

그것으로 끝나지 않는다. 능력주의 시스템의 품질 평가는 지역과 문맥을 고려할 수 없다. 특정 잣대가 모두에게 동일하게 적용해야 하며 평가는 규격화되어야 한다. 그렇지 않으면 비교가 객관적이지 않다. 이런 사실은 이 시스템의 옹호자들이 적의 입을 틀어막기 위해 3장에서 다룬 매우 협소한 학문 개념을 어떻게 써먹는지를 잘 보여준다.

특이하게도 이런 평가 시스템은 대부분 익명의 중앙에서 하달되며 외부의 '태스크 포스'와 '자문 위원'들이 만들어낸다. 자신들이 평가하려는 공정이 어떻게 돌아가는지 감도 못 잡는 사람들이 말이다. 더구나 이 외부 자문위원들은 엄청난 돈을 받는다. 그러니 기업에서 일하는 사람들의 좌절감은 더욱 커질 수밖에 없다. 또 실제로 일을 해야 하는 직원들이 업무 시간을 할애하여 평가 결과를 기록해야 하는 상황에서 그 일의 품질이 더 좋아질 리 만무하다.

병원은 갑자기 '건강 기업'으로 변신하고, 대학은 노동자 학자들이 최대한 많은 논문을 생산해야 하는 '지식 공장'으로 탈바꿈한다. 연구 대상의 내용 측면보다 특정 성과나 행위가 필요한가, 그렇지 않은가의 문제가 훨씬 더 중요하다. 점수를 올려야 한다는 의무는 결국 포기를 불러온다. 성공적인 득점의 기회가 계속 달라지기 때문이다. 가장 성공한 학자는 학문의 최신 유행을 잘 따르는 사람들이다. 그러나 유행은 너무나 수명이 짧기 때문에 누구도 내용을 잘 아는 전문가의 감정서를 받을 수 없다. 받아봤자 형식적인 감정서뿐이다. 시간이 갈수록 그런 현상이 잦아진다. 어떤 젊은 대학 교수에게 어떻게 했기에 10년 동안 연구 분야를 몇 번이나 바꿀 수 있었냐고 물었더니 이런 대답이 돌아왔다. "(컴퓨터) 소프트웨어에 얼마나 잘 적응하느냐에 달렸지요." 그는 아마도 자신의 대답이 미국 노동사회학자 세넷이 대형 제과점에서 일하는 미숙련 노동자들에게 들었던 대답의 메아리라는 사실을 알지 못했을 것이다. 그들이 하는 일이라고는 마우스로 아이콘을 클릭하는 것밖에 없었다. 예전에 다른 직장에서도 똑같이 했던 일이었다. 그가 그들에게 어떤 '스킬'이 있느냐고 물었더니 그들은 이렇게 대답했다. "베이킹, 구두 만들기, 프린팅, 말씀만 하세요. 뭐든 다 할 수 있습니다." 25년 전 세넷은 같은 공장에서 이탈리아 제빵사들을 만났었다. 자부심 넘치는 표정으로 자신의 기술을 자랑하던 사람들을 말이다.[17]

'증거에 기초한'이라는 꼬리표를 특정하게 해석하여 품질을 정의하는 보건계에서도 우리는 같은 터널 시각을 만난다. 정말로 사람들은 심리 서비스나 사회적 서비스의 품질을 약학 연구에서 빌려온 방법(이런저런 질병에는 어떤 약품이 제일 잘 듣나?)으로 평가할 수 있다고 믿는다.

그리하여 심리치료는 알약과 관련된 일로, 심리장애는 특정 장기의 질환으로 축소되고 만다. 하지만 그런 식의 진단은 매우 제한된 종류의 심리치료 형태와 매우 제한된 숫자의 심리장애에만 효과가 있을 수 있다. 그런데도 나머지 치료 형태는 평가를 할 수 없다는 결론 대신, 치료 가능성이 있는 한정된 요법만이 효과적이라는 결론을 내린다. 나아가 나머지 치료 방법은 존재 근거가 없으므로 교과서에서도 삭제해버리고, 다시 이는 터널 시각과 무조건 다 넣고 끓이는 꿀꿀이죽을 양산한다.[18]

품질 평가에 양적 잣대를 들이대는 곳이라면 어디서나 행동은 정말로 순식간에 특정 방향을 향하게 되고, 결국 일체의 다양성이 실종된다. 능력주의 정책이 맞닥뜨린 문제도 바로 이것이다. 후보, 제품, 서비스 간의 차이가 적어질수록 순위를 매기기가 점점 어려워진다. 능력주의는 '승자'의 숫자를 제한할 수밖에 없다는 사실을 잊어서는 안 된다. 그러므로 최고로 뽑히기 위해서는 어쩔 수 없이 외적인 요인에 관심을 쏟게 된다. 제품에서 포장으로 중점이 이동하게 되는 것이다. 해당 전문 업체에 맡겨 제작한 화려한 보고서로 실적을 프리젠테이션한다. 옛날엔 홍보나 선전으로 취급하던 것이 지금은 잘나가는 박사님과 로비스트가 비싼 돈을 받고 만들어준 문건이 된다.

이것이 승리의 마지막 관문이다. 처음엔 나쁜 결과를 내놓는 모든 '생산 단위', 즉 자동차 공장, 대학, 병원 등이 자신의 '제품'을 최대한 바람직하게 수정하려고 노력한다. 그리고 이 목표를 달성하기 위해 수치를 최대한 빨리 올바른 방향으로 바꿔줄 수 있는 측면에 집중한다. 정신병동의 침상을 없애! 이 논문은 두 편으로 쪼개는 게 좋겠어. 그럼 성과도 두 배가 되잖아! 이런 현상은 노동은 물론 노동의 평가에도 영향을 미친다. 노동을 할 때는 인정받지 못하는 모든 노력을 포기하고 빠른 결과가 도출되는 일만 하려 한다. 평가 결과는 최대한 미화한다. 위조나 조작과 불과 한 걸음 차이다. 스탈린 치하에서는 이런 짓을 두고 교묘한 조작이라고 불렀다. 경우에 따라서는 원하는 결과를 얻기 위한 통계 위조(tufta)라고도 불렀다. 요즘엔 똑같은 것을 두고 경영 전문용어를 써서 통계(the stats)라고 부른다. 나날이 진짜 현실과 간극을 벌리는 종이 위의 현실이 탄생하는 것이다.

교육, 학문, 보건 제도의 효율성은 사실 그렇게 간단히 평가할 수가 없다. 하지만 교육의 수익성, 아웃풋, 랭킹, 벤치마크 같은 요즘 유행어들은 그럴 수 있다는 인상을 조장한다. 정말 그럴까? 사망률 수치를 보면 병원의 의료 서비스 품질을 알 수 있을까? 그 병원이 받아준 환자의 유형을 알 수 있을까? 성공한 졸업생의 숫자를 보면 학교의 교육 품질을 알 수 있을까? 아니면 그 학교가 위치한 사회 환경을 알 수 있나? 성공한 졸업생의 숫자를 보면 해당 대학의 품질을 알 수 있나? 대학의 학생 지원 정책을 알 수 있나? 그런 수치가 평가 시스템의 일부이며 따라서 지원금 분배에 영향을 미친다면 병원은 서슴지 않고 말기 환자를 다른 곳으로 내보내고 학교는 특정 학생들을 입학시키지 말아야 할 것이다. 그럼 자동적으로 품질도 높아질 것이다. 적어도 종이 위에서는.

사회적 결과들

경제 능력주의는 상속 원칙 탓에 발목을 잡힌다. 돈을 물려받은 자는 사다리의 높은 곳에 머물고, 빚을 물려받은 자는 낮은 곳을 떠나지 못한다. 교육 능력주의는 사회적 유산으로 인해 더 이상 앞으로 나아가지 못한다. 교육을 많이 받은 부모는 자식들에게 태어나면서부터 호기심과 지식을 전달할 테고, 따라서 그들의 아이들은 거의 자동적으로 공부를 잘할 것이다. 많이 배우지 못한 부모의 자식들은 정반대가 될 것이다.[19] 신자유주의 능력주의는 이 두 가지 형태의 유전을 결합해 돈과 결합된 학위를 중시하는 새로운 정적 사회를 가동한다. 상류층은 자신이 누리는 특권을 성실하게 방어할 뿐 아니라 누구나 느낄 수 있을 정도로 확장해나간다. 이를 통해 매우 빠른 속도로 집단 간의 차이가 심화된다. 조직이나 기업은 물론이고 더 넓은 사회적 차원에서까지 어디서나 확인되는 사실이다. 병원에서도 돈을 제일 잘 버는 분과가 최고다. 돈 못 버는 분과들은 열심히 다이어트를 해야 한다. 대학도 멍청하게 시류를 따라가지 못하는 학과들을 과감하게 희생시켜 현실에 발 빠르게 적응한 학과들의 뒤를 적극 밀어준다.

사회 전체적으로도 나쁜 결과가 초래된다. 중산층이 자취를 감추고 다수의 하류층을 디딤판으로 삼아 소수의 상류층이 혜택을 누린다. 사회관계는 날로 공격적으로 변한다. 소수의 상류층은 하류층을 경멸한다. 하류층이 그렇게 구질구질하게 사는 것은 다 자기 잘못이라고 생각하기 때문이다. 여기서 말하는 '잘못'이란 참여 결핍, 재능 결핍이다. 상류층이 혹시라도 도움의 손길을 내밀 때는 반드시 자선의 형태를 띤다. 상류층이 보기에 하류층은 도와줄 가치가 없는 인간들이기 때문이다. 여기서도 우리는 사회진화론이 부상하던 시대와 유사하게 19세기의 또 다른 원칙이 부활하는 장면을 목격한다. 바로 자선 사상이다. 부자는 가난한 자들에게 선물을 주어야 한다. 하지만 가난한 자들은 계속 가난해야 한다. 도움은 물질적 궁핍을 줄여주는 데 국한된다. 사회적 해방은 절대 안 된다. 자선 사상이란 사회문제를 빈곤의 문제로("어머나 세상에, 저 가난한 사람들 좀 봐.") 바꾸어 정의한다. 기회의 빈곤 같은 개념을 떠올려보면 알 수 있다.

하지만 이렇게 생각하는 사람들은 19세기에도 그랬듯 인종, 계층, 연령, 질병, 운, 성별 이외에도 순수 우연이 우리 인생에 중요한 역할을 한다는 사실을 까맣게 잊고 있다. 2009년 영국 일간지《옵저버》에는 임산부와 워킹맘이 일터에서 점점 더 차별을 당한다는 기사가 실렸다. 일을 하면서 아이를 키우는 것이 얼마나 힘든지 다들 경험하는 바다. 대학도 예외가 아니다. 여성 연구자를 위해 탁아소를 운영하는 대학이 과연 있는가? 능력주의는 전형적인 남성적, 남근주의적 경쟁의식과 완벽하게 결합한다. 마이클 영의『능력주의』에서 마지막 장면을 장식하는 것은 대학을 졸업한 여성들이 주도하는 유혈 폭동인데 이는 결코 우연이 아니다.

하류층도 이런 것을 모를 리 없다. 이들은 상류층을 거만하고 자기비판이 부족하다고 비판한다. 셀프서비스 사고방식 역시 도마에 오른다. 실패한 이들에게 전달되는 메시지는 그들이 몸으로 느끼는 현실과 극명하게 대립된다. 가난은 본인 탓이라고 밖에서는 떠들어대지만 막상 이들의 마음은 너무나 무기력하여 아무것도 바꿀 수가 없다. 이 둘의 결합은 계속되는 모욕감을 낳는다. 모이시는『감정의 지정학』에서 이런 논리를 국제 관계에 적용하여 유럽, 중국, 이슬람 국가들과 미국의 관계를 조명했다. 당연히 보다 작은 단위에도 적용할 수 있다. 국제적 차원은 물론 사회계층 간에서도, 심지어 개인에게서도 모욕감과 절망의 감정에서 복수심과 폭력으로 가는 길은 그리 멀지 않다.

이런 사회관계의 정적인 성격은 실패자들에게 속수무책의 느낌을 주며, 이는 다시 무의미한 공격성으로, 무력한 자들의 힘없는 저항으로 이어질 수 있다. 영의 저서 말미를 장식한 혁명을 말하는 것이 아니다. 임상의학자로서 나는 아무리 노력해도 자기 인생을 어떻게 할 수 없는 사람들의 자해 행동을 먼저 떠올린다. 2005년 프랑스 외곽에서 일어난 소요 사태도 그런 경우이다. 아무것도 기대할 것이 없는 사람들이 자신이 살던 지역을 파괴하기 시작했다. 이들의 절망적 상황은 당시엔 내무부 장관이었고 이후 대통령이 된 니콜라 사르코지의 반응으로 인해 더욱 악화되었다. 사르코지는 그들을 진공청소기로 쓸어버려야 할 인간 쓰레기들(racaille)이라고 불렀다. 영국 수상 데이비드 캐머런 역시 몇 년 후 런던에서 일어난 소요 사태에 똑같은 반응을 보였다. 온화하게 설득하려 노력하는 대신 가혹한 처벌을 주장했고 이들을 타고난 범죄자들이라 불렀다. 캐머런의 입에서 나온 말은 범죄학자 체사레 롬브로소(Cesare Lombroso)가 주장한 '타고난' 범죄자 이론을 무의식적으로 받아들인 것이다. 그는 미간이 넓고 눈썹이 짙은 사람이 유전적으로 범죄를 저지를 수 있는 범죄형 얼굴이라고 주장했다. 하지만 유복한 가정의 젊은이들도 약탈에 많이 가담했다는 사실이 밝혀지자 수상은 입장을 수정할 수밖에 없었다. 자, 그렇다면 이런 것들이 정체성이랑 무슨 관련이 있을까?

6

새로운 세대의 정체성

광고와 언론의 메시지가 만들어낸 새로운 세대의 정체성

나는 15년에 한 번꼴로 『에덴의 동쪽』을 읽는다. 읽을 때마다 노벨상을 탄 존 스타인벡(John Steinbeck)이 그 매력적인 이야기에다 은근 슬쩍 원초적인 질문들을 끼워 넣었다는 사실에 큰 즐거움을 느낀다. 그중 하나가 유전과 환경이다. 우리의 운명은 타고날 때부터 정해져 있는 걸까? 아니면 유전자의 냄비에 환경의 숟가락이 들어와 같이 휘젓는 걸까? 도덕적 선택 같은 것이 존재할까? 소설 주인공 중 한 사람은 유전자가 모든 것을 결정한다는 입장이다. "돼지를 경주마로 만들 수는 없어요." 그녀의 말에 이런 대답이 돌아온다. "그야 안 되지. 하지만 아주 빠른 돼지를 만들 수는 있다네."

1장에서 나는 우리의 심리적 정체성이 주변 환경의 산물이라고 설명했다. 물론 이 말이 한 아기의 환경이 모든 것을 결정한다는 뜻은 절대 아니다. 윤곽은 유전자가 정하지만, 윤곽 안에서는 어느 정도 변화 여지가 있다. 앞서 4장에서 인간의 본성에 대해 살펴보았던 이유도 바로 그 때문이었다. 내가 보기엔 현장 생물학이 자칭 두뇌 전문가들보다 훨씬 더 좋은 정보의 원천을 갖고 있다. 드 발은 영장류는 공감하고 협력과 연대를 추구하지만, **환경이 이런 행동을 지원할 경우에만** 그러하다는 사실을 입증한 바 있다. 다른 환경에선 극도로 잔혹하고 이기적으로 행동하는 존재가 될 수 있다. 스타인벡은 소설의 멋진 문장으로 이 사실을 설명했다. 환경이 결정적이지만 개인의 판단과 책임의 가능성도 배제되지 않는다고 말이다.

정체성 탄생의 과정(거울반응과 분리)은 1장에서 이미 설명했다. 하지만 이런 과정의 형식적 측면은 약간 소홀히 했기에 여기서 조금 더 상세히 살펴보자.

정체성은 명확히 인식할 수 있는 권위를 가진 인물이 단단한 애착 관계를 조성해주는 안정된 환경에서 최고로 발달한다. 조금 더 쉽게 설명하면, 아이들은 스스로 할 수 있을 때까지 일관성 있게 그들을 대신하여 결정을 내려주는 사람("이 이야기 끝나면 자야 해!")에게 사랑을 받는다고 느낀다. 형식적인 욕구가 충분히 충족되면 내용은 거울반응의 과정을 거쳐 순식간에 전달되고, 아이는 자신과 타인에 대한 신뢰감을 키우게 된다. 나아가 타인과 거리를 취할 수도 있고 스스로 결정을 내릴 수도 있다. 그렇게 한 걸음 한 걸음 안정된 정체성이 형성되는 것이다. 정체성의 특성은 각자 성장하는 사회집단, 특히 그곳의 대표적인 관점, 만날 수 있는 '서사'에 좌우된다. 이런 관점은 항상 윤리적 성격을 띠고, 무엇보다 규범과 가치를 포함하여 우리가 자신과 타인을 바라보는 방식을 결정한다. 또 이런 관점은 모레스(mores: 집단생활에서 구성원의 태도나 행동을 규제하는 집단행동 준칙—옮긴이) 혹은 윤리에 반영되며, 이것의 공식 결과물이 법체제이다. 두 세대 전만 해도 가정은 가까운 주변과 힘을 합하여 정체성 형성에서 주인공의 역할을 했다. 이유는 간단하다. 아이가 가정에서 가장 많은 시간을 보냈기 때문에 외부 세계의 영향력이 상대적으로 적었다. 에르빈 모르티르(Erwin Mortier)의 표현대로 아직 완벽하게 작동하던 철도망이 각자에게 자리를 정해주었던 것이다. 지금은 새로운 소통 가능성들이 열려 작별을 완벽하게 무력화한다. "우리에겐 아직 파리가 남았잖아!" 영화 「카사블랑카」의 그 유명한 작별 장면은 다시는 볼 수 없을 것이다. 잉그리드 버그만의 비행기가 아직 이륙도 하기 전에 험프리 보가트가 몰래 문자를 날릴 테니까 말이다. 이 모든 변화는 당연히 아이의 발달에 미치는 부모의 영향력을 점점 더 축소시킨다. 내부 세계와 외부 세계의 경계는 사라지고 외부 세계가 우위를 점한다.

하지만 정체성의 형성 방식은 전혀 변하지 않았다. 여전히 우리는 지배 서사와 그 서사에 내포된 규범 및 가치를 기준으로 삼는다. 그러나 거울반응하기의 상대는 이제 부모가 아니라 어디에서나 만날 수 있는 평면 모니터이다. 그것이 공공장소에까지 보급된 이후 우리는 도저히 모니터에서 빠져나올 수가 없다. 이는 『멋진 신세계』에서 영원히 반복되던 수면 학습 메시지의 밀레니엄 버전으로, 그것의 효율성은 헉슬리의 지독한 악몽조차 능가한다. 광고의 세계, 나아가 언론은 물리칠 수 없는 복음을 전달한다. 그 뒤에는 교묘한 전략이 숨어 있다. 그들은 우리에게 자기 말을 들으라고 설득하고, 우리에겐 "그럴 자격이 있으니" 특정 물건을 사라고 충고한다.

평면 모니터는 물론이고 언론 역시 그 자체로는 비난할 이유가 없다. 문제는 그들이 전달하는 메시지 혹은 보다 넓은 의미에서 시장을 지배하는 그들의 지위이다. 겉으로 드러나는 메시지는 이렇다. 만인이 완벽할 수 있다. 모두가 모든 것을 가질 수 있다. 하지만 이런 조건이 따라붙는다. 네가 최선을 다 한다면! 이 조건은 3장에서 설명했던 오늘날의 신화와 완벽하게 맞아떨어진다. 스스로 만들어내고 계발하고 만개시킬 수 있는 인간이라는 신화 말이다. 현대 윤리의 원천인 광고는 결코 금기를 말하지 않는다. 기껏해야 "술은 당신의 건강을 해칠 수 있습니다." 같은 수준의 경고를 던질 뿐이다. 그리고 이마저 지배적인 메시지에 완전히 파묻혀 전혀 들리지 않는다. "현재를 즐겨라! 최대한 많이!"라고 외치는 메시지에 말이다.

그게 뭐가 잘못되었나? 향락이 불공평하게 분배된 것이 아니라면 즐기라는 외침에 반대할 이유가 무엇인가? 더 많이 노력한 사람은 즐길 수도 있지 않은가? 미국-스웨덴 교육학자 엘런 케이(Ellen

Key)는 지난 세기를 아동의 세기라고 불렀다. 내가 보기에 우리의 세기는 위험한 아동의 세기라고, 장애 아동의 세기라고 부를 수 있을 것이다. 이중 진단(과잉행동증후군, 공격적이고 반항적인 행동장애, 자폐범주성장애, 섭식장애, 자해 등)이 넘쳐난다. 이런 장애 진단은 다음 장에서 다룰 것이다. 어쨌든 문제가 있는 아동 및 청소년의 숫자가 늘어나고, 문제와 싸우는 성인의 숫자도 날로 늘어난다. 많은 이들이 장애를 겪고, 또 많은 이들은 위험하며, 그중 몇몇은 둘 다에 해당한다. 이들 중 몇몇은 더 주목받는다. 많은 성인들이 공포와 거부감이 섞인 눈으로 아이들을 바라본다. 위험한 짓을 할지 모른다는 공포와 젊은이의 생각 및 행동방식에 대한 거부감이다. 요즘 젊은 것들은 일은 안 하고 놀려고만 하고 인내심이 없으며 마약을 하고 너무 일찍 섹스를 경험하고⋯⋯ 한마디로 어른들이 꿈도 꾸지 못했던 일들을 요즘 젊은이들이 다 한다고 생각한다.

하지만 안심하라. 이런 부정적인 반응은 모든 세대의 공통점이다. 아마 대부분의 독자들이 다음 글에 공감할 것이다.

> 요즘 젊은이들은 사치를 좋아한다. 예의가 없고 권위를 무시하고 어른을 공경하지 않으며 일은 안 하고 수다만 떤다 ⋯⋯ 부모의 말을 거역하고 큰소리만 치며 ⋯⋯ 스승을 거역한다.

정말 딱 맞는 말이다. 그렇지 않은가? 하지만 이 말은 지금으로부터 약 2500년 전 소크라테스가 한 말이다. 그러니 유사 이래 한탄의 핵심은 똑같다. 요즘 젊은 것들은 규범과 가치를 모른다. 이런, 큰일났다. 세상이 망할 것이다. 하지만 조금 더 깊은 곳에 숨은 의미는 조금 더 가슴이 아프다. 나는 늙어가고 있다. 그래서 쫓아갈 수가 없다. 젊은 아이들은 나와 다르다.

젊은이들을 보며 느끼는 노인들의 소외감은 문화의 변화를 동해 정체성이 바뀌고 말았음을 암시한다. 다 알다시피 거듭하여 세대 간의 갈등을 낳는 그 무언가를 말이다. 새로운 세대는 실제로 이전 세대와 **다르다**. 이로부터 중요한 질문이 나온다. 어쨌기에 새 세대는 다를까? 얼마나 다르며 어떤 반응을 유발할까? 첫 번째 질문에 대해서는 대부분 앞 장에서 설명했다. 새로운 정체성은 새로운 신자유주의 서사의 반영이라고 말이다. 관련 반응은 다음 장에서 다룰 것이다. 여기서는 일단 두 번째 질문에 대한 대답을 찾아보고자 한다. 젊은 세대는 얼마나 다른가? 이런 다름은 실제로 위협과 혼란을 불러오는가? 어쩌면 단순한 세대 갈등 이상의 무언가가 숨어 있는 걸까?

이전까지 도덕적 발달의 일반적 과정

교육이란 아이가 어른으로 성장하도록 돕는 것이다. 건조하게 표현해서 아이가 부모의 규칙을 물려받는 과정이다. 식탁 예절에서 몸관리 방법과 성 규범을 거쳐 정치의식에 이르기까지 아이들은 부모의 규칙을 차근차근 물려받는다. 하지만 넘쳐나는 교육 서적, 언론에 계속 얼굴을 들이미는 전문가들, 교육적 지원이 필요한 엄청난 숫자의 가정을 보아하니 요즘엔 아이 키우기가 정말로 힘든 일인 것 같다. 우리 부모 세대만 해도 아무 도움 없이 아이들을 잘 키웠다는 사실을 떠올린다면 이런 교육의 문제화가 정말로 이상하게 느껴진다.

그러니 정상적인 도덕 발달의 과정을 살펴볼 필요가 있겠다. 이 주제는 수많은 발달심리학 및 교육학의 연구 대상이지만, 사실 결과는 그리 대단하지 않다. 아주 어릴 때부터 우리는 부모의 규범과 가치를 지켜보며 자라고, 커가면서 서서히 더 넓은 환경으로 눈길을 돌린다. 언어 차원("네 차례가 될 때까지 기다려야 해.")은 물론이고 벌과 상을 포함하는 행동 차원(모델 기능)에서도 일어나는 현상이다. 사랑이 담긴 관심은 최고의 상이고, 관심의 박탈 및 사회적 배제("저기 구석에 가 있어!")는 가장 효과적인 벌이다. 물질적인 보상("일찍 자면 낼 초콜릿 줄 거야")과 체벌은 여기에 해당되지 않는다. 그것은 실패와 무력함의 증거에 불과하다.

아이는 반복을 좋아한다. 따라서 초보 부모들이 모두 절감하듯 때로 아이의 요구는 부모에게 극도의 부담이 되기도 한다. 이렇게 처음엔 권위와 양심이 부모의 모습을 띠고서 아이 바깥에 존재한다. 하지만 세 살만 되어도 아이들은 이런 권위에 도전장을 내밀며 경계를 더 넓힐 수 없을지 계속 부모를 시험한다. 10년 후 사춘기가 되면 다시 한번 전 과정이 되풀이된다. 피터 유스티노프(Peter Ustinov)는 "부모는 아이들이 자신의 이빨을 예리하게 갈아대는 뼈이다."라고 말했다. 어떨 땐 아이들 스스로 부모의 꾸지람을 자청하기도 한다. 그러면 마음이 안정되기 때문이다. 화를 내고 발길질을 하고 거짓말을 하고 죄책감을 느끼고 수치스러워하는 행동들도 이 과정의 일부이다. 여기에 대응하는 부모의 태도는 상당한 인내심에 기반한 안정된 모습이어야 한다.

아이가 사랑이 넘치는 안정된 환경에서 자랄 경우엔 5세만 되어도 외부 규칙을 받아들여 내면화하고 이를 점차 정체성의 일부로 삼는다. 이러한 '내면화(internalization)'는 도덕적 의식, 양심의 기초가 된다. 구체적으로 말하면 엄마, 아빠가 옆에 없어도 무엇을 하고 하지 말아야 할지를 잘 알며, 규칙을 어겼을 때는 죄책감을 느낀다. 학교와 다른 사회 환경도 영향력을 행사하기 시작하면서 미약하던 내면화가 점차 강화된다.

그 결과 아이는 점점 더 환경을 신뢰할 수 있게 된다. 아이가 넘어지고 다시 일어서면서 올바른 결정을 배우는 과정에는 부모 외에 다른 규범과 가치 역시 중요한 역할을 한다. 이 모든 것이 수많은 책과 영화의 주제가 되는 그 유명한 '어른 되기(coming of age)'를 지원한다. 동시에 이런 책과 영화는 거꾸로 청소년의 거울이 되기도 한다. 이건 어려워, 저건 재미있어. 이런 실수는 할 수 있어. 이건 검고

이건 희지만 둘 사이엔 찬란한 무지개 색깔들이 있어. 이런 과정들을 거쳐 양육은 **교양**(Bildung), 즉 교육과 문화적 성숙으로 자연스럽게 이어진다. 풍성한 문화일수록 동일시의 색채도 풍성해진다. 여기서 중요한 요인은 지식이지만, 도덕적이고 실존적인 결정이 뒤따르기 때문에 순수 자연과학적 지식과는 전혀 다른 형태의 지식이다. 고대 그리스의 지혜(Phronesis)에 더 가깝다. 절대적인 대답이나 보편적 해결책은 어리석음과 공포의 다른 이름이다. 『에덴의 동쪽』엔 이런 구절이 있다. "아론은 세상물정 모르는 풋내기 성직자의 영향을 받아서 현실과 경험을 무시한 채 모든 것을 보편화하는 능력을 갖게 되었다."

자신의 결정 능력에 대한 신뢰가 자라면서 독립심도 커지면 점차 외부의 통제가 불필요해진다. 그로 인해 최근 몇십 년 동안 그랬듯 법적 성년의 나이가 계속 내려간다. 거의 모든 나라에서 23세이던 법적 성년의 나이는 21세로, 그다음엔 18세로 떨어졌다. 법적 성년이 되면 자기 행동에 대한 책임을 진다. 도덕적 규범을 완벽하게 받아들였고 내면화했다고 생각하기 때문이다. 그래서 완벽한 시민, 완벽한 사회 구성원이 되어 책임과 의무를 동시에 지는 것이다. 만일 문제가 발생하면 사회가 개입하여 처벌하거나 비정상적인 인간으로 분류해버린다.

그런데 요즘 아이들은 예전과 달리 이렇게 자동적으로 어른이 되지 못한다. 믿을 만한 연구 결과로도 입증되었듯 네덜란드 성인

네 명 중 세 명은 요즘 아이들을 잔혹하고 비사회적이며 음험하고 말을 안 듣는다고 생각한다. 공식 통계에 따르면 네덜란드 아동의 14퍼센트가 특별한 보호가 필요하다. 또 18세 성인의 약 7퍼센트가 '노동 불능' 판정을 받았다.[20] 원칙적으로 이들은 평생 '노동 불능 연금'을 받게 된다.

이런 변화의 원인을 과학적으로 입증하기란 불가능하다. 너무 많은 요인이 작용하기 때문이다. 그럼에도 몇 가지가 눈에 들어온다. 부모와 가족의 영향력은 예전에 비해 급격히 줄어들었다. 그럼에도 아이가 잘못되면 여전히 화살은 부모에게 돌아간다. 또 우리의 변화된 사회에선 앞에서 설명한 교육의 형식적 조건들이 심한 압박에 시달린다. 노동 구조상 안정된 환경에서 자랄 수 있는 아이들이 점점 줄고 있다. 대부분의 어린 아이들이 적어도 하루에 한 번은 환경과 보호자가 바뀐다. 심할 경우 하루에 몇 사람씩 바뀌는 경우도 많다. 더구나 권위는 거의 사라진 것이나 마찬가지다. 대부분의 부모들은 아이에게 하지 말라는 소리를 할 엄두를 못 낸다. 이런 상황은 아이의 불안을 가중시켜 많은 아이들이 정상적인 애착 능력을 키우지 못한다. 자신도 믿지 못하고 남도 믿지 못하게 되는 것이다. 거기에 광고로 뒤덮인 언론은 올바른 제품만 사면 모든 욕망이 충족될 수 있다는 메시지를 쉬지 않고 송출해댄다. 이렇게 권위는 사라지고 환경은 광고로 뒤덮이니 아이들을 다루기가 점점 힘들어지는 것이다.

어찌 보면 성공한 정체성의 형식적 조건보다 내용적 특징을 따지는 질문이 더 중요할지도 모르겠다. 우리는 아이들에게 어떤 거울을 내미는가? 그 거울은 무엇을 보여주는가? 이것은 모순돼 보이지만 서로 관련 이 있는 두 가지 비판에서 도출될 수 있다. 첫째는 요즘 젊은이들이 너무 성공만 추구하는 개인주의자로, 남에 대한 배려가 없다는 비난이다. 두 번째는 정확히 반대로, 요즘 젊은이들이 노력하지 않고 일도 안 하려고 하고 과실만 따먹으려 한다는 것이다. 그리하여 세 번째 집단이 도출된다. 장애라는 꼬리표가 붙은 집단이다. 이에 대해서는 다음 장에서 알아 보기로 한다. 이 세 집단은 우리에게도 거울을 들이민다. 이들이 우리를 키운, 우리와 함께 성장한 지배 서사의 산물이기 때문이다.

공갈젖꼭지를 못 뗀 아이들

지금처럼 실업률이 높은 시대에도 미숙련공이 들어갈 자리는 수천 개가 남아 있다. 이런 미숙련공들은 사실 높은 실업률을 낳는 원인이기도 하다. 고용주들은 적절한 인력을 구하지 못해서, 또 며칠 출근하고 때려치우는 젊은이들 탓에 아주 죽을 지경이다. 일은 너무 힘든데 보수는 너무 적으니 차라리 실업수당을 타겠다는 식이다. 그러니 고용주들이 이렇게 악용될 수도 있는 복지 체제에 심각한 의문을 제기하는 것도 놀랄 일은 아니다. 하지만 그들이 모르는 사실이 있다. 취업 준비생들이 아주 특수한 하위 집단이라는 사실 말이다. 편의상 나는 이 집단을 '공갈젖꼭지 아이들'이라 부르겠다.

이들은 성공한 젊은이들 및 실패한 젊은이들과 마찬가지로 오늘날의 지배 서사로 인해, 그리고 그 서사가 교육을 통해 전달되면서 탄생한 결과물이다. 모두가 동일한 메시지를 전달받는다. 모든 욕구, 모든 욕망은 완벽하게 충족되어야 하며, 소비를 통한 향락이 지상 최대의 목표라는 메시지 말이다. 공갈젖꼭지 아이들이 나머지 두 집단과 다른 점은 이런 만족을 오로지 남들이 채워주기를 바란다는 사실이다. 사실 크게 놀랄 일도 아니다. 세상 모든 아이들은 몇 년 동안 정확히 이런 기대를 품고 살아가게 마련이다. 다만 이 집단은 영원히 이런 기대를 버리지 못한다는 사실이 조금 놀라울 뿐이다.

왜 그런지를 알려면 낙원 같았던 아기 때로 잠시 돌아가 보아야 한다. 바람직한 경우라면 주변의 모든 사람들이 아기의 탄생을 조건 없이 기뻐한다. 특히 부모가 제일 좋아한다. 아기였을 때 우리는 아무것도 모르고 아무것도 할 수가 없다. 우리의 반응은 반사적인 행동이며, 우리의 생존 방식은 괴로울 때마다 우는 것이다. 배가 고파도, 목이 말라도, 추워도, 기저귀가 축축해도 울음을 터트린다. 그러면 오, 놀라워라! 순식간에 누군가 요람 옆으로 달려와 우리를 도와주고 위로해준다. 공갈젖꼭지 역시 이렇게 위로하고 마음을 편하게 해주는 역할을 한다. 그래서 내가 이 용어를 선택한 것이다. 이런 상호 행동은 출생 1년 동안 정말로 수천 번도 넘게 반복된다. 문제가 생기면 다른 사람이 나타나 문제를 대신 해결해준다. 그러나 점점 성숙해지면서 이런 생각도 차츰 변한다. 스스로 해결책을 찾아 나서게 되는 것이다. 그런데 병이 들거나 트라우마가 될 경험을 하고 나면 거의 모든 사람이 엄마가 모든 것을 대신해주던 옛 단계로 돌아간다.

내가 성숙이라는 단어를 선택한 것은 우연이 아니다. 모든 교육은 때가 되면 언젠가는 결정적인 전환점에 도달한다. 내가 약간 비장한 마음으로 '결핍'이라 부르고 싶은 힘든 상태를 스스로 해결하는 법을 익혀야 하는 순간이다. 엄마가 항상 옆에 있지는 않고 아빠도 슈퍼 대디가 아니다. 설사 부모가 곁에 있어도 다르게 행동해야 한다. 정상적으로 애정을 갖고 자식을 대한다 해도 필연적으로 실망하는 순간이 온다. 어떤 현실도, 어떤 제품도 우리의 욕망과 욕구에 대한 완벽하고 확정된 대답은 줄 수 없다. 교육의 질은 피할 수 없는 이런 실망을 아이가 어떻게 극복하도록 돕는가에 달려 있다.

모든 것이 가능하며 타인이 항상 우리를 위해 대기하고 있는 신비의 낙원에서 스스로 책임을 져야 하고 대답과 결과를 찾아야 하는 거친 현실로 이동하는 것은 매우 의미심장한 과정이며, 이때 환경이 결정적인 역할을 한다. 거의 모든 문화는 권리와 의무를 가르치는 의식을 통해 이런 이행을 기념한다. 지금까지는 다른 사람들이 대신해주었지만 지금부터는 너 스스로 알아서 해야 해! 그와 동시에 어떤 소망은 제한되고 정해진 조건에서만 충족될 수 있으며 어떤 것은 아예 그럴 수 없다는 점도 가르쳐준다. 이로써 우리는 다시 2장의 주제로 돌아왔다. 항상 제약으로 이어지는 윤리와 그에 포함되는 규칙들 말이다. 섹스, 음식, 술은 허용되지만 무제한은 아니다. 출생("왜 나는 아이를 낳지 않는가?")과 죽음("왜 나는 죽어야 하나?"), 혹은 자연 일반("언제나 비가 오려나, 가뭄으로 농작물이 다 말라죽겠네.") 같은 문제들은 훨씬 더 다루기 어렵다.

이런 실존적 문제들과 마주치는 순간 전형적인 인간의 특징이 고개를 들이민다. 가능한 모든 대답을 생각해내는 창조성 말이다. 인간은 집단일 때도 창조성을 발휘한다. 따라서 결핍의 해소를 위해 점점 더 큰 단위가 형성된다. 이중에서 종교와 예술이 가장 오래된 형태이며, 학문이 가장 최근의 형태이다. 물론 이 단위들 중 무엇도 최종 해답을 줄 수는 없다. 때문에 우리는 계속하여 대답을 찾는다.

결핍 상황에 대한 확정된 대답이 없다는 인식은 물론이고, 그럼에도 대답을 찾으려는 지속적인 노력은 성공한 교육의 징후이다. 부모가 자신들이 줄 수 있는 것에는 물질적인 한계가 있을 뿐 아니라 한 사람의 모든 소망을 다 들어줄 수는 없다는 사실을 자식에게 가르친 것이다. 우리가 받거나 주는 것은 결코 최종 답변이 아니다. 라캉은 사랑에 대해 다음과 같은 아름다운 정의를 내렸다. "사랑은

갖지 않은 것을 주는 것이다."

실험 삼아, 모든 것을 가질 수 있는 것이 최고의 모토인 한 사회가 구성원들에게 어떤 영향을 미치는지 자신에게 질문을 던져볼 수 있겠다. 고통은 보편적인 것이 아니어서 피할 수 있는 상태이며, 향락이 정상 상태라고 생각하는 사회 말이다. 모든 것을 통제할 수 있고 예상할 수 있으며, 예외적으로 뭔가 잘못될 경우 항상 누군가 책임을 져야 하는 사회, 아이는 돈으로 살 수 있는 모든 것을 가질 권리가 있는 완벽한 존재이기에 아이에게 하지 말라거나 안 된다고 말하는 것은 곧 아동학대라고 생각하는 사회…….

이 실험을 위해서는 별도의 준비가 필요하지 않다. 이런 사회는 이미 우리 곁에 와 있으니 말이다. 모든 모니터에서, 모든 광고판에서 익숙한 모토가 쉬지 않고 쏟아져 나온다. 모든 결핍은 해소될 수 있다. 모든 것에는 안성맞춤인 제품이 있다. 무한히 즐기기 위해 굳이 내세를 기다릴 필요가 없다. 삶은 큰 잔치판이다. '성공'이라는 조건만 충족된다면 말이다.

그런데 바로 이 조건이 고무젖꼭지 아이들에겐 낯설다. 그동안 모든 실망, 모든 고통, 모든 결핍을 부모가 제거해주었기 때문이다. 그사이 아기는 이미 스무 살이 되었건만 부모의 태도에는 전혀 변화가 없다. 대학에서 학생들을 가르쳐본 선생이라면 다들 경험이 있을 것이다. 시험 기간이 되면 걱정스러운 목소리로 전화를 걸어 자기 아이가 도저히 9시에는 시험을 칠 수가 없으니 이번 한 번만 시험 시간을 늦춰줄 수 없겠냐는 엄마들이 적지 않다. 그런 젊은이들은 절대 복지국가의 산물이 아니다. 미친 듯한 속도로 복지국가를 목 졸라 죽이는 소비사회가 쓰다 버린 쓰레기이다.

만들거나 부수거나

두 번째 집단의 젊은이들은 이 조건을 잘 알고 있다. 더 정확히 말하면 부모가 이 조건에 맞추어 자식들을 교육한 것이다. 그들에게 우연은 없다. 모든 것은 통제할 수 있으며 모든 결핍은 제거될 수 있다. 그들은 성공을 거두지만 그것이 삶의 전부다. 젊은이들의 비사회적 과잉 개인주의를 한탄하는 목소리가 잊을 만하면 터져 나오는 이유도 바로 이 때문이다. 이 집단은 무엇보다 자신의 성공을 추구한다. 타인을 위해 헌신하고 양보하는 것은 요새 유행하는 말로 그들의 '핵심 자질'이 아니다. 적지 않은 자칭 학자들이 그런 태도를 전형적으로 인간적인 이기주의라며 편을 든다. 우리의 이기적 유전자, 기억나는가? "이 사람을 보라!"(Ecce homo: 「요한복음」 19장 5절에 나오는 말로 필라투스가 예수를 채찍질한 후 성난 군중 앞에 세워 모욕을 주며 한 말이다.—옮긴이) 이런 일화들은 그냥 잊어버려라. 이로써 매우 능력 지향적인 이 젊은이들의 경쟁심 역시 충분히 설명이 된다. 출세를 위해서라면 못할 일이 없다. 유명한 텔레비전 드라마 제목대로 "만들어라, 아니면 부숴라!(Make it or Break it!)"이다.

내 생각은 그렇지 않다. 이들의 자기중심적 도덕 역시 우리 사회가 30년 전부터 들이밀고 있으며 그사이 가정과 학교까지 점령해버린 지배적인 모델의 결과이다. 학교는 특히 극적으로 변했다. 무엇보다 선의에서 변화가 도입된 곳이기 때문이다. 수업은 치료와 마찬가지로 이상을 좇아야 하는 소명이 있다. 바로 그 때문에 의료와 교육 부문이야말로 서로 다른 정치 및 종교 집단들의 충돌을 야기하는 불화의 씨앗이다. 양쪽이 모두 이 부문에서 각자의 이상적 인간관을 실현하고 싶어 하기 때문이다. 앞에서도 말했듯 이상적 인간과 이상적 사회에 대한 질문은 강요된 대답에 짓눌려 실종돼버렸다. 교실에 '자질'이라는 주문이 울려 퍼지면서 장애 학생과 노동 불능 학생을 미리미리 추려내는 일이 학교의 부업이 되어버렸다.

이쯤에서 다시 한번 역사를 돌아볼 필요가 있겠다. 20세기가 남긴 교훈은, 독재는 어떤 형태이건 비판적이고 독립적으로 사고하는 인간의 성장을 차단하는 이념을 강요하기 위해 교육제도를 이용한다는 것이다. 그렇기 때문에 최대한 가치중립적인 교육을 옹호하는 목소리가 높아졌다. 학생들에게 무엇을 생각해야 할지 지시해서는 안 되며, 일체의 교화는 자유의 강탈에 해당한다. 그렇게 하는 교육은 죄를 범하는 것이다. 파시즘과 공산주의의 후과로 인해 권위에 대한 과도한 의심이 자란 나머지 교실에서도 서둘러 권위를 추방했다. 가치나 권위를 강요하지 않고 아이들을 자유롭게 가르쳐라! 그럼 저절로 청렴한 성년 국민이 될 것이다. 하지만 이런 이념의 아버지인 루소가 자기 자식들을 키우지 못해 고아원에 갖다 맡겼다는 사실은 아무도 입에 올리지 않는다.

이런 교육의 진공 상태야말로 경쟁 모델이 꽃을 피울 수 있는 옥토였다. 원래의 목표는 고상했다. 직장에 필요한 능력을 먼저 생각해라. 어떻게 하면 그런 능력을 학교에서 최대한 키워줄 수 있을지 고민해라. 그래야 우리 젊은이들이 일체의 도덕적, 종교적, 이데올로기적 짐을 벗어 던지고 얼른 자기 길을 찾아갈 수 있을 것이다. 이것이 능력 지향적 수업의 중립적 출발점이다. 그렇다면 왜 뢰벤대학에서 발행하는 학술지 《윤리적 관점(*Ethische Perspectieven*)》이 2007년 이 주제를 특집으로 다루었을까? 자질이 그렇게 완벽하게 중립적일 수는 없기 때문일 것이다.[21]

능력 지향적 수업의 출발점은 직장에서 필요한 자질의 양성이다. 하지만 얼마 안 되어 의미 있는 개념 확장이 시작된다. 강조점이 실질적인 능력(예를 들어 언어나 소통)에서 인성 특징(유연성)으로, 결국엔 인성 자체(자기 인생의 경영자로서의 인간)로 이동한다. 출발은 희망에 찬 이념이었다. 재미있고 현실에 가까운 환경에 놓아두면 아이들은 저절로 배운다. 아무것도 미리 정할 필요가 없고 모든 것이 아이들의 마음에서 우러나와 저절로 이루어진다. 이렇듯 아이들의 내적 동기를 끌어내기 때문에 민주화 사상과도 잘 어우러진다. 이런 기본 사상은 요즘 한창 유행하는 소위 '뉴스피크(Newspeak)'를 통해서도 확인할 수 있다. 요즘엔 적절한 **학습 환경**(예전엔 '학교'라고 불렀다.)

에서 **학습 과정 동반자**(예전에는 '교사'라고 불렀다.)가 코치의 임무를 다하여 학습 과정을 촉진시킴으로써 학생들의 자질을 자본화할 수 있어야 한다. 능력 지향적 수업의 희생자인 젊은 독자들의 이해를 돕기 위해 부연하자면 '뉴스피크'라는 개념은 20세기가 낳은 중요하고도 훌륭한 작가 조지 오웰이 처음 쓴 용어이다. 위키피디아에 들어가 찾아보라. 그대들 모두 이 기본 자질(정보 찾기)을 자본화했으리라 믿어 의심치 않는다. 하나 더, '빅브라더'라는 말을 만든 사람도 오웰이다. 존 더 몰(John de Mol: 네덜란드의 언론 거물로 빅브라더라는 리얼리티 텔레비전 프로그램을 만들었다.—옮긴이)이 아니다.

이를 통해 학습 과정의 책임은 학생에게로 넘어간다. 네덜란드에는 소위 '학생의 집'이 생겼다. 1998년 이후 네덜란드의 중학생들은 몇 가지 과목에서 전통적인 방식의 수업을 받거나 '학생의 집'이라 불리는 멀티미디어 홀에서 자율학습을 함으로써 학습 목표에 도달할 수 있다. 동시에 이 개념은 새로운 방식의 학습법을 의미하기도 한다. 10년 후 나타날 결과는 사뭇 충격적일 듯하다.

과거의 교육 이념과 비교해보면 차이를 더 심각하게 느낄 수 있다. 과거의 '교육 모델'은 젊은이들이 나이 든 권위자에게 광범위한 지식과 문화를 전달받는 성장 과정에 초점을 맞추었다. 당연히 가치와 규범도 교육 내용을 구성하는 성분이었다. 어른들은 권위를 바탕으로 어린 학생들에게 동기를 부여하고 지식을 전달했다. 그러나 요즘의 자질 모델은 개인을 타인을 이용하여 능력을 키우는 자유로운 경영자로 본다. 신자유주의의 득세는 일상의 언어를 바꾸어 놓은 것은 물론이고 다음과 같은 어법들도 양산했다.* "지식은 인적 자원이다." "경쟁력은 자본이다. 우리 젊은이들은 이런 자본을 획득하고 늘리는 법을 배워야 한다." "학습은 장기 투자다."

정책을 언급하는 문서들에서 '재능'과 '경쟁력'이 거의 늘 동의어로 쓰이고 있다는 사실도 충격적이다. 이 역시 사회진화론과의 유사성을 입증하는 또 하나의 증거이다.

오늘날 교육의 가장 중요한 목표는 '자기관리'와 '기업가 정신'이다. 젊은이는 자신을 미니 기업으로 보아야 하며, 경제적 의미 차원에서 지식과 능력이 처음이자 마지막 심급이다. 이로써 자신의 시장가치를 높일 수 있기 때문이다. 최근에 발행된 일간지 《데 스탄다르트》의 주말판 1면 타이틀은 이러했다. "당신을 잘나가는 브랜드로 판매하라."[22]

이로써 바람직하지 못한 방식으로 원이 완성되었다. 교육을 가치에서 해방시키고 일체의 도덕적 독재를 폐지하려는 노력을 통해

* 이것은 푸코의 작업 방식이다. 특정 사고 모델이나 논증의 권력 및 영향력은 한 부문 혹은 한 전문 분야에서 나온 어떤 개념과 논리가 다른 부문이나 전문 분야에서 사용되는지, 얼마나 자주 그러는지를 조사하면 측정할 수 있다. 위에서 설명한 경우는 경제 용어가 교육은 물론이고 인간관계(관계에 투자한다.), 종교(종교는 미래 보험이다.) 그리고 스포츠와 여가(자기 몸을 관리하는 법) 부문에서도 사용된다. 그런 언어 사용은 결코 중립적이지 않다. 그에 따라 우리의 사고와 행동이, 나아가 우리의 윤리가 결정되기 때문이다.

능력 지향적 수업은 신자유주의 이데올로기를 완벽하게 교실로 끌어들였다. 그러니 이런 교육을 받은 아이들의 입에서 매사 "그래서 무슨 득이 돼요?" "나한테 무슨 이익이 되나요?"라는 질문부터 튀어나온다고 해서 놀랄 이유가 어디 있겠는가. 우리가 전달한 메시지를 정말로 잘 이해한 아이들이니 말이다.

젊은이들이 연대감이라고는 모르는 경쟁적인 개인주의자로 자란다면 이는 경쟁과 개인주의를 장려하는 교육의 결과물이다. 요즘 아이들이 이기적이고 물질만 탐한다고 한탄할 것이 아니라 우리의 교육제도와 교육학이 이걸 얼마나 조장했는지 집요하게 물어야 한다. 주입식 교육의 거부라는 칭찬할 만한 출발점을 제외한다면 이런 생각들은 완전히 틀린 세 가지 가정에서 출발한다. 첫째, 아이들이 알아서 '올바른' 규범과 가치를 체득할 거라는 생각은 틀렸다. 아이들은 주변 환경의 윤리를 받아들인다. 둘째, 가치에서 자유로운 학교가 있을 수 있다는 생각은 망상이다. 모든 형태의 수업은 가치를 전달한다. 이 사실을 깨달아야 한다. 마지막으로 셋째, 권위가 쓸모 없다는 말은 교단에 서본 경험이 없는 사람들의 입에서만 나올 수 있는 말이다.

새로울 것 없는 너무나 당연한 사실인데도, 우리 사회에선 이미 20년 전부터 소위 가치중립적이고 능력 지향적인 교육이라는 꼬리표를 매단 채 신자유주의 사상이 아무런 여과 과정 없이 우리 아이들에게 전달되고 있다. 학교에서 널리 사용되는 언어만 보아도 알 수 있다. 학교의 문서들에도 교육 소비자, 아웃풋 지원, 퍼포먼스 펀딩, 대변, 보고 의무, 벤치 마킹, 이해관계자, 인적자원, 지식 노동자 같은 열쇳말들이 넘쳐난다. 얼마 전에 제출된 네덜란드 예산 계획서도 마찬가지였다. 교육 부문의 방점은 엑설런스(수월성), 최고 교원 성과급, 재능 사냥 같은 개념들에 찍혀 있었다. 이것을 본 교육 단체들이 혹독한 비판을 쏟아냈다. 교육에 대한 거시적 시각이 부족하고, 경제적 측면이 지나치게 강조되며 뒤떨어진 학생들을 너무 도외시한다고 말이다. 하지만 누가 그런 비판에 귀를 기울여줄까.[23] 플랑드르에선 한 걸음 더 나아가 어린이집에서도 '발달 목표'를 정한다. "아이들이 갖추어야 할" 일련의 기본 자질이란다. 최근 내 친구는 어린이집 교사한테서 아이의 '가위 쓰는 능력'이 기준에 못 미친다는 소리를 들었다. 그런 판결은 젊은 부모들의 공포심을 유발시킨다. 이제 곧 유치원생들한테까지 보충수업을 시키게 될 것이다. 오늘날 모든 아동은 최고의 교육을 받아야 한다. 그렇지 않으면 성공을 하지 못한다. 요즘 제일 '핫'한 구호는 '톱(top)'이다. 톱 학교, 톱 교사, 톱 스포츠 종목, 톱 대학…….

동전에는 뒷면이 있다. 이 시대의 동전에도 피할 수 없는 이면이 있다. 실패했다고 생각하는 사람의 숫자가 날로 늘어나는 현실이다. 열 살만 되어도 벌써 실패했다고 생각한다. 그들의 향후 정체성은 패배감 위에 세워진다. 이들이 바로 앞에서 말한 세 번째 청년 집단이다. 성공하고 싶지만 그럴 수가 없다. 요즘 초등학교 운동장에서들을 수 있는 최악의 욕설이 '루저'이다. 이들 중 몇몇은 그나마 저항이라도 해보지만 대부분의 패자들은 불안증에 시달린다. 자폐증상을 보이거나 우울증을 앓거나 자제하지 못하고 물건을 사댄다. 이 아이들을 둘러싸고 있는 교사들 역시 자신을 패자라고 생각한다. 톱 학교에서 톱 학생들을 가르치지 않는 이들은 그냥 일반 초등학교 교사에 불과하다. 엄청나게 서열화되어 있는 교육학 학위 체계에서 맨 아래 위치를 차지한다는 뜻이다.

몇몇 독자는 나의 이런 비판에 머뭇머뭇 동의하면서도 하지만 대안 이 없지 않느냐고 물을 것이다. 지식경제가 경제적 성공의 열쇠이니 능력 지향적 수업이 필요하지 않느냐고 말이다. 나의 대답은 간단명료하다. 아니, 절대 그렇지 않다. 어디를 보아도 우리의 교육 수준은 우려할 정도로 저하되었다. 20년 이상 학생들을 가르쳐 본 사람이라면 누구나 알 수 있다. 자질을 키우려는 온갖 노력에도 하강 추세는 일반 교육 차원뿐 아니라 언어와 수학 같은 '기본 자질'에서도 확인된다. 하긴 아이들의 자질이 떨어진다고 해도 요즘 경제에는 별 타격이 되지 않는다. 의사에서 미장이까지 대부분의 직업이 이제 전문지식을 크게 요하지 않기 때문이다. 어디서나 탈숙련화(de-skillig)를 떠들어댄다. 숙련 기술의 실종을 의미하는 추한 단어이다. 컴퓨터와 기술이 다 알아서 처리해준다. 의사들조차 얌전히 정해진 진료기록을 따라하면 된다. 지금 필요한 것은 너무 비판적이지 않은 중간 정도의 숙련공이다. 신자유주의 사회에선 고도의 자질을 갖춘 졸업생을 배출하는 것이 교육제도의 최우선 과제가 아니다. 교육제도에서 최고의 생산성을 보장하는 과정에 따라 아이들을 훈련시키는 것이 최우선 과제이다. 그래봤자 이 아이들이 훗날 실제로 하는 일들은 대부분 현장에서 배웠지 학교에서 배우지 않았다는 사실을 알아야 한다.

공동체 윤리가 사라진 곳에 계약서가 들어서다

자기 인생의 경영자라는 새로운 정체성에는 새로운 인생 목표도 포함된다. 바로 성공이다. 요즘 청년들의 경우 인사말에도 성공이 들어간다. 시험도, 휴가도, 인간관계도, 직장 생활도 모두 성공해야 한다. 그러므로 "잘 사냐?" 같은 고전적 인사는 상당히 엇길로 새는 질문이다. 잘 사냐? 이 질문은 내심 공동체 생활을 강조하기 때문이다. 반면 성공이라는 개념은 훨씬 더 개인적인 의미를 띤다. 스코틀랜드 도덕철학자 매킨타이어는 이 사실을 공동체 윤리가 개인을 규범으로 생각하는 세계 질서 쪽으로 중심이 이동했다는 증거로 본다. 적어도 겉보기에는 그렇다. 그는 대작 『덕의 상실』에서 무엇보다 도덕적 자유라는 현대의 망상을 강력히 비판한다. 물론 우리는 성직자와 그들이 강제하는 도덕으로부터 자유롭다. 하지만 바로 그래서 아직 자유롭지 않다. 나름의 대사제를 거느린 새로운 도덕이, 자신의 논리를 과학적으로 해석하여 일체의 토론의 싹을 잘라버리기 때문에 전임자보다 더 강제성을 띤 새로운 도덕이 존재하는 것이다. 현대의 계명은 측정 가능한 효율성(measurable effectiveness)이다. 이는 현대의 최고 사제인 경영자들의 만트라이기도 하다. 경영자 다음 서열의 사제는 심리치료사로, 이들의 만트라는 '적응'이다. 적응을 시키기 위해 이들은 독자적 버전의 '등수 매겨 내쫓기' 시스템을 고안하여 이를 교묘하게 사이비 정신병 진단 뒤로 숨긴다. 이에 대해서는 다음 장에서 다루기로 한다.

매킨타이어는 시스템의 효율성이란 도덕적 허구, 동화에 불과하다고 말한다. 허구적 측면은 이중적이다. 한편으로는 신자유주의의 경영이 정말로 목적 지향적인지 도무지 알 수 없다. 여러 경제적 증거로 미루어보건대 현실은 정반대이기 때문이다. 다른 한편으로 '효율성'이라는 개념은 '더 짧은 기간 내에 거두는 이윤'이라는 진짜 규범을 은폐한다. 도덕적 측면은 더 깊은 곳으로 숨어든다. 객관적 증거를 제공한다는 말로 일체의 토론을 허용하지 않는, 그러니 도덕적인 토론은 꿈도 꿀 수 없는 숫자와 통계 자료의 뒤편으로 숨어드는 것이다. 회의는 최신 통계로 무장한 프리젠테이션으로 시작되고, 이러한 통계의 독재 치하에서 후속 조치가 결정된다. 매킨타이어는 도덕적 측면에 이런 이름을 붙인다. 대대적인 인간 조작! 일과 삶을 대하는 방식, 혹은 더 넓은 의미에서 자신과 타인을 생각하는 방식의 조작!

자신과 타인을 바라보는 이런 관점의 기본 사상은 누가 봐도 뻔하다. 성공이 새로운 도덕의 기준이라면 새로운 비도덕적 인간은 실패자이다. 최고의 사제(경영자)가 그의 손을 잡고서 아래 단계의 사제(심리치료사)에게로 데려가서 처리를 부탁해야 한다. 당연히 최대한 효율적이어야 한다. 심리장애마저 체계적으로 정확하게 수치화할 수 있는 경제적 손실액으로 처리되는 것이 오늘날의 씁쓸한 현실이다. 가장 극적인 사례가 2012년 1월 21일자 신문에 실린 작은 기사이다. 플랑드르 사람들의 자살을 경제적으로 환산하면 연간 6억 유로로, "우리 경제에 심각한 위협"이 아닐 수 없다고 쓰여 있었다. 어떻게 그런 사고를 할 수 있을까? 비열한 인간들 같으니라고! 실상은 그와 반대로 우리 경제가 우리 사회의 가장 심각한 위협이지만 안타깝게도 이런 현실을 깨닫는 이는 거의 없다.

하지만 이 모든 것은 만인을 위한 자유와 자율의 이념에서 시작되었다. 앞 장에서도 설명했듯 능력주의 정책도 초기엔 긍정적 결과를 낳는다. 개인은 자기 인생의 경영자로서 자기 노동에 대한 주도권을 쥐고, 보수도 더 많이 받게 된다. 당연히 이런 기회를 베푸신 기업에 대한 충성심도 높아지며 소속감도 커진다. 노동의 만족도도 높아지고, 더불어 책임 의식도 높아진다. 자신의 노동뿐 아니라 기업 전체에 대한 책임 의식이다. 직원들은 기업의 일부이다. 기업은, 학교는, 병원은 그의 기업이자 학교, 병원이기도 하다. 한 시간 정도의 야근쯤은 즐거운 마음으로 감수한다. 다른 말로 하면 수준 높은 도덕이 형성된다. 숭고한 품성과 긍정적 정서가 결합된 이중 의미의 도덕이다. 그런 기업이라면 누구라도 일하고 싶은 곳이다.

그러나 불과 몇 년 안에 상황은 정반대로 돌아선다. 최고의 인력, 즉 가장 생산적인 인력들만 보상을 받는다. 이런 목적을 위해 평가 시스템이 개발되고, 이제 이 시스템이 품질 기준을 하달한다. 이 모든 것은 다시 상당히 빠른 속도로 '하향식 품질 지침서'로 흘러들어가 일체의 자기 주도성을 약탈한다. 창의성과 자율성은 사라지고, 품질 검사와 직원 면담, 회계감사가 도입된다. 그러고 나면 모든 것이 하강곡선을 그리기 시작한다. 자기결정권의 상실은 노동자의 참여 의욕를 떨어뜨리고("어차피 내 말은 듣지도 않아.") 책임 의식을 약화시킨다.("시키는 대로만 하면 손해는 안 봐.") 야근은 마지못해서 억지로, 적절한 보상을 받고서야 하는 것이다. 예전 동료는 기껏해야 같이 '시스템'을 욕하는 남이 되고 최악의 경우 서로를 두려워하는 경쟁자가 된다. 책임 의식뿐 아니라 기업에 대한 충성심도 자취를 감춘다. 결국 낮은 수준의 도덕만 남는다. 이번에도 낮은 수준의 품성이 부정적 정서를 동반하는 이중 의미의 도덕이다. 그런 기업에서 일을 하면 병이 든다.

이런 바람직하지 못한 발전은 과거의 긴장 지대를 대립 지대로 바꾸어버린다. 예전엔 시민과 사회 사이에 권리와 의무의 분할을 두고 역동적인 긴장 지대가 존재했다. 사회는 국민을 보호하고 공적 서비스, 교육 및 의료 서비스를 제공했다. 그 대가로 국민은 독립의 일부를 포기하고 생활을 사회의 법규에 맞추었다. 법규란 모든 것을 포괄하는 공동체 윤리의 형식적 표현이었다. 민주적 시스템은 공익과 개인의 이익을 고려하면서 느리지만 꾸준히 변화를 이루어 내었다.

신자유주의 도덕은 이런 긴장 지대를 간단히 쓸어버리고서 그 자리에 조직과 개인의 대립을 밀어 넣는다. "사회 같은 것은 없다." 이기적 유전자들은 경쟁하는 기업들과 마찬가지로 서로 대립한다. 기업가로서의 개인이 기업가로서의 기업과 대립하는 것이다. 양쪽 모두 레몬의 마지막 한 방울까지 쥐어짜려 하고, 조금도 상대방을 신뢰하지 못한다. 양쪽 중 한쪽, 즉 기업가로서의 개인에겐 문제가 하나 더 있다. 나머지 기업가로서의 개인들 역시 같은 레몬의 마지막 한 방울을 탐한다는 사실이다.

이런 부정적 변화의 영향으로 노동 윤리는 사라지고 공동체 윤리 역시 아주 서서히 자취를 감춘다. 우리 스스로 노동을 결정할 수 없는 이상 책임감도 느끼지 못하는 것이다. 조직의 일부라는 느낌이 없는데 뭐 하러 애쓴단 말인가? 사방에서 자신의 성공이 만물의 척도라고 말하는데, 뭐하러 사회적 의무 따위에 신경을 쓰겠는가? 우리는 타인이 우리에게 기대하는 것과 우리가 타인에게 기대하는 것만 하면 된다. 공동체 윤리의 자리엔 계약서가 들어선다. 점점 더 많은, 점점 더 불합리한 규정들을 담은 계약서다. 그리고 이 모든 일들이 하필이면 규제 철폐를 외치는 시스템에서 일어나는 것이다.

계약서 숫자가 늘어나면서 도덕은 사라지고 카메라의 숫자는 많아진다. 도덕의 발달이라는 측면에서 보면 아동기로의 후퇴이다. 도덕규범은 다시 개인의 외부에만 존재하고, 이걸 확실히 볼 수 있게 만들어야 한다. 안 그러면 아무도 지키지 않기 때문이다. 내면화된 권위는 아무리 찾아도 허탕이다. 때문에 카메라가 필요하다. 어른들에게도 어린아이처럼 물질적 보상(어린 시절의 과자), 인센티브로 유혹해야 규칙 준수를 호소할 수 있다. 하지만 어른이나 어린아이들이나 이런 식의 유혹은 긍정적 효과보다는 부정적 효과(돈을 먹고 튀어라!)가 더 큰 법이다.

노동에서 결혼까지, 교육에서 심리치료까지, 오늘날 거의 모든 인간관계가 계약을 통해 규제된다면 정말 나쁜 징조이다. 잘 모르는 독자들을 위해 잠깐 설명하자면, 요즘엔 심리치료사들도 정말 다루기 힘든 청소년이나 정신질환자들과 '계약'을 체결한다. 마치 종이에 서명만 하면 절도와 게으름, 과식을 막을 수 있다는 듯이. 미래의 국민을 계약으로 규제해야 하는 사회란 얼마나 깊이 병든 사회인가?

개인과 조직 간의 부정적 사이클

서유럽 교육 체제의 개혁은 새로운 노동조직의 도입과 나란히 진행되었다. 합병으로 점점 몸을 불린 기업들은 점점 더 많은 경영인을 원했고 평가 가능한 개인별 능력에 중점을 두는 효율적 "인적자원 전략"을 필요로 했다. 앞에서도 말한 바 있듯 능력주의 체제의 초기 장점들은 시간이 가면서 정반대로 돌아섰다. 자신의 노동을 스스로 결정할 수 있다는 느낌과 한 조직의 일부라는 소속감은 무기력과 개인주의로 방향을 선회했다. 이는 윤리적 차원에서도 기이한 발전을 낳았다. 초기 단계에선 인간을 독자적인 결정을 내릴 수 있는 신뢰할 수 있는 성인으로 취급했다. 그러나 이젠 모든 사람들이 외부 규칙에 따라야 하며, 어떤 것에도 영향을 미칠 수 없이 계속 통제를 받아야 하는 어린아이처럼 느낀다.

권력 없는 책임은 반드시 실패할 수밖에 없는 공식이다. 그런데 바로 이런 상황이 닥친 것이다. 노동심리학적 동기 연구를 통해 우리는 그런 식의 사고는 반드시 부정적 결과를 몰고 오며, 직원의 참여와 동기, 기쁨뿐 아니라 노동의 질 역시 떨어뜨린다는 사실을 잘 알고 있다. 정보사회가 아직 미래의 노래였을 당시엔 기업 정책이란 경영진이 지시하는 것이었고 여기서 나온 계획들 역시 중앙에서 여러 지사로 전달되었다. 그러니까 위에서 아래로 내려왔다는 말이다. 하지만 이 과정은 몇 달씩 걸렸고 이 과정에서 각 지사 및 단계에서 함께 생각할 수 있다는 장점이 있었다. 이렇게 여러 단계를 거치면서 계획은 보다 일터의 현실에 맞게 변화되었는데도 이 사실을 중앙에서는 전혀 알지 못했다. 실무를 여러 차원에서 담당했고, 이 역시 계획의 품질과 참여자들의 동기에 유익하게 작용했다. 그러나 요즘엔 중앙의 결정이 제일 아래 단계까지 전달되는데 채 2주도 걸리지 않는다. 그나마 중간 차원은 완전히 배제된다.[24] 이들은 그저 다른 곳에서, 대부분 외부 '자문위원'과 협의를 통해 결정된 프로그램을 지시받아 단순히 실행에 옮기는 실무자들에 불과하다.

능력주의를 통해 크게 고무되었던 소속감은 이제 완전히 실종되었다. 더구나 노동 인력을(기업 안에서도) '프로젝트'별로 고용하기 때문에 계약 연장의 희망을 품고 다들 처음부터 서로 경쟁을 벌여야 한다. 이런 시스템은 제한된 숫자의 '승자'에게만 보상을 하기 때문에 어쩔 수 없이 공포("이러다 잘리면 어떻게 하지?")와 질투("분명이 저 인간이 뽑힐 거야.")를 불러온다. 당연히 팀 정신은 실종된다. 전형적인 증상을 '팀 빌딩'에서 찾을 수 있다. 팀 정신을 키우자고 주말마다 특별 서바이벌 프로그램을 개최한다. 이 얼마나 기막힌 아이러니인가! 연대감 대신 보편적 불신이 지배하다 보니 충성심과 소속감마저 고용주가 투자를 해야 얻을 수 있게 되어버렸다. 팀 정신의 실종은 축구 경기장까지 점령했다. 한때 축구라면 정신을 못 차렸던 벨기에의 루이스 토바크(Louis Tobback) 장관은 이런 말을 한 적이 있다. "축구장에서 열한 개의 주식회사가 뛰어다닌다. 선수들의 머릿속엔 한 가지 생각밖에 없다. 다음 시즌엔 어디로 가야 더 많은 돈을 벌 수 있을까?"

이렇게 하여 신자유주의 능력주의는 보편적 이기주의라는 애초의 출발점으로 돌아온다. 이 지점에서 아주 특이한 변명이 등장한다. 달림플 같은 포퓰리스트들의 주장을 믿고서 많은 사람들이 지난 시대의 복지국가와 연대 원칙에 손가락질을 해대는 것이다. "부당 이득을 취한 자"와 "이기주의자"의 숫자가 점점 늘어나는 원인이 다 복지국가 때문이라고 말이다. 하지만 돈 벌기에만 급급하고 이기주의가 팽배한 이 현실은 자신의 이익만 생각하고 남은 배려해줄 필요도 없고, 심지어 남을 희생시켜도 된다고 가르치는 사회에서 원인을 찾는 것이 심리학적으로 더 올바르다. "한 번 사는 인생, 뭐 어때!" 이런 식으로 가르치는 사회가 문제다.

공익을 먼저 생각하는 공동체 윤리가 실종되면서 등장한 새로운 도덕적 기준은 순수 공리주의 성격을 띤다. 모든 것은 생산, 성장, 이윤의 개념으로 측정된다. 이를 위해 모든 조직이 쉬지 않고 평가를 실시해야 하니 순식간에 평가가 통제로 변질된다. 모든 개인은 예외 없이 의심을 받는다. 다들 자기 이익만 생각하기 때문이다. 조직의 꼭대기에도 자기 이익을 먼저 생각하며, 따라서 더욱더 의심스러운 개인이 앉아 있다. 이들 역시 통제와 평가의 대상이다. 물론 누가 이들을 평가할 것인가라는 의문이 떠오른다. 그런 사회에 과거의 권위가 남아 있을 리 만무하다. 권위는 익명의 조직에 자리 잡은 관료주의적 권력으로 대체된다.

거의 모든 직원이 권리를 박탈당했다고 느끼면서 조직과 더 거리를 취하게 된다. 그리고 사실상 모두가 넘쳐나는 규칙과 감시 체제를 피하려고 최대한 노력한다. 사실 그게 어려운 일도 아니다. 감시 및 평가 체제의 보급과 비례하여 위조 가능성도 높아진다. 따라서 평가 결과를 점점 더 믿을 수 없게 되고, 다시 더 강력한 감시 및 통제가 필요해진다. 순식간에 공포와 불신의 분위기가 확산되는 것이다.

개인과 조직 간에도 부정적 사이클이 형성되고, 이는 점점 더 큰 불신으로 이어진다. 몇 년만 지나도 노동 윤리는커녕, 도대체 윤리 자체가 종적을 감춘다. 대신 계약이 사방에서 체결된다. 이런 체제가 실패할 수밖에 없다는 것은 우리 사회에 만연한 증상만 보아도 쉽게 예상할 수 있다. 어디를 둘러보아도 사방에 CCTV가 있다. 계약사회와 비디오를 통한 감시, 이 두 가지야말로 불행한 공동체의 특징이니까 말이다.

새로운 인성의 특징

능력주의를 추구하는 신자유주의는 시스템을 유지하기 위해 특정한 인성 특징에 상을 주고 나머지 특징에는 벌을 준다. 플랑드르 주간지 《크낙》의 칼럼니스트인 코엔 묄레나레(Koen Meulenaere)는 출세를 원하는 사람이라면 반드시 갖추어야 할 몇 가지 특성을 이렇게 요약했다.

일단 말을 잘해야 한다. 그래야 많은 사람을 내 편으로 만들 수 있다. 이런 만남이 피상적이긴 하지만 요즘엔 대부분의 인간관계가 그렇기 때문에 크게 신경 쓸 필요가 없다. 이처럼 느슨한 만남에서는 무조건 자기 능력을 자랑해야 한다. 엄청나게 많은 사람을 알고 있다고, 이런저런 직책을 맡았다고, 대규모 프로젝트에 참가했다고 침을 튀기며 자랑을 늘어놓아야 한다. 나중에 허풍으로 밝혀지더라도 이 역시 또 하나의 능력이니 염려할 것 없다. 설득력 있게 거짓말을 잘하는 것도 능력이니까 말이다. 죄책감 따윈 느낄 필요가 없다. 그러니 자신의 행동에도 절대 책임을 지지 않는다. 일이 잘못되면 항상 남 탓이다. 심지어 남 탓이라고 다른 사람들이 믿게 만들 수도 있어야 한다. 일이 뜻대로 풀리지 않을 땐 효과가 입증된 도구적 폭력을 사용한다. 여기서 '도구적'이란 '합리적'이란 말과 같은 뜻이다. 감성 같은 통속적인 것에 흔들리지 말고 폭력 사용을 정당화한다. 감정 따윈 느끼지 않는다. 하지만 감정이 있는 척 꾸미는 것도 성공의 고정 레퍼토리이다. 나아가 유연하고 충동적이어야 하며 항상 새로운 자극과 도전을 쫓아야 한다. 모험에도 과감하게 뛰어들어야 한다. 물론 그 모험이 깨뜨린 도자기의 파편은 남들이 치우게 한다.

이 멋들어진 목록이 어디서 나왔는지 알고 싶은가? 출처는 바로 사이코패스 핸드북이다.[25] 뮐레나레의 설명은 당연히 캐리커처식이고 따라서 과장이 심하다. 그럼에도 현재의 경제위기는 신자유주의의 능력주의가 인간에게 미치는 영향력을 거시적 차원에서 잘 보여주는 구체적인 사례라는 설명은 타당하다. 연대감은 희귀한 물건이 되어버렸다. 대신 남들보다 더 많은 이윤을 올리는 것만 생각하는 한시적 동맹이 자리 잡는다. 논리적으로 보아도 동료와 심도 깊은 인간관계는 맺을 수가 없다. 기업이나 조직과의 정서적 결합 역시 불가능하다. 어린 학생들 사이에서나 일어나던 왕따가 이제는 모든 일터에서 목격된다. 자신의 절망을 약자에게 쏟아붓는 무력함의 전형적 증상이다. 심리학에서는 이를 치환된 공격성(displaced aggression)이라고 부른다. 실패할지 모른다는 공포가, 혹은 더 넓은 의미에서 너무나 위험한 타인들에 대한 공포가 사람들의 잠재의식에 자리를 잡은 것이다.

줄어드는 자율과 늘어나는 종속, 계속해서 변하는 규칙은 세넷이 노동자의 '유아화'라 부른 현상의 원인이다.[26] 어른들도 어린아이처럼 갑작스럽게 터져 나오는 분노를 다스리지 못하고 아무것도 아닌 사소한 일에 질투를 느끼며("옆자리 동료는 의자를 바꿔주더니 왜 내 의자는 안 바꿔주는 거야?"), 입만 열면 거짓말이 튀어나오고 한 치의 망설임도 없이 위조와 조작에 참여하며, 남이 못되면 고소해하고 잘되면 복수심에 불탄다. 내가 볼 때 이 모든 것은 독립적 사고와 행동을 가로막는 체제의 결과이다. 어른을 아이 취급 하면서 어른처럼 행동하기를 기대할 수는 없는 법이다. 더구나 도피의 가능성이 거의, 전혀 없는 상황이라면 말이다.

자기존중이 공격을 당하면 문제는 더 심각해진다. 자기존중은 대부분 타인의 인정에서 얻는다. 헤겔에서 라캉에 이르기까지 중요한 사상가들 모두가 주장했던 바이다. 헤겔은 타인의 인정이 자의식의 기초라고 말했다. 라캉은 "이게 너야.(Tu es cela.)"라는 타인의 말이 정체성 발달의 출발점이라고 본다. 그 뒤편에는 타인이 나를 더 이상 필요로 하지 않을지 모른다는 공포가 잠재의식으로 숨어 있다. "날 떠나고 싶나요?" 세넷이 현대의 노동자들은 "누가 날 필요로 하나?"라는 질문을 던진다고 말했을 때도 아마 무의식적으로 같은 생각을 하고 있었을 것이다. 안타깝게도 "아무도 당신을 필요로 하지 않는다. 당신은 잉여인간이다."라는 대답을 듣게 될 사람들이 날로 늘어가고 있다.[27]

그러므로 모두가 노력만 하면 성공할 수 있다고 외쳐대는 사회에서는 굴욕감과 죄의식, 수치심을 안고 살아가는 사람들이 점점 더 늘어난다. 죄의식은 상황을 내가 좌우할 수 있다고, 실패를 막을 수 있다고 스스로를 설득하려는 노력이다.(이것을, 저것을 했더라면……) 진실은 그게 아니다. 진실은 더 단순하다. "당신은 중요하지 않다!"[28]

무기력한 자유로움

신자유주의 능력주의는 성공이 노력과 재능에 달려 있다고 사기를 친다. 모두가 모든 것에 책임을 지기에 정부는 각자에게 최대한의 자유를 허용하여 이들이 성공할 수 있게 해야 한다고 말이다. '원하는 자에게 불가능이란 없다!(Nil volentibus arduum.)' 무한한 선택 가능성이라는 멋진 동화를 믿는 자에게 자기관리 및 자기경영은 뛰어난 정치적 메시지이다. 적어도 그 안에 숨은 매력적인 자유사상은 멋지기 이를 데 없다. 하지만 그 문장 옆에 다른 라틴어 문장을 가져다 놓으면 매우 재미난 현상이 발생한다. 바로 마테오가 달란트 이야기를 꺼낼 때(불가타 성서 번역본) 나오는 문장이다. '그의 주인이 그에게 말했다.(Vocavit servos suos.)' 그럼 전체 문장은 이렇게 바뀐다. 원하는 자에게 불가능은 없다고 그의 주인이 그 에게 말했다.

요즘 유행하는 소위 '자기관리' 뒤편에는 푸코가 말한 대로 '영원한 경제 법정'이 숨어 있다.[29] 푸코가 보기에 우리에겐 강요된 '생정치(biopolitics)'를 반대할 이유가 전혀 없는 거나 마찬가지이다. 여기서 생정치란 사랑에서 시작하여 교육, 음식, 주거를 거쳐 의료 및 심리적, 사회적 서비스에 이르기까지, 언론에서 환경에 이르기까지 생명(bios)의 모든 측면을 통제하는 정치이다. 설명을 잘 살펴보면 푸코가 말한 정치란 분명 현재의 신자유주의 경제체제를 의미한다. 원래 의미의 정치와는 거의, 아니 전혀 관련이 없다. 다음 장에서 나는 이 생정치의 중요한 특징들을 살펴보겠다. 정체가 확실한 권위가 사라지면서 등장한 훈육의 기제, 눈에 보이지 않기에 모든 영역을 손아귀에 넣는 통제에 관해 살펴보기로 한다.

만들 수 있고 향상시킬 수 있는 인간이라는 관념과 더불어 자유는 현대가 주장하는 최대의 거짓말이다. 사회학자 바우만은 우리 시대의 역설을 아주 정확히 짚어냈다. "이렇게 자유로웠던 적은 없었다. 그리고 이렇게 무기력하게 느꼈던 적도 없었다." 과거와 비교해보면 우리는 매우 자유롭다. 종교를 비방할 수도 있고(이슬람교와 유대교를 조심해!), 성적으로도 예전에 금지되었던 모든 행위를 시험해볼 수 있다. 게다가 정치적 입장도 개인의 선택이다. 우리는 모든 일을 해도 좋다. 그것이 전혀 중요하지 않기 때문이다. 이런 종류의 자유는 진정으로 중요한 것은 전무하다는 사실에 기초를 두고 있다. 하지만 일상에서는 불합리한 온갖 규제가 넘쳐난다. 빵에 들어가는 나트륨 함량에서 양계 허가에 이르기까지 모든 것이 아주 세밀한 부분까지 규제를 받는다.

눈에 보이지 않는 이런 족쇄는 두 번째 거짓말, 즉 계발할 수 있다는 거짓말을 조금 더 자세히 들여다볼 경우 더욱 성가시게 느껴진다. 소위 우리의 자유란 한 가지 조건을 달고 있다. 성공하는 것이 우리의 의무이며, 우리는 성공해내야 한다는 조건 말이다. 이것이 자아실현의 유일한 길이다. 타고난 바의 윤리적 완성을 의미하는 아리스토텔레스의 자아실현은 여기서 매우 현대적으로 해석된다. 성공 스토리 너머에 자리 잡은 다른 형태의 자아실현을 선택할 자유는 지극히 제한돼 있다. 이 사실을 입증하는 사례는 수없이 많다. 대학을 나왔음에도 부모 역할에 집중하고자 회사를 그만두는 남녀는 참 딱한 사람들이다. 자신이 좋아하는 일을 하기 위해 승진을 거부하는 사람은 바보천치다. 그 일이 성공가도를 닦아주는 일이 아니라면 말이다. 어린이집 교사가 되겠다는 딸에게 부모는 경제학과 진학을 권유한다. 어린이집 선생이라니, 이 무슨 시답지 않은 소리인가!

2장에서 나는 규범과 가치의 상실을 한탄하는 목소리들을 언급했다. 이런 주장은 쉽게 반박할 수 있다. 예전의 규범과 가치, 예전의 윤리는 실제로 사라진 것이나 진배없다. 그리고 우리 대부분은, 어쨌든 초기에는 그것을 해방으로 느꼈다. 하지만 어느새 우리는 이런 규범의 실종을 위협으로 느끼게 되었다. 그런데 특이하게도 두 경우 모두에서 윤리를 우리에게서 떨어져 나간 것, 따라서 우리가 '소유'할 수 있고 '상실'할 수 있는 덕목으로 해석한다. 2장에서 나는 이런 시각이 수백 년 동안 우리 사회를 지배하면서 인간과 신의 초월적 관계를 탄생시킨 기독교 윤리의 영향이라고 설명했다.

그에 따르면 규범과 가치는 인간 바깥, 즉 신에게서 온다. 우리는 이제 그 신과 함께 '그' 윤리도 폐기해버린 것이다. 하지만 이런 생각은 틀렸다. 규범과 가치는 우리 정체성의 일부이기 때문이다. 우리는 가치를 '상실'할 수 없다. 기껏해야 바꿀 수 있을 뿐이다. 그리고 정확히 그런 일이 일어났다. 변화된 사회는 다른 윤리를 가진 변화된 정체성의 거울이다. 새로운 규범의 이름은 효율성이고 목표는 물질적 이익이며, 덕목은 소유욕이다.

이런 논리로 보면 고객이 뻔히 손해볼 줄 알면서도 보너스를 챙길 목적으로 고객에게 어떤 상품의 가입을 권하는 은행 직원, 규칙에 어긋나지 않는다는 논리를 들며 위조한 비용 내역서를 제출한 의원, "네가 벌지 못하면 빼앗아라.(If you can't make it, take it.)"라는 슬로건을 치켜들고 런던 가게들을 약탈했던 젊은이들에겐 하등 다른 점이 없다. 사실 이런 짓거리는 우리 스스로 일상에서 소소하게 저지르고 있는 일들이 비대하게 자란 기형적 행위일 뿐이다.

새 윤리의 윤리적 수준은 얼마나 높을까? 이런 말 자체가 이미 질문의 순환적 성격을 드러낸다. 서로 다른 윤리 체제를 평가할 객관적 기준은 없다. 실제로 많은 사람들이, 특히 앵글로색슨의 세계에서 신자유주의 윤리를 열렬히 환영한다. 그중에서도 에인 랜드가 쓴 소설 『아틀라스』의 영웅적 버전이 제일 인기가 높다. 이 소설이 미국에서 성경 다음으로 잘 팔리는 책이 된 것은 우연이 아니다. 미국에선 그런 식의 사고방식의 전통이 깊다.

1926년 필라델피아의 증권거래소에서는 15초에 한 번꼴로 아주 잠깐 광고판이 나타났다 사라졌는데 이런 글귀가 쓰여 있었다. "당신의 돈 100달러가 또다시 나쁜 유전자를 갖고 태어난 인간들을 보살피는 데 지출되었다. 정신병자, 정신박약자, 범죄자, 다른 취약계층이다." 이 순서를 눈여겨봐두자.[30]

윤리 시스템의 가치를 객관적으로 평가하기란 정신병 진단의 가치를 평가하는 일만큼이나 어렵다. 그리고 다음 장에서 살펴보겠지만 이 둘은 서로 밀접하게 연관되어 있다. 그렇지만 윤리 문제에는 자연법 같은 요소가 있다고 항의할 독자들도 많을 것이다.[31] 이에 대해 의견을 개진할 자격이 나한테 있는지는 모르겠지만 나는 우리 행동의 진화론적 기초를 깊이 확신하는 사람이다. 우리의 유전자에는 두 가지 상반되는 기본 행동 모델이 숨어 있다. 하나는 매우 이기적이어서 분배와 지배를 추구하며, 다른 하나는 매우 이타적이어서 주고받기에 역점을 둔다. 앞서 4장에서 설명했듯 드 발은 연구를 통해 이 두 모델 중 어느 쪽이 우선권을 쥐느냐는 환경에 달려 있다고 주장한다. 현재는 이기적인 쪽이 승리를 거두고 있다.

현재의 경제체제는 우리의 가장 나쁜 측면을 지원하고 있다.

7

장애를 대량생산 하는 사회

심리학자들은 왜 모두 의사가 되려고 하나

한 세대의 망막을 불태웠던 영화들이 있다. 1975년에 나온 「뻐꾸기 둥지 위로 날아간 새」도 그런 영화 중 하나이다. 이 작품은 당시 정신병원에 만연하던 문제들을 불과 두 시간 동안 하나도 빼놓지 않고 다루었다. 사회적 일탈 행동은 무조건 정신병으로 낙인찍어버리는 믿을 수 없는 진단, 강제 치료, 과도한 약품 처방, 나아가 뇌수술(lobotomy, 뇌엽절리술)에 이르기까지 정말로 온갖 문제들이 등장한다. 그로부터 10여 년이 흐른 후 새내기 교수가 된 나는 학교로부터 임상심리 진단 수업을 맡으라는 '청천벽력' 같은 통고를 받았다. '청천벽력'이라는 표현이 딱 맞는 말이다. 당시의 교수들 중 누구도 이 과목을 가르치려고 하지 않았기 때문이다. 반(反)정신의학(antipsychiatry: 1960년대 이후에 나타난 정신의학의 한 가지 입장으로 대표자로는 랭(R.D. Laing), 쿠퍼(D. Cooper), 사즈(T. Szasz), 마노니(M. Mannoni) 등이 있다. 종래의 질병론이나 개인 측면이 아닌 사회정치적 측면에 중점을 둔다.—옮긴이) 운동의 물결을 타고 여러 과학 연구들이 당시의 정신병 진단이 대부분 신뢰할 수 없는 수준이라는 사실을 입증했다.(동일한 환자를 두고 여러 명의 의사가 상이한 진단을 내렸다.) 이러한 진단들의 생물학적인 토대도 대부분 공상적인 것이었다. 향정신성 약품의 처방도 너무 과다했고, 치료 역시 대부분 강제 적응에 초점을 맞추었다. 이런 문제점들은 당시의 문학, 영화, 언론 보도의 소재가 되어 여기저기에서 자세히 소개되기도 했다.

30년이 넘는 세월이 흐른 지금 세계적으로 가장 널리 사용되는 정신장애 진단의 지침서인 미국 『정신장애 진단 통계 편람(*DSM*)』은 개정판이 나올 때마다 놀라울 정도로 추가 항목이 늘어난다. 2판에선 180개에 불과하던 정신장애 항목이 3판에선 292개로, 4판에선 365개로, 5판에선 무려 500개로 늘어났다. 같은 시기에 정신병의 꼬리표가 붙은 사람의 숫자도 크게 증가했다. 그러나 학자의 입장에서 볼 땐 이 꼬리표들은 별 설득력이 없다. 대부분의 진단은 단순한 체크리스트에 따라 내려진 것이다. 해당 장애에 신경생물학적 원인이 있을 거라는 주장 역시 과학적 사실이라기보다는 제약업체의 광고 슬로건으로 생각된다. 모든 공식 통계가 향정신성 약품의 폭발적 사용 증가를 입증한다. 심리치료의 임무는 사회적 규범에 강제로 적응시키는 쪽으로 심하게 이동했다. 아마 치료보다 훈육이 더 적절한 표현으로 느껴질 것이다.

그렇다고 해서 우리가 예전에 있던 곳으로 다시 돌아온 것은 아니다. 절대로 그렇지 않다. 오히려 30년 전이었다면 당연히 비판을 받았을 방향으로 더 떠밀려왔다. 하지만 당시와 비교해 저항이 너무나 적다. 당시에도 저항의 주체는 전 세계의 정신의학자들이 주도하는 반정신의학이었고 오늘날에도 소리 높여 비판하는 이들은 정신의학 전문가들과 심리학자들이다. 이 한줌의 (비판 정신의학과 비판 심리학) 전문가들, 과학 전문 기자들이 열심히 경고음을 울려대지만 지금껏 들어주는 이는 별로 없다. 그것만이 아니다. 사이언톨로지 같은 의심스러운 운동이 정신의학의 현 상황을 비판하면서 많은 전문가와 학자들이 최근의 반정신의학 운동에 함께하려는 마음을 접었다. 훨씬 더 중요한 사실은 그때와 달리 환자들의 저항도 너무나 적다는 것이다. 오히려 반대다. 허겁지겁 온갖 꼬리표를 몸에 달고 싶어 한다. 정신과를 처음 찾게 된 계기도 약간의 인터넷 서핑 후 스스로 내린 진단이다. "우리 아이가 ADHD(주의력결핍과잉행동장애)예요." "제 증세가 우울증입니다." 그러고는 특정 약품을 처방해 달라고 힘주어 부탁한다.("인터넷으로 찾아보니 이 경우엔 X가 제일 잘 듣는다더군요."). 또 놀랍게도 대부분의 젊은 의사들은 물론 대학교수들까지도 이런 장애의 신경생물학적이고 유전적인 배경을 실제로 입증할 수 있다고 확신한다. 이들은 DSM 역시 대부분 신뢰할 수 있다고 생각했다. 대체 왜 그럴까?

질병 모델이라는 지배적 패러다임

좁은 의미의 의학 부문에서 증상을 꼬치꼬치 캐묻는 이유는 숨은 질병의 정체를 확인하기 위해서, 즉 진단이 목적이다. 실제로 그렇게 하여 정확한 진단을 내리는 경우도 적지 않다. 오늘날 우리에겐 믿을 수 있고 타당한 의학 진단이 존재하니까 말이다. 여기서 "믿을 수 있다"는 말은 여러 의사가 동일한 증상을 듣고 동일한 진단을 내린다는 뜻이다. "타당하다"는 말은 하나의 진단이 반드시 실제로 존재한다는 뜻이다. 정신의학에서는 문제가 약간 더 복잡하다. 정신의학에는 서로를 적대시하는 두 학파가 있다. 정신의학의 역사는 이 두 학파가 번갈아가며 권력을 장악한 역사이다.

한쪽은 여러 환자들의 똑같아 보이는 증상과 행동도 매우 다른 의미와 기능을 가질 수 있다는 입장(생물심리사회학적(biopsychosocial) 입장)이다. 따라서 진단 시에 보다 넓은 환경을 고려해야 하며 항상 상세한 보고서 형식을 취해야 한다. 특정 환자의 특성과 특수한 환경에 많은 부분을 할애한 보고서 말이다. 치료를 할 때도 항상 이 특성을 고려해야 한다.

반대쪽은 의학적 모델, '질병' 모델이다. 정신병 증상은 신체적으로 진행되는 더 심층적 과정의 표현이며, 환경은 기껏해야 해당 과정을 드러나게 만드는 하나의 요인에 불과하다. 따라서 환자가 달라도 정신병은 항상 동일하므로 동일한 진단을 내릴 수 있다고 본다. 치료는 모든 환자에게 동일한 원칙을 적용하는 편람 모델에 근거하여 실시한다. 그리고 필요할 경우 이를 "지침위반에 관한 지침"으로 보완한다.(농담이 아니다!)

오늘날 정신의학계는 질병 모델이 권력을 잡았다 할 수 있다. 물론 큰 소리로 질병 모델을 주장하기보다는 '장애' 같은 모호한 표현을 더 좋아하지만 말이다. 개념이 모호해야 (어쨌든 미국에서는) 소송을 피할 수가 있다.* 질병 모델이 권력을 쥔 쪽이라는 사실은 용기 있게 다른 주장을 입에 올린 사람에게 어떤 반응이 돌아오는지를 보면 잘 알 수 있다. 과잉행동증후군은 환경으로 인해 생긴 장애인가? 자폐는 심리적 장애인가? 조현병은 인간관계가 낳은 장애인가? 이런 의문을 제기하는 사람에게 돌아오는 것은 잘해야 동정 어린 시선이다. 대부분은 공격적인 반응이 돌아온다. 그러니 이 질문에는 순수 학문적 측면 이상의 무언가가 숨어 있으리라는 짐작을 누구나 할 수 있다. 이에 대해선 조금 있다 살펴보기로 한다.

그런데 이 질병 모델을 정신의학에서 실제 적용할 때는 이상한 이동 현상이 일어난다. 예를 들어 집중력 저하와 행동 과잉 같은 증상이 질병으로 해석되는 것이다. 그런데 약어를 사용해 이 사실을 은폐하거니와, 그사이 이런 식의 진단법이 너무나 일상화되다 보니

* 트뤼디 데휘어는 영어권의 모든 상업 웹사이트에는 심리장애의 유전적 원인과 신경생물학적 과정에 관한 정보가 뜨는데 한결같이 가정법을 쓴다고 일러주었다. 입증 가능한 과학적 증거가 부족한 탓이지만 그보다는 사실이라고 밝힐 경우 오도했다는 이유로 소송을 당할 수 있기 때문이란다.

애써 노력하지 않으면 이것이 사이비 해석이라는 사실을 알아차리기가 쉽지 않다. 예를 하나 들어보자. 이 질병 모델에 따르면 열이 높고(HF) 땀을 많이 흘리는(SS) 사람은 HFSS라는 진단을 받는다. 즉 그 가엾은 사람이 고열과 과도한 땀 분비에 시달리는 이유는 그가 HFSS이기 때문이라는 것이다. 또 어떤 사람이 주의력이 떨어지고(AD), 행동이 과잉(HD)인 이유는 그가 ADHD이기 때문이다. 이렇듯 현대식 버전의 질병 모델은 늘 과학적 설명이라는 환상을 심어주는 순환논법에 사로잡히게 된다.[32] "ADHD 환자는 학 교에서 주의력이 부족하다." "조울증 환자는 감정기복이 심해 변덕을 많이 부린다." 같은 말이 그 증거이다. 증상의 설명을 한 현상의 원인처럼 제시하고, 다시 약어를 통해 이 사실을 은폐하는 것이다. 한 가지 예를 더 들어보자. 누군가 주기적으로 화가 난다면 그 원인은 IED이다. IED란 Intermittent Explosive Disorder의 약어이다. 그러니까 누군가가 주기적으로 화를 내는 이유는 간헐적 폭발성 장애를 앓기 때문인 것이다. 이런 비판에 대한 답변도 그런 표현들은 극히 드물게 사용되며, 학술 용어는 정확하고 철저한 연구에 바탕을 둔다는 진부한 수준으로 제시된다. 어쨌든 이 답변이 옳은지 알고 싶다면 두 가지 질문을 던져야 한다. 첫째는 표면적 차원, 즉 관찰과 진단의 차원에서 특정 증상이나 행동 방식을 어떻게 동일한 장애로 분류할 수 있는지 질문해야 한다. 이런 분류에 모두 동의하여 모든 의사가 이를 근거로 특정 환자에게 동일한 진단을 내릴 수 있을까? 둘째 그 아래 숨겨진 원인과 관련하여 이런 증상 분류의 원인으로 지목한 신경생물학적 과정과 유전적 인과성의 증거를 요구해야 한다.

첫 번째 질문에 대해, 특정 증상이나 행동방식을 하나의 장애로 분류하겠다는 결정은 대부분 자의적이며 따라서 논쟁의 여지도 너무 많다. 앞에서 언급한 대로 DMS의 개정판이 나올 때마다 진단 숫자가 폭발적으로 늘어난다는 사실이 바로 이런 방향을 가리킨다. 이 문제를 상세히 다루기에는 지면이 넉넉하지 않다. 그렇지만 2007년에 나온 크리스토퍼 레인의 『만들어진 우울증—수줍음은 어떻게 병이 되었나』는 잠시 언급하고 넘어가야겠다. 레인은 DSM 발행인의 복잡한 문서실에 출입 허가를 받은 최초의 인물이었다. 더불어 문서실 관계자와 편지도 주고받았다. 연구 결과는 충격적이다. 하나의 장애를 편람에 포함할지, 포함한다면 어떤 형태로 할지는 학술적 측면보다 이해집단의 입장에 달려 있다. 다섯 번째 개정판을 앞두고 이들 집단은 현재 격렬한 논쟁을 벌이고 있다. 각자의 시각이 반영되기를 바라기 때문이다. 그러니까 하늘 아래 새로운 것은 없는 법이다.

이 편람을 세계보건기구(WHO)에서 발행하는 국제질병분류(ICD)와 비교해보면 그야말로 입이 딱 벌어진다. DSM을 기준으로 삼으면 ICD보다 ADHD 진단이 두 배는 더 많아진다. 이유는 한 가지이다. ICD가 증상을 다르게 분류하기 때문이다. ICD를 따르면,

ADHD 진단을 내리기 위해 서는 집중력 장애와 과잉 행동을 모두 갖추어야 하지만 DSM의 경우는 둘 중 한 가지 증상만 있으면 된다. 어떤 분류법을 선택하느냐에 따라 똑같은 아이가 장애일 수도 아닐 수도 있다. 당연히 약을 먹어야 할지 말아야 할지도 결정된다. 과학적으로 볼 때, 온화하게 표현해도 참 기이한 현상이다. 더구나 그 기준이란 것도 정기적으로 변한다. 물론 항상 확장의 방향으로 나아간다. 결국 해당 범주들은 점점 더 모호해지고 점점 더 많은 사람들이 약을 먹게 된다. 대표적인 사례가 자폐이다.

첫 번째 질문은 증상의 명확한 분류와 이에 대한 학자 및 의사들의(존재하지 않는) 합의를 다루었다. 두 번째 질문은 원인 규명과 관련된다. 현재는 신체적, 그러니까 유전적, 신경학적 과정이 병을 유발한다는 확신이 지배적이다. 어떤 증상을 특정 범주로 분류하는 일부터가 얼마나 어려운지를 아는 나로서는 이런 의문이 든다. 자의적으로 분류한 증상이 실제로 하나의 정확한 특정 장애로 분류될 수 있다는 확신이 없다면 그 아래 숨은 신경생물학적 과정과 유전적 원인은 어떻게 확인할 수 있단 말인가? 예를 들어 같은 ADHD 진단을 받은 아이들 사이에서도 격차가 너무나 크다는 사실이 늘 확인된다. 그런 아이들 집단을 동종으로 보는 연구 결과를 과학적으로 공격할 수 있을 정도로 격차가 크다. 당연히 신체적 원인에 대한 설득력 있는 증거를 찾을 수가 없다.

오해를 피하기 위해 한마디 덧붙이자면, 연구 결과들은 당연히 있다. 심지어 상당히 많다.[33] 하지만 거의 모든 결과들을 반박할 수 있다. 이유는 아주 간단하다. 연구 대상이 된 모든 집단들이 다양한 문제를 가진 다양한 사람들이기 때문이다. 이들을 많건 적건 자의적으로 하나의 단위로 묶은 것이다. 고열과 발한으로 괴로워하는 모든 사람을 동일한 병상의 동질 집단으로 보고 연구하는 식이다.

그러므로 현대 심리 진단의 타당성, 그러니까 진단이 현실에서 확실히 재확인될 수 있는 하나의 질병을 지칭하는 정도는 매우 낮다는 결론을 피할 수가 없다. 이 사실은 낮은 신뢰도, 다시 말해 여러 의사들이 한 환자를 진료한 후 같은 진단을 내리는 정도가 낮은 이유이기도 하다. 그런데도 신기하게 잠을 설치는 사람이 하나도 없고, 모두가 하던 대로 계속 하고 있다. '증거에 기초한 의학'의 시대에 어떻게 충분한 증거가 있는 그런 사실에 누구도 관심을 기울이지 않을 수 있을까? 내가 생각하기에는 적어도 두 가지 이유가 있다. 첫 번째 이유는 상당히 고전적이다. 지배 패러다임은 맹목적 믿음을 낳는다. 두 번째 이유는 개인적 차원에서 설명된다. 즉 질병 모델이 각자에게 면죄부를 주는 것이다. 아무도 책임을 질 필요가 없고 죄책감을 느낄 필요가 없다. 그럼 이 두 가지 이유를 조금 더 자세히 살펴보자.

패러다임의 힘은 대단하다. 패러다임은 특정 집단(경제학자, 정신과 의사, 법학자 등)이 가진 강제적 확신의 총체이며, 해당 집단의 사고와 행동뿐 아니라 사회관계에도 큰 영향을 미친다. 자기 집단과 다르게 생각하는 사람은 투쟁의 대상이다.* 심리 문제가 유전자에 따른 신경생물학적 과정에 기인한 개인의 장애라는 주장을 계속 반복하여 듣다 보면 시간이 흐른 후엔 이 주장이 의심의 여지가 없는 '현실'이 되어버린다. 의학계에서 패러다임의 강제적 성격을 잘 보여주는 가장 탁월한 사례가 이그나즈 제멜바이스(Ignaz Semmelweis, 1818~1865)의 경우이다. 빈에서 의사로 일했던 제멜바이스는 병원에서 사망하는 산모의 비율이 너무 높다는 사실에 충격을 받았다. 거의 네 명에 한 명꼴로 사망했던 것이다. 그런데 의사가 해부실에서 곧바로 나와 분만을 도울 경우 사망률이 더 높다는 사실을 확인했다. 그래서 이들 의사가 죽은 자들에게서 건강한 산모들에게로 무언가를(그는 이것을 "시체의 독"이라고 불렀다.) 옮기는 바람에 산모들 이 병에 걸리게 된다는 주장을 제기했다. 그리고 예방 조치로 자신의 보조의사들에게 표백수로 손을 철저히 씻으라고 지시했다. 그러자

* '패러다임'(사고방식)은 학문 역사에서 패러다임의 영향을 연구했던 토머스 쿤(1970)이 처음 쓴 개념이다. 미셸 푸코(1975)는 '담론'이라는 말을 썼고 권력구조를 밝히기 위해 사회적 연관관계를 설명했다. 예를 들어보자. 2007년과 2008년의 경제위기 및 '시장'의 실패 원인을 설명하기 위해 의회의 한 위원회에 출석했던 앨런 그린스펀(20년 동안 미국의 연방준비제도이사회(FRB) 의장을 역임했다.)은 자신이 지금 "충격을 받아 아무것도 믿을 수 없는" 상태에 있다는 말밖에 하지 못했다.(2008년 10월 23일) 그의 생각대로라면 자유시장은 실패할 수가 없기 때문이다. 전형적인 사례이다. 현실이 패러다임에 맞지 않으면 현실을 바라보는 시각이 아니라 현실이 틀렸다고 생각한다. 다음 장에서 나는 인지부조화 를 살펴볼 것이다. 어떤 우리가 일련의 확고한 믿음을 가진 경우, 우리는 반대 논리를 받아들이기가 매우 힘들거나 불가능하다.

사망률이 1퍼센트 이하로 급감했다. 그 후 어떻게 됐느냐고? 제멜바이스는 해고당해 우울증에 빠졌다. 그의 주장은 반향을 불러일으키지 못했다. 당시의 지배 패러다임, 즉 병은 나쁜 냄새를 통해 옮는다는 소위 미아즈마(나쁜 공기) 이론에 역행했기 때문이었다. 프랑스 세균학자 루이 파스퇴르(Louis Pasteur)의 연구로 바이러스와 박테리아가 질병의 원인이라는 다른 패러다임이 통용되기까지는 그로부터 반세기가 더 걸렸다.

오늘날 정신의학의 지배 패러다임은 협의의 질병 모델이다. 더구나 그것은 3장에서 언급한 과학주의로 환원되는 경향과 완벽하게 맞물린다. 모든 결과는 일반화할 수 있어야 하고, 객관적이고 가치중립적인 연구에 기초를 두어야 하며, 이는 다시 문맥과 관계없는 표준화된 방법론을 바탕에 깔고 있어야 한다는 식의 과학주의 말이다. 반박하고 싶은 말은 많지만 여기서는 두 가지만 짚고 넘어가겠다. 특정 증상 및 특정 행동방식을 심리장애의 증거로 선택하는 것은 결코 가치중립적이지 않다. 오히려 정반대다. 이에 대해서는 나중에 다시 살펴보기로 하자. 이미 말한 대로 지금 나와 있는 대부분의 연구 결과는 추가 연구를 통해 반박될 수 있지만, 지배 패러다임이 이를 거부한다. 그 이유를 심리학에서는 '인지부조화'라 부른다. DSM만 보아도 알 수 있지 않은가. 그것의 과학적 근거는 아무리 관대하게 봐주려고 해도 극도로 취약하다.

따라서 현대 정신의학의 진단이 안고 있는 문제에 이렇듯 무관심한 주요 이유는 아주 상투적이다. 지배 패러다임이 다른 시각을 허용하지 않는 것이다. 정신병이란 꼬리표가 폭발적으로 증가하는 두 번째 이유는 약간 더 복잡하다. 앞 장에서 설명한 대로 지금은 모든 사람이 성공할 수 있고(성공해야 하고), 모든 이들이 자신의 성공이나 실패에 스스로 책임을 져야 한다는 확신이 팽배하다. 부모의 입상에서 보면 추가 부담이 아닐 수 없다. 자신의 성공뿐 아니라 자식의 운명까지 책임을 져야 하니 말이다. 학교에서 잘 따라가지 못하는 아이는 아이 자체의 문제이기도 하지만 부모에게도 그야말로 재앙덩어리이다. 그러니 무엇이든 (사이비) 의학의 꼬리표를 감사의 마음으로 받아들이게 된다. 무슨 짓을 해도 소용없는 질병이라면 개인의 잘못이 아닐 테니 말이다. 하지만 속으로는 의혹을 버리지 못한다. 그런 차에 누군가 나서서 이런 사이비 꼬리표의 신뢰도에 의문을 제기한다. 어떤 반응을 보이겠는가? 당연히 그를 공격 할 것이다. 이렇게 하여 우리는 장애를 사회문제로 바라보는 다른 패러다임에 도달했다.

다시 심리장애는 사회문제다

질병 패러다임의 강제력을 근거로 많은 전문가들이 나의 앞선 주장을 간단히 무시한다. 멍청한 정신분석학자 하나가 쓸데없는 소리를 지껄인다고 말이다. 하지만 그렇게 생각한다면 영국심리학회의 비판은 어떻게 보아야 할 것인가? 영국심리학회는 2011년 6월 DSM 개정판의 사전 공지에 즈음하여 공식 서한을 발표했다.

> DSM 5차 개정판에 포함된 '진단들'은 대부분 명백하게 사회규범에 근거를 두고 있지만, '증상들'은 심리 '징후'를 통해서나 혹은 경험적으로 입증된 생물학적 원인을 통해서는 충분히 입증될 수 없는 주관적 판단에 근거한다. 판단 기준은 가치중립적이지 않으며 오늘날 사회의 규범적 기대를 반영한다. [……] 우리는 그런 식의 (진단) 시스템이 문제를 무엇보다 개인 차원으로 축소할까 봐 두렵다. 그렇게 되면 이런 문제에 담긴 관계의 맥락과 불가피한 사회적 원인의 대부분을 간과하게 된다.

2년 전 WHO는 심리장애의 원인을 주로 사회적 차원에서 찾는 보고서를 제출함으로써 여기서 한 걸음 더 나아갔다.*

심리장애가 신체적 원인 탓일 수(도) 있을까? 이 질문에 대한 답은 아직 알 수 없지만 한 가지만은 확실하다. 심리 진단의 판단 기

* 심리 건강은 사회의 산물이다. 심리 건강의 존재 및 부재는 무엇보다 사회적 지표이며 따라서 사회적 해결책 및 개인적 해결책을 모두 요구한다. [……] 개인의 증상에 집중하면 인간의 머릿속에서 일어나는 일을 사회구조와 맺는 관계에서 분리하는 가짜 심리학이 된다. 그렇다면 가장 중요한 치료 조치는(빚, 열악한 주거 환경, 폭력, 범죄 같은) 심리 문제를 촉진시키는 요소들에 대한 도움을 어떻게 받을지 알려주는 것보다 사고방식을 바꾸는 것이다.(WHO, 『정신 건강, 회복 탄력성, 불평등』, 코펜하겐. S.V., 2009)

준은 사회규범에, 즉 특정 사회가 받아들일 수 있다고 생각하거나 그렇지 않은 것에 기초한다. 장애란 근본적으로 '비정상'이라는 뜻이다. 다시 말해 규범을 벗어난다는 뜻이다. 어떤 일탈이냐에 따라 처벌(남성의 노출증, 마약중독 등) 이나 치료(우울증, 공포증 등)가 뒤따른다. 현재 처벌과 치료의 간극이 점점 좁아지고 있다는 사실은 뒤에서 다시 언급할 것이다. 특정 사회조직과 심리장애 사이에 긴밀한 연관성이 있다는 사실은 그사이 신경생물학의 폭발적 인기에 힘입어 과학적으로도, 임상적으로도 명백히 입증되었다. 그러나 우리가 이런 사실을 깨달을 수 있는 것은 기껏해야 과거를 회고할 때뿐이다. 현재를 보는 눈이 멀었기 때문이다.

19세기 말 독일 사회는 억압적 규범과 가치 체계를 이용하여 권위에 무조건 복종하는 인간들을 양산했다. 이 사실은 당시의 전형적인 심리 노이로제 환자들에게서 과도한 형태이기는 하지만 잘 확인된다. 노이로제의 여성 버전은 히스테리였고, 남성 버전은 강박 노이로제였다. 물론 오늘날엔 이런 노이로제들 대부분이 사라졌다. 그러나 성인의 우울증과 공포증, 아동의 ADHD와 자폐증이 넘쳐나고 있다. 급증하는 의약품 사용량의 증가가 가장 확실한 증거이다. 1993년만 해도 독일에서 처방된 리탈린의 양은 34킬로그램에 불과했다. 그런데 2010년이 되자 1.8톤에 이르렀다. 불과 20년 만에 50배 이상 증가한 것이다. 항우울제 사용도 10년 만에 113퍼센트나 증가했다.[34] 세계에서 가장 안전한 지역 중 한 곳임에도 서구 사회에서 성인의 사회공포증은 심각한 수준에 이르렀다. 2000년《하버드 리뷰 오브 사이키애트리》는 사회공포증(social phobia)을 우울증과 알코올 중독에 이어 세 번째로 흔한 사회적 장애로 분류했다. 이런 타인에 대한 일반적인 공포가 한편에서는 평가, 회계감사, 직원 면담, 카메라가 폭발적으로 증가하고 다른 한편에서는 권위와 신뢰가 실종되었기 때문이라는 주장이 정말로 말이 안 되는 소리인가?

물론 특정 사회와 심리장애의 상관성을 확인하기란 쉽지 않다. 그러나 믿을 만한 각종 가설을 만들어볼 수는 있겠다. ADHD를 예로 들어보자. 과거 우리가 학교나 직장에 적응하기 위해 필요했던 집중력의 수준을 오늘날 우리를 한시도 쉬지 못하게 하는 자극 반응 모델, 즉 SMS, 트위터 같은 온갖 패스트푸드 소일거리와 비교해보자. 집중력은 필요치 않다. 신속성과 유연성만 있으면 된다. 그러므로 ADHD라 불리는 이런 새로운 형태의 피상적 집중력과 즉각 반응은 그런 환경에 대한 적응 행동으로 볼 수 있을 것이다. 하지만 그걸 어떻게 입증하나? 영국 작가 마크 피셔(Mark Fisher)는 난독증(dyslexia)이라는 말 대신 탈독증(postlexia)이라고 불러야 옳다고 주장한다. 읽기는 끝났다. 브라우저, 스캔, 항해, 서핑을 해야 한다. 책 읽기는 효율적이지 않다. 책 쓰기도 학자의 경력에 도움이 안 된다. 10년 전 나와 동료 교수들은 우리 대학생들이 어려운 단어를 잘 모른다는 사실을 알게 되었다. 그래서 우리 교수들끼리 1학년한테 받아쓰기를 시켜야 한다고 농담을 주고받았다. 요즘엔 아무도 그런 농담을 하지 않는다. 이제는 '읽고 이해하기' 강의를 도입해야 할까? 이를 진지하게 고민하는 중이다.

이런 가설들은 제 아무리 그럴싸하다 해도 과학적이기에는 부족하다. 예를 들어 신자유주의 사회와 심리장애의 연관성을 보여주고 싶다 면 두 가지가 필요하다. 첫째 신자유주의 사회가 무엇인가를 보여주는 기준이 있어야 한다. 둘째 한 사회의 심리 문제 증가를 측정할 수 있는 일련의 판단 기준을 개발해야 한다. 그다음 이 두 기준을 연결해 연관성이 존재하는지를 실제로 살펴보아야 한다. 이때 중요한 것은 인과관계가 아니라 눈에 띄는 패턴의 인식이다. 즉 한쪽이 증가하면 다른 쪽도 증가하고 그 반대면 다른 쪽도 마찬가지여야 하는 것이다.

영국 보건사회학자 리처드 윌킨슨(Richard Wilkinson)의 획기적인 논문 두 편(두 번째 논문은 전염병학자 케이트 피킷(Kate Pickett)과 공동 작업을 했다.)이 대표적인 사례이다. 이들이 사용한 기준은 수치로 파악할 수 있는, 같은 국가에 사는 사람들의 소득 격차이다. 신자유주의 정책으로 인한 소득 격차가 연구 기준으로 사용할 수 있을 만큼 심각하다는 것은 누구나 다 아는 사실이다. 연구 결과는 일체의 의심을 불허한다. 이런 소득 격차의 심화가 거의 모든 건강 지표에 광범위한 영향력을 행사하기 때문이다. 그 결과는 정신 건강(그리고 심리장애)에만 해당되는 사항이 아니다. 내가 보기엔 이것 역시 심리장애가 증가한다는 발견 못지않게 중요한 사실이다. 윌킨슨과 피킷은 보건사회학자 입장에서 사회와 건강의 관련성을 넓은 의미에서 조사했다. 그들의 핵심 개념 중 하나가 스트레스로, 이것의 (면역체계는 물론 심장과 혈관에 미치는) 영향력은 입증할 수 있다. 그러나 이 스트레스의 원인을 밝혀내는 일은 약간 더 힘들다. 우리가 복지 혜택을 잘 받는 서구 사회에 살고 있다는 점도 한 가지 이유가 된다. 조금 더 넓게 본다면 우리의 건강에 영향을 미치는 요인은 다섯 가지라는 데 대부분의 학자들이 동의하는 것 같다. 유년기, 공포 및 근심의 무게, 사회관계의 질, 자신의 삶에 대한 통제력의 정도, 마지막으로 사회적 지위이다. 이런 요인이 부정적일수록 질병에 걸릴 위험과 기대수명이 짧아질 위험도 더 커진다.

윌킨슨은 첫 번째 책 『평등해야 건강하다—불평등은 어떻게 사회를 병들게 하는가』에서 다양한 요인들을 조사했고 이를 통해 두 번째 책의 중심 주제가 될 요인을 찾아냈다. 바로 소득 격차이다. 한 국가, 심지어 한 도시 내에서 소득 격차가 클 경우 사회관계의 질이 다른 곳에 비해 눈에 띄게 떨어진다. 공격성이 늘어나고 신뢰가 줄어들며 공포가 커지고 공동체 생활에 대한 참여도가 떨어지는 것이다. 정신분석학자인 내 입장에서는 개인적인 요인에 관심이 더 많다. 낮은 사회적 지위는 한 사람의 건강에 결정적인 영향을 미치는 듯하다. 제일 눈에 띄는 스트레스 요인이 자기 일을 자기가 결정하는 정도이다. 통제 가능성이 적으면(스스로 통제한다는 감각이 불충분하면) 동료와 맺는 관계가 나쁘고 분노와 적대감이 컸다. 이는 세넷이

성인 고용자의 유아화라는 표현으로 이미 설명한 내용이다. 윌킨슨은 그것이 건강은 물론 기대수명에도 눈에 띌 정도의 영향을 미친다는 사실을 밝혀냈다. 이는 다시 임상심리학의 고전 이론과 연결된다. 무기력과 무대책보다 더 인간을 병들게 하는 것은 없다.

양극화는 건강에 해롭다

이제 반박할 수 없는 몇 가지 결론이 도출된다. 서유럽 같은 복지국가 들에선 보건 제도의 질(의사와 병원의 숫자)보다는 사회적, 경제적 삶의 상태가 국민 건강에 더 결정적인 영향을 미친다. 사회관계가 좋을수록 건강 수준도 높다. 반대로 극도의 불평등은 최악의 질병 발생 요인이다. 하지만 불평등을 사회계층의 차이로만 생각해서는 안 된다. 소위 동일한 집단 내부, 예를 들어 '공무원', '교수'들 사이에서도 큰 격차가 있을 수 있다. 이는 최하층, 즉 패자들은 늘 수입 격차의 부정적 영향만 받고 상류층은 이익만 거둔다는 일반의 통념에 어긋난다. 통계를 보면 부정적 효과는 전 계층에서 나타나기 때문에 윌킨슨의 두 번째 저서의 제목은 『평등이 답이다—왜 평등한 사회는 늘 바람직한가』이다.

이 두 번째 책에서 윌킨슨과 피킷은 상대적으로 간단한 방법을 사용 했다. 항상 공식적인 숫자만 사용하여 신빙성을 보장한 것이다. 이 숫자를 근거로 두 사람은 소득 격차와 다른 판단 기준들의 연관성을 조사했다. 그들이 내린 결론은 당황스럽고, 책을 넘길수록 이런 기분은 더 뚜렷해진다. 한 국가 혹은 한 지역 내의 소득 격차가 클수록 심리장애, 10대 임신, 영아 사망률, 가정 폭력 및 일반 폭력, 범죄, 마약 및 피임약 소비가 더 많아지는 것이다. 불평등이 클수록 건강 상태, 교육의 결과, 사회적 유동성은 나빠지고 안정감과 행복은 줄어든다.

이 두 권의 책, 특히 두 번째 책은 앵글로색슨 세계에 큰 반향을 불러일으켰다. 많은 사람들이 이미 예감하고 있던 사실을 학문적으로 확인했다고 생각했다. 하지만 부정적인 반응도 적지 않았다. 자료 수집에서 통계 자료 처리를 거쳐 결론에 이르기까지 이 책의 거의 모든 측면을 의심하는 학자들도 있었다. 하지만 두 저자는 대부분의 비판에 훌륭한 답변을 내놓았고, 책의 우수성으로 미루어볼 때 이는 그리 어려운 일이 아니었다. 저자들이 전혀 언급하지 않은 내용을 비판하는 목소리도 많았다. 저자들은 결코 "모든 동물은 평등하다."고 외치는 오웰이 묘사했던 동구권 국가로 회귀하는 것을 변호하지 않는다. 비판가들은 이 책에서 말하는 바가 상대적인 소득 격차라는 사실을 간과한다. 그리고 부정적인 결과는 특히 격차가 매우 클 때 나타난다는 사실을 간과한다. 더구나 부정적 영향의 원인은 격차 자체가 아니라 이 요인과 관련된 모든 것들이다. 이로써 우리는 다시금 높아진 공포의 위험, 트라우마를 남기는 유년기, 낮은 사회적 지위, 직장 내 자기결정권의 제한 등 많은 것이

한데 어우러진 더 넓은 무대로 돌아온다.

수치 자료 대신 개념을 썼지만 세넷 역시 비슷한 결론에 도달했다. 상대적으로 단순한 세넷의 결론은 내가 꼽은 최고의 저작인 그의 책 제목이 되었다. 이름하여 『불평등 사회의 인간 존중』이다. 과도한 불평등은 인간에 대한 존중을 사라지게 만든다. 자신에 대한 존중도 마찬가지이나. 심리사회적 차원에서 보면 이는 한 인간이 겪을 수 있는 가장 나쁜 일이다.

아직 완료되지 않은 연구 조사 역시 이를 입증한다. 1986년 2차 화이트홀 스터디(Whitehall Study)가 출범했다. 1만 명 이상의 영국 공무원들을 체계적으로 동원하여 건강과 노동 상황이 서로 어떤 관련성이 있는지 알아보기 위한 조사였다. 조사 대상은 하류층에 속하지 않는, 언뜻 보기에 상대적으로 동질인 집단들이다. 가장 눈에 띄는 결과는 어떤 사람의 **집단 내** 지위나 신분이 낮을수록 기대수명도 낮아진다는 사실이다. 흡연, 식습관, 운동 여부 같은 일련의 추가 요인들을 고려했음에도 그런 결과가 나왔다. 아마도 낮은 직급에 있는 사람들이 가장 스트레스를 많이 받기 때문일 것이다. 의학적으로 볼 때도 입증 가능한 사실이다. 낮은 직급의 사람들이 코르티솔 수치가 더 높고(스트레스가 더 많고), 혈액응고 요인(심근경색의 위험)이 더 높다.

이로써 우리는 앞에서 던진 질문 "오늘날의 사회 형태와 증가하는 심리장애의 숫자는 확실한 관련성이 있는가?"에 "예"라고 대답할 수 있게 되었다. 더 중요한 점은 이런 증가가 관련 장애에만 국한된 것이 아니라는 데 있다. 앞서 언급한 연구 결과들은 다른 건강 파라미터에 미치는 심각한 부정적 영향도 입증하고 있다. 이들의 핵심 사상은 2000년 앨런 라이트먼(Alan Lightman)이 발표한 소설 『진단(*The Diagnosis*)』 같은 순수 문학작품에도 등장한다. 저자는 한 인터뷰에서 이런 과장 섞인 질문을 던졌다. "몇 년 동안 하루도 쉬지 않고 회사로부터 집중적으로 압박을 받는 사람이 어떻게 심각한 공포를 느끼지 않겠습니까?"* 이 질문을 과장이라 할 수 없는 이유는 많은 사람들이 이에 대한 대답을 몸소 체감했을 것이기 때문이다.

최근 들어서는 의학 연구도 어느 정도 같은 인식에 도달했다. 하이델베르크 대학 연구팀은 바쁜 대도시에서 성장한 사람과 농촌에서 자란 사람은 스트레스에 대한 반응도 다르다는 사실을 밝혀냈다.[35] 나아가 이런 '다름'은 공포장애, 심지어 조현병의 성향과도 연관성이 있는 것 같다. 우리가 자라는 환경은 두뇌 발달에 영향을 미치고, 이는 우리가 심리장애에 더 취약하다는 의미이기도 하다. 학자들이 실험 대상자들에게 스트레스를 준 방식을 살펴보면 흥미는 더해진다. 어려운 수학 문제를 풀고 있는 참가자 중 몇 사람에

* 『진단』은 다국적기업인 직장으로 출근을 하다가 졸도한 빌 차머스의 이야기이다. 그는 확실한 진단과 치료를 기대하고 병원을 찾아가지만 둘 다 얻지 못하고 사회적, 심리적 진창으로 빠져든다. 이 책의 장점은 무엇보다도 진단이 얼마나 마음을 안정시키며, 진단을 받지 못할 경우 얼마나 마음이 불안한지를 보여준다는 데 있다. 이 소설의 배경에는 경쟁으로 점철되어 직원들을 병들게 만드는 기업의 분위기와 순수 심리적 측면에 국한된 진단의 무력함이 있다.

게 "그들의 능력이 다른 사람들에 못 미친다."는 허위 정보를 제공한 후 실험에 들어간 많은 비용을 생각해서 "조금 더 민첩하게 작업할" 수는 없는지 채근했던 것이다. 한마디로 생산성, 평가, 경쟁, 비용 절감 등 신자유주의의 요인들이 전부 다 들어간 스트레스인 것이다.

심리장애가 실패의 원인이자 결과인 사회

심리장애가 '진짜' 질병인 경우는 극히 드물다. 오히려 포괄적인 사회 문제의 개별적인 생물심리사회적(biopsychosocial) 표현에 불과하다. 이런 사회적 측면은 진단 차원에서도 만날 수 있다. 누군가에게 '장애'라는 꼬리표를 붙이는 근거가 되는 특징들은 사회의 기대를 충족시키지 못한다는 사실과 항상 관련이 있다. 오늘날 건강 규범의 이름은 '성공'이다. 경제적, 물질적으로 눈에 보이는 성공이어야 한다. 그러나 남들의 부러움을 한 몸에 받는 성공한 여피족이 밤마다 혼자 거실 소파에 쪼그리고 앉아 약물과 술과 인터넷 섹스에 매달리는 장면은 우리의 모든 기대를 무너뜨린다.

성공을 기준으로 삼을 경우, 항상 유연성과 신속성, 효율성과 투지, "나 자신을 팔 수 있다."는 의미의 성숙함 같은 전형적인 특징들이 따라붙는다. 과거엔 겸손이 미덕이었지만 요즘 세상에 그런 덕목은 일탈행위이다. 특이하게도 오늘날의 '올바른 특징'은 모두가 현재의 직업 정체성과 관련이 있다. 인간관계에서 중요시되는 특성들도 마찬가지로 직업 정체성과 관련이 있다. 이 특성들 중 두 가지가 다시 중요해졌다. 경쟁력과 인간관계를 맺는 능력이다. 첫 번째 능력은 자신의 경영자인 인간을 전쟁터로 파견하는 것이며, 두 번째 능력은 최고의 자기 홍보를 위한 효율적 '네트워킹'을 의미한다.

하지만 개인 차원에서 이 사회가 우리에게 거는 기대는 향락이다. 가장 많이 누리는 자가 가장 규범을 잘 지키는 자이다. 여기서 향락이란 명백히 소비 및 제품과 결합되어 있다. 올바른 휴가지를 선택해야 하고, 올바른 자전거, 올바른 휴대전화, 올바른 노트북, 올바른 옷을 골라야 한다. 물론 옛날에도 어느 정도는 그랬다. 하지만 현대의 향락은 과거보다 훨씬 더 강력하며 수명이 짧고 더 많은 비용이 든다. 잘못 고른 재킷을 입고 잘못 고른 휴대전화(빈티지 모델이 아니라면)를 주머니에서 꺼내든 자여, 애석하고 안타깝도다!

성공이 정상적인 정체성의 판단 기준이라면 실패의 판단 기준은 장애 증상이다. 오늘날의 심리 진단은 다양한 형태의 실패를 반영하며 날이 갈수록 점점 더 사이비 과학이나 다름없는 '등수 매겨 내쫓기' 시스템으로 발전한다. 거의 모든 아동 장애를 학교에서의 실패와 연관 짓는 판단 기준의 문제는 앞 장에서 이미 언급한 바 있다. 학습장애의 경우는 그래도 어느 정도 이해가 되지만 ADHD, 일반 행동장애, 공격적-적대적 행동장애, 실패에 대한 공포까지도 학교와 연관 짓는 것은 무리가 있다. 대부분 이런 진단의 판단 기준은 사회의 과도한 기대의 다른 표현이며, 결국 학교에는 두 종류의 학생만 남게 된다. 재능이 뛰어난 아이들과 장애아들. '정상' 아동은 보기 힘든 희귀 자원이 되고, 과거의 평균은 입에 올리지 말아야 할 터부이다. 이런 종류의 진단에서 중요한 것은 결코 아이들의 문제가 아니다. 이때 사용되는 개념들은 오로지 주변 사람들이 아이로 인해 겪고 있는 문제만 부각시키기 때문에 결코 가치중립적이지 않다. 앞에서 지배 패러다임으로서의 과학주의 모델과 관련하여 설명했듯이 말이다. 다행히도 아이 자체에 관심을 쏟는 교사와 의사들이 전혀 없지는 않다. 하지만 그들의 방식은 안타깝게도 공식적인 처리 방법의 틀, 즉 DMS에 따른 진단과 소위 효율적이라는 치료의 과정, 즉 학문적으로 객관적이고 측정 가능하며 편람에 따르는 치료 과정을 벗어난다. DMS에 따른 치료가 아이가 겪는 어려움 자체에는 관심이 적다는 사실은 치료 목표에서도 읽을 수 있다. 아이가 다시 '제 기능을 하자마자' 치료는 중단된다. 치료에 대한 아이들의 반응 역시 시사하는 바가 많다. 아이들은 치료 자체를 거부한다. 자신에게 하등 도움이 안 된다는 사실을 본능적으로 알아차리는 것이다.

잠시 걸음을 멈추고 한 개념의 어원학적 의미를 살펴볼 필요가 있는 듯하다. 분류의 기준으로 삼는 진단 범주라는 개념이다. '범주(kategory)'라는 말의 어원은 고대 그리스어 카테고레인(kategorein)으로 거슬러 올라간다. 놀랍게도 이 말은 공개적으로 죄를 씌우 다라는 뜻이다. 이 뜻은 다윈의 중요성을 설명한 이언 존스턴(Ian Johnston)의 멋진 글의 구절대로 모든 분류 체계의 숨은 의도와 직접적으로 일치한다. 존스턴에 따르면 분류 체계가 필요한 이유는 우리가 도덕적 구분을 할 수 있기 위해서이다. 지금 눈앞에 보이는 것이든 도달하려는 목표든 그것의 위계질서를 구축하기 위해서이다. 혁명적 사상가가 혁명적인 이유도 바로 이들이 새로운 분류 체계를, 현실을 바라보는 새로운 방법과 새로운 목표를 도입했기 때문이다. 플라톤, 다윈, 마르크스, 프로이트 모두에게 해당되는 말이다. 이 말은 특히 분류 체계가 결코 이데올로기적으로 중립적일 수 없다는 의미이다. 모든 범주화는 암묵적이든 노골적이든 정치적·도덕적 의미를 띠는 서열화이다. 다윈의 중요성은 그가 과거의 '자연질서'를 떠났다는 데 있다. 신이 만든 자연의 사다리를 진화의 질서로 대체했다는 데 있다. 그리고 그 질서는 불가피하게 목표 혹은 진보라는 관념을 떠올린다. 강조점은 우연에 찍히고, 방향은 임의적이고 불확정적이다. 그런데도 우리는 오늘날까지도 이 이론의 정치적, 도덕적 함의를 오해한다. 사회진화론은 다윈 이전의 위계질서로 돌아가는 것이다.

한 인간의 문제를 중심에 두는 나의 입장과 달리 DSM의 심리진단 분류법은 꼬리표를, 도덕적 질서를 앞세운다. 이를 이용해 한 사람에게 꼬리표를 붙여 죄를 씌운 다음 '연행'하는 것이다. 꼬리표가 붙은 사람들은 아무 불평 없이 자진하여 신발을 신고 따라나선다. 우리 아이들이 그런 꼬리표들을 얼마나 욕설로("이 자폐아야!") 잘 써먹는지 한번 생각해보라. 어른들은 소위 유전학적, 신경생물학적 설명("난 환자야")을 감사히 받아들인다. 조금이나마 죄책감을 덜 수 있으니 말이다. 하지만 이런 안도감마저 얼마 가지 못한다. 지배적인 사고 모델("노력하면 무엇이든 할 수 있다.")이 어차피 그들에게 유죄 판결을 내릴 테니까 말이다.

아흐테르하위스는 신자유주의를 연구한 글에서 지금까지 실현된 거의 모든 유토피아는 정해진 사회규범에서 일탈하는 행위를 무조건 정신으로 치부해버린다고 말했다. 여기에는 우리의 신자유주의 사회 역시 포함된다. 헉슬리의 『멋진 신세계』도, 오웰의 『1984』도 점점 더 현실이 되어간다. 실패자에게 정신병이라는 꼬리표를 다는 것은 아동에게만 국한되지 않는다. 성인들도 마찬가지로 꼬리표 부착의 대상이다. 흥미로운 사실은 성인의 장애 중 상당수가 사회의 이상을 **너무 잘 따랐기** 때문에 생긴다는 점이다. 즐겨야 한다는 의무는 섹스 중독, 거식증, 쇼핑 중독 같은 잘못으로 이어진다. 열정적인 성격이 직장에서는 어느 정도 효율적이겠지만 일정한 한도를 넘어서면 치료하기 힘든 일탈로 돌변한다. 자기 관리 역시 마찬가지이다. 과도한 자기관리는 자기애적 성격장애라 부른다. 이 모든 경우에서 '성공'과 '장애'의 경계는 무척 가깝다.

반대편에는 공포와 우울증에 시달리는 실패한 어른들이 있다. 널리 퍼진 통념이 있다. "복지국가라고 너무 오냐오냐 하는 바람에 국민들이 유약하다." 하지만 실패했을 때의 죄책감은 매우 크다. 트뤼디 데휘어(Trudy Dehue)는 우울증 환자들이 결코 뻔뻔하게 복지국가를 이용하는 기생충들이 아니라고 주장했다. 대부분의 사람들은 직장생활이건 사생활이건 전보다 더 자신의 실패나 성공에 책임감을 느낀다. 제약업체들이야말로 이 사실을 가장 잘 간파하고 있다. 이들의 광고는 일터를 실패 위험이 무척 높은 **전쟁터**로 그리면서, 올바른 약만 먹으면 구원될 수 있다고 선전한다.* 커피로는 충분하지 않다. 적어도 레드불은 있어야 한다. 미국의 경우 리탈린까지도 경쟁력 향상(performance enhancing) 목적으로 처방된다. 건강한 사람들에겐 더 건강해지라는 주문이 떨어진다. 덕분에 두뇌 훈련 관련 서적들이 엄청난 판매고를 올리고 있다.

벨기에 사회학자 피에트 브라케(Piet Bracke)의 연구 결과가 이를 입증한다. 과거와 달리 우울증 환자의 숫자는 두 배로 늘어났고, 해당 환자들은 이를 개인의 실패라고 느낀다.[36] 세넷 역시 '구조적' 이유로 해고된 사람들이 해고 책임을 **자신에게서** 찾는 광경을 목격했다. 자기연민에 빠져 칭얼대는 언더독의 이미지는 예외일 뿐, 결코 일반적인 현상이 아니다. 이런 경향성은 그 불안의 항목에서 많은

* 항우울제 광고판. 왼쪽에는 이런 문구가 있다. "해야 하는데…… 할걸…… 하면 좋을 텐데…… 난 못 해." 중앙에는 넥타이를 맨 젊은 남자의 풀죽은 표정이 보인다. 오른쪽에는 이런 문구가 있다. "이제 할 수 있다고 말하세요. 팍실." 레인과 데휘어의 연구에는 이런 사례들이 수도 없이 나온다.

공통점을 가진 수행불안과 사회공포증과 같은 불안장애의 영역에서도 읽혀진다. 즉 나를 평가하거나 나와 경쟁하는 사람에 대한 공포 역시 이런 맥락에서 이해해야 한다.

하지만 앞에서 언급한 꼬리표들이 미처 챙기지 못하고 빼먹은 것이 있다. 극단적인 통제 강박, 과도한 완벽주의, 야망이다. 조금만 일이 지체되어도, 예상치 못한 일이 한 번만 일어나도 다음번에는 더 빨리, 더 잘 하기 위해 페달을 더 세게 밟는다. 이런 사람들에게서 나타나는 또 하나의 특징이 있다. 적어도 그들을 도와주려는 마음이 있는 의사에게는 이런 특징이 눈에 들어온다. 당사자들이 문제를 일부러 쉬쉬한다는 사실이다. 퇴근만 하면 방에 틀어박혀 혼자 지내는 여피족을 앞에서 소개했었다. 완벽주의 여성들(남성들도 많다.)과 직장에서는 잘나가는 커리어 우먼이지만 알고 보면 섭식장애를 앓고 있는 여성들도 있다. 그러나 아무도 이 사실을 알아서는 안 된다. 일체의 약점이 나-주식회사를 공격하는 무기가 될 수 있다.("너의 말과 행동 모두가 너에게 해가 될 수 있고 또 그럴 거야.") 이런 현상이 가장 극적으로 드러나는 영역이 인간관계이다. 경쟁만 생각하는 개인주의가 (자제력의 요구를 대신한) 끝없는 향락의 의무와 결합되면 장기 관계에 치명적인 영향을 미친다. 소위 '관계 문제'를 겪고 있는 엄청난 숫자의 사람들은 우리가 얼마나 외로운지를 잘 보여준다. 고독은 우리 시대의 가장 흔한 '장애'이다. 마크 피셔가 '우울한 쾌락주의' 라는 말로 정확하게 표현한 현상이 일어나는 것이다.[37]

내 전공 분야(심리진단학과 심리치료)는 불과 몇십 년 만에 180도로 달라졌다. 진단 기준이 사회규범의 일탈 여부로 바뀌는 동안 치료의 목표로 다시 규범의 준수를 강요하게 된 것이다. 또 하나의 증상 역시 간과할 수 없다. 바로 인식의 변화이다. 얼마 전까지만 해도 거의 모든 문화권에서 장애인이란 남들과 다르기 때문에 진리에 더 근접한 사람이었다. 2008 년에 나온 영화「레벌루셔너리 로드」만 봐도 진리는 정신병원에 입원한 환자의 입에서 나온다.[38] 하지만 그런 시대는 지나갔다. 요즘 환자들은 장애인일 뿐 아니라 철저히 위험하다. 노르웨이의 테러 사건 주범 브레이비크가 대표적인 모델이다.

훈육이 치료를 대체하다

사회학 연구는 현재의 사회경제 체제와 심각한 심리 및 사회 문제의 관계를 밝혀냈다. 하지만 지배적인 신자유주의 사고 모델은 이런 연구 결과를 불문에 부치고 원인 대신 이 현상의 결과에만 관심을 보인다. 구체적으로 말해 규범을 위반하고 장애 증상을 보이는 위험한 타자들, 정신병 환자, 마약쟁이, 청소년, 실업자, 외국인들만 물고 늘어진다. 역설적이게도 바로 이런 분야의 시장이야말로 요즘 제일 잘 나간다. 교육 자문, 보충수업, 심리치료, 가족 상담, 그리고 무엇보다 심리사회적 문제의 약품화가 문제의 현장이다. 이 모든 것들이 많은 돈을 벌어주는 사업이 되었다. 그리고 이 시장의 공통분모는 훈육이다.

우리의 언어는 뒤편에 숨은 이데올로기의 영향을 많이 받는다. 따라서 우리의 어휘 변화에는 항상 숨은 의미가 깃들어 있다. 얼마 전까지만 해도 심리학과 정신의학이라는 말을 썼지만 요즘은 행동학이라는 말을 더 많이 쓴다. 예전 사람들에겐 심리 문제가 있었지만 요즘 사람들은 행동장애를 보인다는 식이다. 심리학자들 역시 주저 없이 바람직한 혹은 바람직하지 않은 행동이라는 말을 쓴다. 예전에는 진단을 내렸지만 요즘엔 평가(원래 법률 용어였다.)를 내리고, 유치원 아이들마저 조기 진단의 대상이 되었다. 으악, 살려줘요!

이런 이상한 신조어들은 두 가지 방향을 가리킨다. 요즘엔 심리장애를 일차적으로 사회적 일탈로 본다. 아차, 하면 금방 범죄자로 낙인찍어버린다. 거의 모든 범죄자들은 불행한 유년기의 결과물이고, 따라서 정신치료를 받아야 하는 대상이라고 생각한다. 이런 식으로 계속 가다는 얼마 안 가 빅토리아시대의 작가 새뮤얼 버틀러(Samuel Butler)가 1872 년에 쓴 소설 『에레혼』에서 묘사한 사회에 도달할 태세이다. 환자가 벌을 받고 범죄자가 치료를 받는 사회 말이다. 실제 오늘날 미국에서는 정신병원에서 치료를 받는 정신병 환자보다 감옥에 수감된 정신병 환자의 숫자가 세 배는 더 많다. 1840년대 수준으로 돌아간 셈이다.[39]

훈육은 정신의학 치료의 중요한 부분을 구성한다. 이 말은 정말 이상하게 들린다. 정신의학이란 환자를 도와주는 의학의 한 분과가 아닌가? 당연히 그렇다. 하지만 훈육을 배제하지는 않는다. 더구나 "심장학 연구 결과 커피는 하루 두 잔이 상한선이라는 사실이 밝혀졌다."는 뉴스처럼 원래의 의학이 점점 더 강제성을 띠어가는 이 시대에는 더더욱 그러하다.[40] 훈육 측면은 실마리처럼 정신의학의 탄생사를 가로지른다. 자신은 그 안에 포함되고 싶지 않은 많은 정신의학 학자들에게는 괴로운 일이지만 말이다.[41]

훈육은 실제 많은 관점에서 타당성이 의심스럽다. 권위가 여전히 비판의 대상인 시대에 어떻게 훈육이 신경전달물질 및 유전자와 운을 맞추겠는가? 그렇지만 굳이 대단한 지식이 없어도 사태의 핵심은 쉽게 간파된다. 오늘날 넘쳐나는 정신병 꼬리표는 모두 세 가지 층위로 이루어져 있다. 심리학적 층위, 사회적 층위, 의학적 층위이다. 심리학적 층위는 눈에 보이는 외면으로, 진단 기준의 정신적 특성과 행동 특징("남의 말을 안 듣는 것 같아요." "정서 불안이에요.")을 설명한다. 사회적 측면은 찾아내기가 조금 더 힘들다. 역설적이게도 DSM에 가장 자주 등장하는 단어, 즉 각종 버전의 '지나치게'라는 단어 밑에 숨어 있기 때문이다. 예를 들어 경계선 성격장애 항목에는 특정한 성격이나 행동이 과도하게 많거나 과도하게 적다는 사실을 보여주기 위해 '지나치게'라는 말이 열 번이나 등장한다. 다시 한 번 말하지만 이는 암묵적인 사회규범에 비추어볼 때 과도하게 많거나 과도하게 적다는 뜻이다. 진단을 내리는 의사는 이 규범을 기초로 삼아 용인할 수 있는 것과 그렇지 않는 것을 직감적으로 판단해야 한다.* 세 번째 의학의 측면은 과학적 증거도 없는, 질병 모델을 근거로 세운 가정일 뿐이다.

이런 꼬리표의 대부분은 과연 정신의학자와 심리학자들이 의학적 의미에서 질병과 건강의 차이점에 주목했는지 의심하게 만든다. 그들의 관심은 사회적 일탈 행동과 사회적으로 용인되는 행동의 차이에만, 그리고 당연히 윤리적 문제에만 쏠려 있다. 이런 진단 시스템의 작동 원리는 이렇다. 심리적 특성이나 행동 특징에서 사회적으로 용인할 수 없는 과잉이나 결핍을 확인한다. 여기서 암묵적인 전제는 원인이 유기적이라는 것이다.

그런 식의 진단은 치료의 목표에 심각한 영향을 미친다. '과잉'은 잘라내고 '결핍'은 채워야 한다. 그래야 환자가 다시 사회규범을 따르게 된다. 진단과 치료의 결합은 독일 출신 영국 작가 W. G. 제발트(W. G. Sebald)가 주장한 원칙을 입증한다. 제시된 해결책들을 보면 문제를 총체적으로 파악할 수 있다는 원칙 말이다. 그러니까 ADHD 아이가 자기 교실에서 조용히 앉아 수업을 들으면 문제는 해결된다. 달리 말해 장애는 아이가 아니라 우리에게, 부모나 교사

* 물론 나는 이런 장애의 존재 자체를 반박하는 것이 아니다. '경계선' 장애로 분류된 사람들은 실제 로 심각한 문제를 안고 있다. 하지만 그들을 '복합성 외상 후 스트레스 장애'를 앓는 인간으로 지칭하는 편이 학문적으로도, 임상적으로도 더 정확하다. 그렇게 되면 그들을 대하는 우리의 태도도 즉각 달라질 것이다.

에게 문제를 일으키는 것과 관련이 있다. 따라서 문제를 해결하기 위해 아이에게 리탈린을 먹이며, 행동치료사들도 이미 오래전에 중지되었던 초보 형태의 행동치료들을 실행한다. 이거야말로 정말로 이상한 의학적 현상을 설명하는 이유이다. 방학이 되면 약도, 행동치료도 필요하지 않다. 아이가 교실에 앉아 있을 이유가 없기 때문이다. 내가 알기로 ADHD는 그런 식으로 시즌별로 치료가 달라지는 유일한 신경생물학적 질환이다. 방학이 시작되면 거의 완벽하게 사라졌다가 개학과 동시에 갑자기 재발하는 질병이다. 나는 이 논리를 DSM에 등록된 다수 진단에 적용해 일반화할 수 있다고 감히 주장하는 바이다. 그것들이 무엇보다도 사회규범을 잣대로 삼는다고 말이다.

앞에서도 말했듯 규범화와 훈육은 정신의학에 내재한다. 정신의학의 진단들은 어느 정도까지는 늘 이런 평판에서 자유롭지 못하다. 문제는 정신의학이 더 많은 것을 제공해야 하느냐이다. 나는 심리진단학 강의를 할 때 소위 '법적' 심리 진단과 임상 심리 진단을 구분한다. 전자는 집단과 사회의 보호에 기여한다. 필요한 경우 개인에 맞서 집단을 보호한다. 노르웨이 테러범 브레이비크를 떠올리면 될 것이다. 후자는 개인의 보호에 기여한다. 필요한 경우 사회에 맞서 개인을 보호한다. 제멜바이스를 떠올리면 될 것이다. 둘 다 필요하기에 임상학자들은 정말 부단히 노력해야 한다. 이 두 가지 목표를 결합하기가 언제나 용이하진 않기 때문이다.

현재 우리는 중요한 변화를 경험하고 있다. 오늘날 지배적인 심리 진단의 형태와 치료는 심리업계가 극단적으로 잘못된 길로 접어들었고 정신의학의 진단이 사이비 의학을 근거로 사회 통제를 행사하는 어망으로 사용될 위험에 처해 있음을 잘 보여준다. 한마디로 '등수 매겨 내쫓기' 시스템으로 전환되고 있는 것이다. 이 사실은 앞서 말한 심리업계가 그 사이 사방팔방으로 촉수를 뻗치고 있다는 사실을 생각하면 더 심각하다. 병원이나 상담실뿐 아니라 전체 교육 부문, 판결, 보험 제도, 인간관계, 직장으로까지 뻗어나가고 있으니 말이다.

아버지의 실종과 콜센터의 증가

치료에서 훈육으로 이동하는 추세는 무슨 의미가 있을까? 왜 아무도 저항하지 않는 걸까? 1970년대까지 정신의학은 누가 봐도 훈육과 시스템의 안정화에 역점을 두었다. 따라서 당시의 젊은 의사들은 이런 입장을 정면 공격했고 기존 정신과 의사들이 대변하던 극단적인 가부장제 사회에 반기를 들며 개인의 측면을 강조했다. 잊지 말아야 할 사실은 그때까지만 해도 환자들의 정체성은 안정되고 튼튼했다. 규범과 가치의 코르셋이 그들을 꽉 조이고 있었기 때문이다. 도덕의 수준을 너무 높이려고 하면 노이로제에 걸린다는 프로이트의 이론이 왜 나왔겠는가. 따라서 심리치료는 사람들에게 너무 엄격한 규범과 이로 인한 죄책감 및 수치심과 거리를 두라고 가르쳤다.

그사이 우리는 전혀 다른 상황에 처했다. 오늘날 사람들은 모든 것이 허용되고 소비가 의무인 매우 불안정한 환경에서 자란다. 문제는 자력으로 성공해야 한다는 것이다. 그렇지 않을 경우 서둘러 장애나 게으름의 꼬리표가 붙는다. 정체성은 확정되어 있지 않고 탈선은 더 잦아진다. 물론 이런 탈선 역시 빅토리아시대와 마찬가지로 미리 정해놓은 이상적 정체성의 과도한 형태일 뿐이다. 그런데 소위 이상적 정체성이란 것이 30년 전과는 정반대이다. 오늘날엔 훈육이 너무 적다. 그래서 사람들은 다시 정신과 의사들에게 달려가 도움을 청한다. 과잉을 잘라내기 위해서가 아니라 결핍을 채우기 위해서다. 따라서 치료 형태 역시 탈선한 기차를 다시 제 궤도로 올리기 위한 기초 행동치료와 심리 교육으로 이동한다. 정신과 의사와 심리치료사들이 새로운 도덕적 권위자가 되어 학문의 이름으로 우리가 어떻게 행동해야 하는지 명령한다. 하지만 1970년 대와 달리 저항이 미미하거나 아예 없다는 사실은 많은 사람들이 그런 훈육이 필요하다고 생각한다는 증거이다.

심리업계가 훈육 쪽으로 접어든 이유를 묻는 질문에, 첫 번째 대답은 이렇다. 이를 향한 사회의 욕망이 강렬하기 때문이다. 그 말이 맞다 해도 이런 훈육이 심리치료사의 임무일까 하는 의문은 남는다. 이런 추세가 의약품 사용의 과도한 증가와 맞물린다는 사실

("가만히 앉아 있어, 안 그러면 약 먹어야 해.")을 생각한다면 더욱 중요한 의문이 아닐 수 없다. 게다가 이런 방식으로는 신자유주의 정책의 아주 특정한 결과, 즉 극기라는 전통 윤리의 실종만을 막을 수 있을 뿐, 악의 뿌리에는 다가가지 못한다. 치료 방식만 보아도 알 수 있다. 심리치료사, 정신의학자, 교육학자들이 일종의 슈퍼내니가 되어 모든 광고가 찬양하는 것들, 즉 패스트푸드, 빠른 욕구 충족, 계속 온라인 상태로 있어야 한다는 의무감 등과 맞서 싸우고 있다.

실제로 슈퍼대디가 아니라 슈퍼내니이다. 책임은 엄마에게 돌아가고 아버지는 존재하지 않는다. 아버지는 기능이 사라졌기에 실종되었다. 얼마 전까지만 해도 서구 사회에는 전통에 기초를 둔("부모를 공경하라!") 상징적 권위가 있었다. 권위의 대리인 역시 전통에 복종했고 필요한 경우 자기 행동의 정당성을 입증해야만 했다. 하지만 지금 우리는 익명의 권력이 지배하는 세상에 살고 있다. 어디에 있는지 알 수 없기에 도덕적인 권위 역시 행사하지 않는 권력 말이다. 더 중요한 사실은 그런 권력에게는 더 이상 책임을 물을 수 없다는 것이다. 대표적인 사례가 콜센터이다. 수도 없이 전화를 해서 겨우 상대가 전화를 받아도("안녕하십니까? 고객님. 뭘 도와드릴까요?") 책임자와는 연결이 안 된다. 책임자란 것이 존재하지 않기 때문이다. 권력의 중심은 비어 있고 의자엔 아무도 앉아 있지 않다.

아버지들은 쓸모가 없어졌다. 이 시스템이 상징에 기초한 권위를 허용하지 않기 때문이다. 현대의 아버지는 기껏해야 제1의 어머니 옆에 자리 잡은 제2의 어머니이다. 그러니 두 사람 모두 자신들도 안정을 얻을 수 있는 권위를 요구하는 것이다. 비극은 체제의 희생자인 부모가 해당 체제가 낳은 결과까지 책임져야 한다는 데 있다. 여성 기자 카트 스하우브루크는(Kaat Schaubroeck)는 『책임의 압박감, 왜 부모는 항상 죄책감을 느끼나(*Ein erdrückendes Gefühl von Verantwortung*)』라는 책의 제목으로 이런 상황을 완벽하게 정리했다. 부모는 시스템 탓에 장애를 안게 된 자식을 도와주기 위해 애를 쓰지만 그들 역시 이리저리 떠밀려 다니다 결국 도착한 종착역은 복지 서비스의 콜센터다.

이로써 훈육의 수요가 증가하는 두 번째 이유도 밝혀졌다. 훈육은 신자유주의 정책에 내재한다. 신자유주의가 상징적 권위 및 이에 대한 신뢰를 부숴버렸기 때문이다. 그 결과 만인은 만인을 불신하고, 이는 지속적인 통제와 평가로 이어지며, 규제 철폐와 '자유' 시장을 주장하는 온갖 외침에도 끝없는 규제와 날로 늘어나는 계약을 낳게 된다. 푸코는 아마도 이런 과정을 인식한 최초의 학자였을 것이다. 그는 명확하게 확인 할 수 있는 권력—상징적 권위의 대변인인 아버지—이 이른바 '생정치' 쪽으로 이동했다고 말한다. 위치를 알 수 있고 말을 걸 수 있는 권력이 익명의, 일반화된 훈육으로 이동했다고 말이다.

이제 우리는 더 이상 권력을 확인할 수 없고, 일체의 저항도 하기 힘들어진다. 푸코는 영국 작가이자 사회개혁가인 벤담의 이상적 감옥을 비유로 끌어다 쓴다. 그의 감옥 한복판에는 감시탑이 우뚝 서 있어서 보이지 않는 감시인이 자신의 모습을 감춘 채 모든 수감자를 관찰할 수 있다. 이 모델은 극도로 효율적이고 저렴하다. 이 건물 이름인 팬옵티콘을 지키는 감시인이 단 한 사람이기 때문이다. 오늘날의 사회와 새로운 형태의 훈육은 거기서 한 걸음 더 크게 나아간다. 감시탑에 아예 사람이 하나도 없이도 통제가 사방에서 실시되기 때문이다. 우리는 거리에 있어도, 텔레비전을 켜도, 잡지를 펼쳐도, 어떻게 행동해야 완벽함의 규정에 도달할 수 있는지 눈과 귀가 따갑도록 보고 듣는다. 쉬지 않고 정체 모를 테스트를 받아야 하고 '예방 검진'과 회계감사와 각종 검사와 시험에 참여해야 한다. 게다가 부단히 스스로를 평가해야 한다.

이때 정신의학과 심리학이 중요한 역할을 한다. 바로 그래서 벨기에 철학자 얀 더 포스(Jan De Vos)는 '심리 정치'라는 말을 썼다. 매킨타이어가 1981년에 예언했던 심리학을 통한 우리 주체성의 조작은 거의 눈에 띄지 않을 정도까지 진행되었다. 최고의 증거가 '인간쓰레기' 집단의 증가이다. 이런 식으로 계속된다면 아마 얼마 안 가 인류의 절반은 치료사가, 나머지 절반은 환자가 될 것이다.

정신분석학자로서 나는 순진하게 개인을 지지하고 사회에 반대할 수도, 거꾸로 사회를 위해 개인을 희생시키자고 주장할 수도 없다. 개인의 손을 들어준 해방심리학을 내쫓고 그 자리를 꿰어찬 요즘의 주류 심리학과 주류 정신의학은 후자 입장을 대표한다. 과거의 해방심리학은 개인이 규범과 가치를 갖춘 사회에 의존할 수밖에 없다는 사실을 보지 못했다. 오늘날의 훈육 심리학은 개인과 그의 장애가 이 사회의 산물이라는 사실을 보지 않으려고 한다.

달리 말하면 병을 주는 사회와 건강한 자연 국가의 대립은 망상이다. 모든 사회는 예외 없이 병을 주기도 하고 건강을 주기도 한다. 이유는 아주 간단하다. 모든 공동체는 정상과 비정상의 관념을 정의하고 형성한다. 그러니까 지배적인 사고 모델이 실제를 결정하는 것이다. 어떤 사고 모델이 표준인가에 따라 실제도 달라진다. 종교적 모델(규범을 위반하는 자는 개종이 필요한 죄인, 이교도, 마녀이다.), 의학적 모델(규범을 위반하는 자는 치료가 필요한 환자이다.), 경제적 모델(규범을 위반하는 자는 기생충이다.) 중 무엇이 지배적이냐에 따라 달라지는 것이다. 유일한 공통분모는 배척이다. 경계선 이편에 있으면 우리 정상인이고 저편에 있으면 그들 비정상인이다. 그래서 어떤 관점으로 보고 어떤 결론을 끌어내느냐에 따라 같은 사람이 어떤 때는 순교자가 될 수도 있고(종교 모델), 위험한 정신병자가 될 수도 있고(의학 모델), 테러리스트가 될 수도 있는(경제 모델) 것이다.

따라서 문제는 한 사회가 병을 주느냐 건강을 주느냐가 아니다. 문제는 특정 사회가 일탈을 어떻게 규정하며 그것이 어떤 결과를 낳느냐 하는 것이다. 그런데 이 규정이 윤리적으로 미심쩍어서 한 사회가 자기 자신의 기반을 공격하는 사태가 일어날 수도 있다. 충분히 상상할 수 있는 일이다. 한 사회가 자기 자신의 결속을 파괴하는 것이다.

지금 우리 곁에서 바로 그런 일이 일어나고 있다.

8

좋은 삶

지배자의 권력과 일하는 사람의 권한

모든 사회는 정상과 비정상의 기준을 정한다. 이 기준은 사회가 이상적이라고 생각하는 정체성에 좌우되고, 이는 다시 지배 서사와 그로부터 나오는 통치 권력에 기초를 두고 있다. 그렇게 본다면 모든 사회는 건강과 질병을 동시에 주며, 따라서 우리는 판단을 내릴 때마다 이 양극단의 균형을 잘 잡아야 한다. 그런데 오늘날의 건강 지표는 대부분 병을 주는 방향을 가리키고 있다.

앞서 1장에서 배운 정체성 탄생에 관한 지식을 동원한다면 우리의 판단을 조금 더 구체화할 수 있을 것이다. 오늘날의 사회조직은 정체성 형성에 관여하는 두 가지 기본 과정, 즉 동일시 및 분리와 어떤 관계가 있을까? 시야를 조금 더 넓혀 이 사회조직은 인간의 행동생물학적 유산에 대한 우리의 지식과 어떤 관계가 있을까?

반복하지만, 정체성의 발달은 두 가지 기본 방향, 즉 타인과 하나가 되고 싶은 욕망과 자율을 지향하는 욕망에 의해 결정된다. 바람직한 경우 이 두 가지 욕망이 균형을 이룬다. 첫 번째 방향은 동일성의 욕망, 즉 집단 형성과 복종의 욕망이며, 두 번째는 차이, 즉 개인주의와 독립의 욕망이다. 사회 집단이 너무 약하게 형성되면 개인은 타인에게 다가가고픈 욕망을 강렬하게 느낀다. 그래서 많은 사람들이 특정한 병상(病狀)이나 왕따 같은 미심쩍은 공통점이나 공동 활동을 통해 무언가 집단에 소속되고자 한다. 반대로 집단이 너무 강하게 형성되면 개인의 욕구가 들어설 자리가 없어지고, 조금이나마 자율을 얻기 위해 부과된 규칙에서 어나려고 안간힘을 쓴다. 전체주의 국가일수록 자율의 갈망은 강하고, 학교의 교칙이 엄격할수록 조금이나마 개인의 특성을 드러내려고 교복 치마 길이를 줄이고 바지통을 줄인다.

이 양쪽 경향은 각자 나름대로 특수한 형태의 공포와 공격성을 만들어낸다. 불과 몇 세대 전만 해도 사회는 고인 물처럼 변화가 없었다. 그에 대한 반응으로 자율의 욕망이 자라났고, 이는 침입(intrusion)과 과도한 통제에 대한 공포를 불러일으켰다. 공격성을 외부로 돌릴 수 있을 때면 획일화하는 중앙의 권위를 공격 대상으로 삼았다. 하지만 지금 사회에 선 개인이 중심이며, 이로 인해 안정감이 사라지고 불신이 늘어난다. 공격성은 더 빨리 외부로 향한다. 잠재적 위험인 타인에 맞서 자신을 보호해야 하기 때문이다. 그럼에도 각 개인은 타인과 가까워지고 싶은 욕망을 느끼고, 버림받을지 모른다는, 더 외로워질지 모른다는 공포에 시달린다.

공동체 의식이 실종되고 극단적인 이기주의가 부상한 주요 원인은 사람들을 체계적으로 서로 반목하게 하고 불평등을 심화시키는 오늘날의 경제 모델이다. 따라서 동일성과 차이, 공동체 의식과 자율성의 균형을 되찾고 싶다면 오늘날의 노동환경을 바꾸고 경제를 다르게 생각해야 할 것이다. 오해를 피하기 위해 말하지만 나는 '평등주의' 모델의 지지자가 아니다. 과도한 평등은 과도한 차이 못지않게 부정적인 결과를 낳으며 둘 다 전형적인 형태의 공격성과 공포를 불러온다. 이상적인 노동환경은 경제적 보상을 남발하지 않는, 품질 평가에 기초한 능력주의 체제를 발 판으로 삼는다. 신경제 지지자에게도 같은 말을 해주고 싶다.* 질적 지속성을 위하여 (순수) 양적 성장의 이념을 최대한 빨리 포기해야 한다고 말이다. '성장 이념'은 '더 많이, 더 높이, 남들보다 높이'를 추구하는 자연의 사다리가 물려준 최악의 유산일 것이다.

드러내놓고 말하지는 않지만 점점 생각을 바꾸기 시작한 기업인들도 많다. 그들이 시급하게 요구하는 것은 생산력을 갖춘 정치

* 이 모든 것은 이 책에서는 많이 다루지 않았지만 당연히 우리 시대의 가장 큰 문제인 환경 파괴와 관련이 있다. 환경 파괴는 과도한 인구 증가와 현 경제체제가 낳은 결과이다. 이 문제에 대한 관심의 부족은 (녹색당이 국회에 진출한 나라는 몇 안 된다.) 인류 존속의 가망을 흐리는 나쁜 징조이며 인간이 그토록 자랑하는 이성이 과연 존재하는지 의구심을 불러일으킨다.

체제이다. 그런 정치체제의 부재가 얼마나 시급히 해결해야 할 현안인지는 정치가 국민을 희생시켜 은행을 '구원했던' 그간의 방식에서도 여실히 알 수 있다. 이런 행위는 정치적 비전과 용기의 부족을 입증한다. 한마디로 부패와 비겁함의 결합인 것이다. 그들이 말하는 소위 **현실 정치**는 주식시장의 피리 소리에 맞춰 춤을 추는 한 세대의 회색 쥐들을 양산했다. 우리에게 필요한 것은 민주적 경쟁을 통해 자신의 신념을 단호하게 대변하는 넓은 스펙트럼의 정당들이다. 그런 의미에서 나는 "정치는 증권시장에서 만들어지지 않는다."라던 드골 장군의 말에 동의를 표하는 바이다. 경제가 사회를 따라야지 사회가 경제를 쫓아가서는 안 된다. 우리는 한 걸음 뒤로 물러나야 한다. 그것이 피할 수 없는 현실이다. 서구인들은 분에 넘치는 생활을 하고 있다. 하지만 이런 뒷걸음질이 사회에 득이 되어야지 경제에 득이 되어서는 안 된다. 이 말을 듣고 놀라는 사람이 있다면 자기 자신에 대해 다시 한번 생각해볼 일이다.

사회는 동일성과 차이, 공동체와 개인의 균형이 유지될 때 제 기능을 다한다. 이를 위해 필요한 요인이 권위와 함께 권위가 행사되는 방식이다. 그런데 신자유주의, 디지털화, 숫자에 대한 불합리한 맹신이 어우러지면서 이중 효과가 발생한다. 우리는 규제가 매우 심한 사회에 살고 있지만 아무리 찾아도 권위는 없다. 강제와 규제는 자고 나면 생기는 온갖 새로운 규정과 사방에 깔린 CCTV에서 나온다. 권위의 부재는 권력을 행사할 준비가 돼 있고 용기가 있는,

우리와 대화를 나눌 수 있는 직무 담당자를 찾기가 힘들다는 사실에서 절감한다. 2장에서 나는 고대에는 자기인식과 자제력을 갖춘 인물을 바람직한 지도자로 생각했다고 말했다. 기독교 시대에는 신의 계명을 실천하기 위해 신의 부름을 받은 자를 지도자로 생각했고, 모두의 시선은 내세를 향했다. 현대에 들어 민주주의가 발달하면서는 국민이 의원을 선출했다. 그러면 다수의 대변인인 이 의원들이 최선의 정책을 입안할 자격을 갖게 된다. 물론 기존의 법안을 기준으로 삼아야 하고, 이 법안 역시 특정한 규칙에 따라서만 바꿀 수 있다. 사제는 신의 권위를 대변했고 의원들은 국민의 대변인이다. 그런데 20세기 중반에 들어서 권위를 바라보는 사람들의 눈길에 의심이 서리기 시작했다. 더불어 권위의 의미가 변하기 시작했다. 이제 '권위적' 체제는 독재의 동의어가 되었고 사제, 교사, 정치인, 지도자를 가리지 않고 권위자는 예외 없이 무너뜨려야 하는 독재자가 되어버렸다.

뒤돌아보면 권위에 반하는 운동의 논리에서 허점을 발견하기란 어렵지 않다. 다만 우리가 사용하는 언어를 고민할 필요는 있다. 서구 민주주의에선 '지배자' 대신 '권한을 가진 사람(people in authority)'이 있다. 권한이 임시적으로 개인에게 위임되는 것이며 이때 인간은 어떤 기능으로 축소되지 않는다. 각각의 기능들은 공동의 법과 의무를 정하는 더 넓은 상징 구조 안에 자리 잡게 되고 그러므로 다시 공동의 서사가 중요해진다. 권한을 지닌 사람이 현장(懸章: 예전에,

주번 사령·사관 등이 오른쪽 어깨에서 왼쪽 겨드랑이로 걸쳐 매던 띠—옮긴이), 휘장, 법복처럼 자신이 맡은 직무를 상징하는 외적 징표를 달거나 제복을 입는 것은 괜한 일이 아니며, 시민들은 그런 징표를 단 사람에게 책임과 해명을 요구할 수 있었다. 요즘 그런 '완장'을 달고 다니면 사람들의 조롱거리가 될 것이다. 이 역시 이제 더 이상 권위와 권위자가 구분되지 않는다는 증거이다. 오늘날의 개인에게 권위와 권위자는 하나이다. 따라서 상징적인 정통적 권위의 의미는 거친 폭력이란 뜻으로 변하고 말았다.

이에 대한 우리의 반응은 양가성을 띠고 있다. 권력은 의심스럽다. 그래서 최대한 격렬하게 싸워 물리쳐야 한다. 하지만 우리의 문제를 단번에 해결해줄 강한 지도자는 필요하다. 심지어 둘 다를 동시에 원하는 사람들도 있다. 권위의 부활을 외치면서도 정작 자기 아이가 학교에서 벌을 받으면 난리법석을 떤다. "그 선생 정신이 있어 없어?" 하지만 바로 이것이 문제의 핵심이다. 교사는 정해진 자기 직무를 다 한다. 그리고 수업을 할 때 존중받아야 하는 권한이 있다. 이들이 직무를 유기할 경우 책임을 물을 수 있다. 하지만 직무와 권한 자체는 보호받아야 한다. 그렇지 않으면 수업이 불가능해진다.

그러나 지금 우리 사회에선 권력과 권위, 지배자와 권한자의 차이가 실종되면서 권력을 입증해야 하는 경우가 너무 잦아졌다. 때문에 강자의 '권리'가 득세하는 상황이 되어버렸다. 역설적이게도 이는 다시 '적자생존'의 정당성을 입증하는 증거로 인용된다. 특히 직업 세계에서 그런 현상이 두드러진다.

효율성과 행복을 모두 고려하는 노동환경

1장에서 나는 우리 정체성의 본질이 대부분 애정 생활과 관련이 있다고 설명했다. 우리는 누군가의 자식이고 누군가의 파트너이며 누군가의 엄마 아빠이며 누군가의 형제자매이다. 이와 함께 또 하나의 중요한 기둥이 있다. 바로 직업 정체성이다. 두 경우 모두 타인과의 관계가 우리의 자존감을 좌우하지만 직장생활에서는 여기에 전문 능력이 추가된다. 우리가 누구이며 어떻게 느끼는지는 대부분 직장 및 동료와 맺는 관계에 달려 있는 것이다.

무엇이 효율적인 노동을 가능하게 할까? 일터 및 일과 관련하여 어떤 것들이 우리를 행복하게 만들까? 어떻게 하면 효율성과 행복, 이 두 가지를 결합할 수 있을까? 경제위기가 찾아오기 전에 실시했던 탈진증후군 연구 결과를 보면 직장 생활로 인한 우울증은 힘든 노동이나 과도한 노동 부담의 결과가 아니라 노동환경, 특히 인간관계와 관련이 깊다고 한다. 상호 존중과 인정의 결핍은 탈진증후군의 가장 중요한 원인으로 꼽힌다. 직장에서의 동기부여를 주제로 한 댄 핑크(Dan Pink)의 TED 글로벌 토크는 이 사실을 잘 확인해주었다.[42]

보너스 및 요즘 사람들이 말하는 '사기꾼 기질'과 관련해서도 핑크의 설명은 매우 중요하다. 수입이 어느 정도를 넘어서면 외부의 보상은 별 효과를 발휘하지 못한다. 경제적 자극이 동기를 높이는 경우는 지적 활동을 요구하지 않는 노동에 한정된다. 두뇌를 쓰자마자, 특히 창의성이 요구되는 일터라면 더더욱 내적 동기가 더 많은 효과를 발휘한다. 심지어 외적 동기부여, 이를테면 보너스가 오히려 부정적 효과를 낳을 수도 있다. 보너스만 바라고 일을 하는 직원은 마음에서 우러나와서 일을 하는 직원보다 당연히 작업 결과가 더 좋지 않을 것이다. 그런데도 대다수 직장이 보너스를 선택한다. 사실 우리가 사는 세상은 지식경제 체제이다. 그렇지 않은가? 컨베이어벨트를 이용하는 일처럼 머리를 안 쓰는 일은 거의 없다. 컨베이어벨트 앞에서 하는 일처럼 단순 노동의 경우 보너스가 긍정적 효과를 발휘한다. 하지만 멍청하게도 정작 그런 데서는 보너스를 자극제로 삼는 경우가 극히 드물다.

그래서 정치 분야건 경제 분야건 결정권자들은 외적 동기부여책을 대한 줄이려고 애쓴다. 더구나 오늘날의 보너스 제도는 소득격차를 심화시키며, 바로 이런 차이가 거의 모든 부정적인 심리사회적 효과를 가지고 온다. 그러니 집중적으로 내적 동기에 관심을 쏟아야 할 이유는 충분하고도 남음이 있다. 공익을 대변하려는 정치가라면 명심해야 한다. 그렇지 않다면 그는 공공의 이익이 아니라 다른 이익을 대변하는 것이다. 내적 동기란 무엇인가? 핑크는 세 단어로 요약했다. 자율성, 장인의 기술, 목표. 그의 주장을 앞 장에서 설명한 내용들로 보충해보자.

자율성과 장인의 기술은 밀접한 관련이 있다. 자립적인 조직에서 자기 일을 스스로 찾아갈 수 있으면 동기와 참여가 급상승한다. 이를 통해 장인의 기술과 능력도 자동적으로 자랄 테고, 다시금 일에 더 많은 재미를 느낄 것이다. 세넷이 장인정신(craftmanship)이라 불렀던 전문 능력과도 밀접한 관련이 있다. 목표는 자신의 능력을 넘어서는 것, 그리고 혼자 할 수 없는 일에 자신도 기여를 하는 것이다. 이를 통해 내가 자리를 차지하고 있는 이 공동체의 일부가 되었다는 소속감을 느낀다. 여기서도 다시금 동일성과 차이의 균형, 전체의 일부이지만 자율적이라는 느낌이 필요하다.

그런데 오늘날의 노동환경은 정반대이다. 고도의 자질을 갖춘 사람들조차 약간의 책임만 질 뿐 권력이 없다. 자기가 직접 해야 할 일인데도 결정 과정에 거의 참여하지 못한다.

숫자의 독재는 정보와 결합하여 참여의 기회를 빼앗고 '상부'의 결정을 직접 '하부'로 전달한다. 앞 장에서도 살펴보았듯 결정의 자유가 줄어들수록 노동은 점점 더 사람들을 병들게 한다. 무엇보다 인간관계에서 그러하다. 타인의 권력에 복종해야 할수록 내 삶을 내가 통제한다는 느낌이 떨어진다.[43]

하향식 원칙에 따라 조직된 노동은 목표의 정의는 물론 목표를 달성하는 방식에도 영향을 미치고, 결국 능력과 기술이 실종된다.

무기력하고 수동적이라는 느낌이 날로 심해진다. 외부에서 아무리 보상을 많이 해도 달라지는 것은 없다. 오히려 모든 연구 결과는 자율성과 결정권을 촉진하고 더 높은 목표를 위해 함께 일한다는 느낌을 주는 환경이 긍정적 효과를 낸다는 사실을 입증한다. 생산성과 효율성은 노동에 대한 만족도와 더불어 상승한다. 회사에 대한 충성심과 소속감 역시 마찬가지이다. 성인 노동자들이 어른답게 행동하고, 이 경우 질병도 급격히 줄어든다.

많은 독자들이 이 글을 읽고 어깨를 으쓱할 것이다. 좋은 말이야. 하지만 결국 돈 때문에 일하는 거 아냐? 또 설사 그렇다고 해도 창의적인 노동에 국한된 이야기야. 이 두 가지 항변은 아주 쉽게 반박할 수 있다. 건실한 연구 결과를 통해서도, 주변 사례를 통해서도 쉽게 반박할 수 있다. 다른 곳에서도 이미 강조했듯 오늘날의 사회는 특정한 경제적, 사회적 조직의 결과일 뿐 유일한 현실이 아니다. 모든 연구 결과는 수입이 일정 단계에 오르면 보너스의 매력은 사라진다는 사실을 입증한다. 또 보수가 없거나 아주 적은 일을 하면서도 만족감과 자존감, 소속감을 느끼는 사람들이 수없이 많다. 모든 자발적 조직이 그런 사례이다. 두 가지 사례를 들어보겠다.

디지털 시대의 막이 열릴 당시 마이크로소프트는 기가 막힌 아이디어를 냈다. 모든 멀티미디어를 활용하여 디지털 백과사전을 만들자는 것이었다. 일부는 시디롬으로 만들어 팔고, 일부는 온라인으로 판매할 획이었다. 전 세계 전문가와 접촉하여 협력을 요청했고 어마어마한 돈이 투자되었으며 모두들 획기적인 성공을 예상했다. 하지만 결과는 처참했다. 2008년 엔카르타 프로젝트는 무산되고 말았다. 그러는 동안 지미 웨일스(Jimmy Wales)가 몇 명의 자원자들과 함께 위키피디아를 만들었다. 나머지는 역사의 작품이었다. 전 세계에서 열광적인 위키피디언들이 자신도 이 놀라운 사업의 일원이라는 자부심에 넘쳐 돈 한 푼 받지 않고 동참했고, 그 결과 대단한 품질의 사전이 만들어졌다. 이제는 학자들도 위키피디아에 자기 작품이 인용되면 대단한 영광으로 생각할 정도다. 핑크는 위키피디아를 "현실적으로 생각해!"라고 외치는 세태를 반박하는 사례로 즐겨 인용한다. 15년 전 누군가 회사를 차리고 품질관리를 스스로 책임지는 무급 노동자들을 데리고 무료 백과사전을 제작하겠다고 제안했다면 분명 정신병 환자 취급을 받았을 것이다.

정신병 말이 나왔으니 말이지만 두 번째 사례가 바로 정신과 이야기이다. 지난 몇 년 동안 심리 보건 부문은 과도한 하향식 경영의 제물이 되었다. 평가, 측정, 직원 면담, 뉴스피크(회계감사, 갭 분석, 핵심성과지표, 벤치마킹 등) 같은 온갖 방법들이 동원되고, 지사장의 감시하에 디네이터의 지휘를 받으며 만사는 일사천리로 진행된다. 다른 곳도 아니고 대학 교육을 받은 심리 전문가들이 우글거리는 일터가 심리적 동기 연구 결과에 정반대되는 방식으로 조직된다니, 이게 있을 수 있는 일인가? 결과는 안 봐도 뻔하다.

2009년 말 사회복지사들의 절망에서 탄생한 안트베르펜의 자원봉사 조직 테요(TeJo: 청소년 치료사)는 이런 세태에 반대한다. 테요는 무료로, 익명으로 응급치료를 제공한다. 치료사들은 의도적으로 자기는 잘 모르겠다는 식의 태도를 취하여 "자신이 뭘 원하는지 가장 잘 아는 청소년들의 전문가 입장"을 존중한다. 판단 기준 따위는 필요치 않다. 그 무엇도 평가하지 않는다. 관리 비용은 최소이고 경영은 아무도 하지 않으며 오직 목표는 사회복지사들이 진짜 자신들의 일을 하는 것이다. 모든 치료사는 무보수로 일한다. 3년이 지난 지금 자원봉사자는 예순 명이 넘고 신청자 수도 늘어나고 있다. 그들의 재교육 프로그램에 참여했던 나는 정말로 흐뭇한 기분을 맛볼 수 있었다. 참가자들의 뜨거운 열정을 함께 느꼈기 때문이다. 그들의 작업 방식은 자율성과 결정권, 자기 경영, 협조에 기반을 둔 통제, 공동의 목표 등 동기부여의 모든 기준을 충족시킨다. 흥미롭게도 테요에서 활동하는 다수의 치료사들은 관료화된 정신 보건 서비스 분야의 직장에 다니고 있다. 그곳에서 정해진 규정에 따라 아무런 의욕도 없이 일을 한다. 그러니까 테요에서 산소 충전을 하는 셈이다.

그러나 이 두 가지 사례는 모두 비영리 부문의 이야기이다. 그렇다면 '진짜' 노동 현장은 어떤 상황일까? 생산 경제 역시 그사이 내적 동기의 잠재력을 발견했다. 직원 참여(employee share ownership), 초과이익 공유(profit sharing), 참여적 관리(participatory management)에 역점을 두는 기업은 다른 기업에 비해 훨씬 생산성과 효율성이 높다. 그런 회사의 직원들은 의욕이 눈에 띄게 강하기 때문이다. 볼보 트럭이 도입한 자기관리 팀(부분 자율적 작업 집단)은 표준 생산에서도 하향식 조직에 비해 훨씬 더 많은 성과를 거두는 것 같다. 프랑크 판 마센호버(Frank Van Massenhove)는 이미 10년 전부터 벨기에 연방 사회복지 공공 서비스를 완전히 새로운 식으로 이끌어가고 있다. "여기선 모두가 자기 삶을 스스로 결정합니다. 원하는 시간, 원하는 장소, 원하는 방식대로 일합니다. 그렇지만 개인의 자유가 너무 많기 때문에 각 개인에게 우리가 무엇을 기대하는지 매우 정확히 알아야 합니다. 이것이 새로운 노동의 핵심입니다." 결과는 놀랍다. 벨기에의 모든 복지 관공서를 통틀어 이곳 실적이 가장 뛰어나다. 판 마센호버는 2007년 '올해의 최고 관공서장'으로 선출되었고 연방 사회복지 공공 서비스는 벨기에 공무원들이 제일 가고 싶어 하는 기관이다.[44]

양적인 평가보다 질적인 평가가 필요하다

테요는 여러 관점에서 진보적 실험이다. 과도한 규제에 신물이 난 누군가가 새로운 것을 만들고, 단기간에 성공적인 기업으로 성장한 것이다. 신자유주의 역시 소위 자유시장과 규제 철폐를 외치며 등장했지만 실제로는 순식간에 의욕을 말살하는 납처럼 무거운 관료주의로 변질되었다. 이유는 5장에서 이미 설명했다. 자유시장은 구호일 뿐 신자유주의 조직은 생산성 향상과 경쟁을 목표로 쉬지 않고 평가의 잣대를 들이대는 중앙의 엄격한 정책을 통해 작동한다. 평가, 숫자에 대한 맹신, 온 세상의 디지털화가 만나는 현재, 우리는 그런 조직의 영향력을 예전보다 훨씬 강렬하게 느낄 수 있다. 앞에서 나는 오늘날의 팬옵티콘, 즉 감시탑은 텅 비어 있는 것이 특징이라고 말했다. 완벽하게 맞는 말은 아니다. 감시를 하는 중앙의 감시인이 없다는 점에서는 텅 비었다. 하지만 그의 자리를 이제 컴퓨터가 대신 차지한다.

물론 컴퓨터가 인류에게 암울한 미래를 안겨줄 거라는 말은 절대 아니다. 그럼에도 일체의 기술혁신이 그러하듯 디지털화 역시 인간의 특정한 강박을 더욱 부채질한다. 컴퓨터의 경우 통제와 예상 가능성의 욕망을 부채질한다. 자판만 몇 번 두드리면 통계자료를, 화려한 컬러 다이어그램을 각종 형태로 쏟아내는 컴퓨터는 통제의 망상을 부추긴다. 통계자료가 프린터에서 나오는 속도는 더 이상 생각할 시간을 남겨주지 않는다. 주변에서 통계와 데이터에 대한 순진한 믿음을 목격할 때마다 나는 깜짝깜짝 놀란다. 신은 죽었지만 우리 모두는 숫자에 복종한다. 그 숫자가 어떻게 나왔는가, 달리 해석될 수는 없는가. 누구도 그런 질문은 던지지 않는다.

작은 사례가 하나 있다. 벨기에 기업인협회장이 『데 스탄다르트』지에 글을 올려 '독일 모델'을 찬양했다. 2005년 평균 11.4퍼센트이던 실업률이 2011년 4월에는 6.1퍼센트로 절반이나 줄었고, 동시에 독일 예산적자도 눈에 띄게 줄었다는 것이었다. 회장은 이 모델을 도입한 게르하르트 슈뢰더 수상이 사회민주당 소속이라는 사실을 자랑스럽게 지적했다. 그리고 이런 수치로 미루어볼 때 벨기에도 한시바삐 독일 모델을 쫓아가야 한다는 결론을 내렸다. 실업자가 줄어들고 예산 적자도 감소하다니, 모두에게 득이 아닌가?[45]

그러나 독일의 실업자들이 신자유주의식 하르츠 개혁(Hartz reform, 2003~2005년) 이후 어떤 일자리도 거부할 수 없는 처지에 놓였으며, 독일 기업의 절반에서 임금협약이 사라지고 나머지 절반에선 아무런 보호도 받지 못하는 계약직이 날로 늘어나고 있다는 사실을 알고 나면 관련 통계 숫자를 바라보는 시각도 달라질 것이다. 이들 계약직은 같은 일을 하고도 정규직 동료에 비해 30~40퍼센트 더 적은 돈을 받는다. 결과는 직업이 있는 독일인의 5분의 1, 그러니까 2008년에는 700만 명에 이르는 사람들이 시급 4~6유로를 받고 일하고, 따라서 어쩔 수 없이 투잡을 뛸 수밖에 없다. 실업자 수가 줄어든 배경에는 워킹푸어의 급증이란 현실이 숨어 있다. 유럽연합의 공식적인 수치를 보면 독일의 빈곤층 비율은 2005년 12.5퍼센트였으나 2009년에는 15.5퍼센트로 늘어났다. 2000년에서 2009년 사이 실질소득은 4.5퍼센트나 줄었고, 이는 사회 불평등의 심화를 낳았다. 비교를 해보면, 벨기에의 경우 같은 기간 동안 소득이 7.4퍼센트 올랐지만 인플레이션율 역시 대략 동일하여 제로섬게임이었다.[46]

벨기에 기업인협회장이 독일 모델을 찬양하는 글을 실은 뒤 벨기에의 치를 두고 비슷한 토론이 벌어졌다. 온 신문들이 나서서 플랑드르 정부의 보도자료를 실었다. 학술 연구 결과를 보니 플랑드르 주민의 불과 0.4퍼센트만이 가난하게 살고 있다는 내용이었다. 같은 주 해당 학술 연구에 참여했던 학자들이 정정 보도를 냈다. 보도자료의 내용이 맞지 않다는 것이었다. 0.4퍼센트는 자신들의 연구 결과를 잘못 해석한 데서 나온 수치이며 유럽의 공식 계산법대로 하면 플랑드르 빈곤층 비율은 11퍼센트라고 말이다. 또한 자신들의 기준을 적용할 경우 그보다 더 높은 비율의 수치가 나온다고 주장했다. 그러니까 그런 것을 계산하는 데에는 공식적인 방법과 그렇지 않은 방법 등 여러 계산법이 있는 것이다.

학자로서 나는 통계자료에 깊은 불신을 품는다. 나는 경제학도 인문학에 포함시키는데 인문학의 경우 같은 자료로도 여러 다른 방향으로 나아갈 수가 있다. 사실 그 수치가 어떻게 나왔는지부터가 의심스러운 경우가 적지 않고, 통계학 전문가가 아니라면 신빙성을 판단할 수조차 없다. 숫자에 대한 가장 큰 착각은 그것이 현실의 정확한 반영이라는 생각이다. 대부분은 정반대다. 숫자는 현실의 특정 이미지를 창조한다. 사람들은 무엇보다 특정 기대를 충족시키기 위해 수치를 제시하며 그 기대 역시 항상 어느 정도 숨은 이데올로기에 기초하고 있다. 그리고 시간이 가면서 이 이미지가 결정 과정을 좌우하는 것이다. “숫자가 그렇다고 하잖아!”

그러므로 숫자만 쳐다볼 것이 아니라 의도적으로 독일 모델을 들먹이는 사람의 말에 귀를 기울이는 것도 정말 중요하다. 독일 기자 권터 발라프(Günter Wallraff)는 몇 년 전부터 위장 잠입 취재를 통해 신자유주의가 낳은 인권 사각지대를 세상에 알리고 있다. 예를 들어 거주 외국인의 삶이 구체적으로 어떠한지 몸소 체험하기 위해 직접 몇 달 동안 외국인으로 살아보는 것이다. 그는 또 사회의 맨 밑바닥, 대형 마트의 제빵사나 콜 센터 직원이 되어 자기 체험담을 『멋진 신세계』(우리나라에서는 『가장 낮은 곳에서 가장 보잘 것 없이—르포 기자 권터 발라프의 인권 사각지대 잠입 취재기』라는 제목으로 출간되었다.—옮긴이)라는 책에 고스란히 담았다. 그가 보기엔 기아 임금(시급 세전 7.66유로) 해결도 시급한 문제지만 이 못지않게 인간답지 못한 대우, 어디에도 소속되지 못한다는 느낌이 더 견디기 힘들다. 그러다 보면 인생의 패자가 된 듯하고 수치심이 들며 최대한 남들의 주목을 받지 않으려 하게 된다. 한때의 **침묵하는 다수**는 이제 자신들의 힘겨운 상황을 최대한 외부에 알리려고 하지 않는 고립된 집단 속의 **보이지 않는 다수**가 되어버렸다. 이는 다시 연대감을 짓밟는다. 예전보다 더 연대감 이 절실한 바로 지금 이 시점에 말이다. 발라프는 이런 워킹 푸어들이 해결하기 힘든 장기 문제가 될 것이라고 예언한다. 그들의 자식들에겐 실제로 아무런 기회가 없기 때문이다. 이런 사회에선 능력주의도 불가능하다.[47]

발라프를 통해 우리는 "모든 것을 평가할 수 있다는 원칙"이 개인에게 미치는 영향의 문제에 도달했다. 숫자가 주연을 맡는 평가의 연극은 노동의 만족도와 의욕, 충성심, 회사와의 일체감에 치명적이다. 나아가 일체의 창의성과 자율성을 짓밟고 모욕감을 주고 자존감을 훼손시킨다. 질적인 요인과 상황을 무시하고 일터의 현실에 문외한인 재판관이 모두에게 똑같은 평가 체계를 들이댈 경우 부정적 결과는 더욱 심해진다.

평가를 옹호하는 쪽에서는 항상 똑같은 논리를 들이댄다. 첫째 품질이 오르고 둘째 최고의 인재가 보상을 받게 된다는 논리이다. 둘 다 틀렸다. 신자유주의 능력주의가 몰고 온 긍정적 효과는 시작 단계에서 끝나고 사회적 유동성은 얼마 못 가 정지한다. 양적 판단은 노동의 품질을 높이기는커녕 오히려 떨어뜨린다. 결국 관료주의가 심해지고 그러다 보니 정작 핵심 업무에 쏟을 시간은 점점 줄어들며 노동 압박은 날로 심해진다. 할당 채우기에 급급한 사람에게 품질을 돌볼 여유가 있을 리 없다. 경찰은 치안에 힘쓰지 못하고 교사는 수업에 신경 쓰지 못하며 의사는 환자를 치료할 시간이 없다. 결국 일하는 사람들은 의욕을 잃어버린다.

이들이 내놓을 수 있는 것은 기껏해야 보통 수준의 과물뿐이다. 평가가 필요하다는 데에는 나도 이의가 없다. 점점 더 많은 사람들이 신의 에고와 개인의 이익을 중시하는 정체성을 키우고 있는 시대이니만큼 평가는 불가피하다. 다만 어떤 형태의 평가가 가장 바람직할까, 그것이 문제이다. '객관적 측정'은 망상이다. 다시 한 번 말하지만 측정을 하기 위해서는 객관적 기준이 필요하다. 길이는 센티미터로, 무게는 킬로그램으로, 부피는 리터로 표시할 수 있다. 구체적인 제품의 생산(벨트에서 굴러가는 자동차의 숫자) 역시 측정할 수 있다. 그러나 대부분의 활동은 복잡한 업무를 포함하고 나아가 환경의 영향을 받는다. 이런 활동 역시 객관적인 측정으로 '믿을 수 있는' 수치를 제공할 수 있다는 가정은 망상이다.* 그런데도 숫자로도 모자라 수학 연산(더하기, 평균값 계산, 편차 등)까지 해대니 얼마나 우스운 일인가.

당연히 평가는 불가피하지만 전혀 다른 접근 방식이 필요하다. 특히 직원들에게 각자 맡은 일의 부분적 측면들에 대해 물어보는 질적 연구가 꼭 필요하다. 진지하게 임한다면 놀랄 정도로 긍정적 결과를 낳을 수 있는 방식이다. 직원들은 직속 상사와 협의를 하여 목표와 기준을 정하고, 이 기준에 맞추어 성공이냐 실패냐를 판단한다. 일의 어떤 요인을 가장 중요하게 생각하는가? 무엇을 바꾸고 싶은가? 어떻게 하면 될까? 이런 것들을 협의를 통해 정해야 한다. 정기 보고 형식을 정하면 일이 잘못 될 경우 적시에 수정할 수 있

* 이런 종류의 평가는 소위 리커트 척도법(Likert scale)을 사용한다. 예를 들어 어떤 특징에 대해 나쁘다, 충분하다, 좋다. 아주 좋다를 평가해달라고 사람들에게 부탁하는 것이다. 숫자(-2/-1/0/1/2)로 표시하는 경우도 많다. 여러 가지 버전이 있는데 3~7점까지 점수를 매길 수도 있다. 하지만 이런 것들은 항상 평가를 내리는 사람이 주관적 기준을 근거로 직관적으로 평가한 것이다. 숫자로 표시된 모든 것은 객관적으로 특정할 수 있다는 인상을 불러일으킨다. 1센티미터는 어디를 가도 1센티미터이다. 하지만 한 직원이 +2로 평가한 것을 그의 동료들은 전혀 다르게 평가할 수 있다.

다. 평가는 모두에게 필요하므로 상사들 역시 부하 직원들에게 상향식 평가를 받아야 한다. 이를 통해 자신이 현장에서 일어나는 일을 얼마나 몰랐는지, 자기 행동의 결과를 얼마나 잘못 평가할 수 있는지를 깨닫게 된다.

이런 질적 평가가 책임감을 얼마나 빠르게 키우는지는 경험을 통해 알 수 있다. 동료들 상호간의 신뢰도 마찬가지로 급상승한다. 여기서도 개인과 집단, 개인의 창조성과 집단의 협력 사이에서 균형을 맞추어야 한다는 사실을 잘 알 수 있다.

우리가 변하는 수밖에 없다

경제위기는 많은 사람들의 삶을 뒤흔들었다. 사방에서 변화해야 한다는 외침이 터져 나왔다. 대중에 영합하는 자들은 타락한 지도층에게 죄를 묻고 지식인들을 '시스템'에, 정치가와 경제학자들은 '시장'에 책임을 돌린다. 모두가 똑같은 확신을 품고 있다. 어쨌든 내 탓은 아냐. 나는 피해자일 뿐이야. 남들이, 다시 말해 외국인, 실업수당을 받는 실업자, 탐욕스러운 은행가, 인정머리 없는 경영인이 순응하면 만사 다 잘될 거야. 유감스럽게도 이 남들이 누구인지는 확인할 길이 없다. 저항은 익명의 괴물(은행가들)을 향하고, 무의미한 길거리 폭력과 우울한 무기력이 번갈아가며 나타난다. 증시 역시 같은 모습이다. 과잉행동증후군 아이처럼 뛰어다니다가 다시 바닥을 모르고 추락한다. 양극성장애(예전에는 조울증이라고 불렸다.)는 신자유주의 삶 자체이다.

대부분의 사람들은 원인이 우리 자신에게 있지 않다고 생각한다. 따라서 해결책 역시 외부에서 와야 한다고 생각한다. 어딘가에 기적의 묘약이 있거나 모든 문제를 일시에 해결해줄 새로운 영도자가 있다고 말이다. 하지만 이런 생각 탓에 진실을 놓치고 만다. 그 사이 우리 모두가 많건 적건 신자유주의 이데올로기에 물이 들었다는 진실 말이다. 우리의 사고도 행동도 알게 모르게 물이 들었다. 물론 1장에서 다룬 정체성 형성 과정의 가장 불쾌한 결과이다.

청소년이나 청년들만 신자유주의적 정체성을 키운 것이 아니다. 부모들 역시 이런 방향으로 힘껏 떠밀려왔다. 오늘날 우리 모두는 일차적으로 바겐세일 사냥꾼이다. 직원을 자르는 경영자에 대한 분노는 상당히 근시안적이다. 해고는 단기적으로 더 많은 이익을 내고 싶어 하는 주주들 때문에 일어난다. 모든 주주가 그런 결정에 공동 책임이 있는 것이다. 모두가 항상 더 싼 제품을 원하기에 공장을 인건비가 싼 곳으로 이전한다. "최고의 상품을 최저가에!" 우리 모두는 이 모토를 추종한다. 고속도로 곳곳에 동유럽 트럭들이 출몰하여 불안하다고 투덜거리는 사람은 그 트럭들이 저임금 국가에서 생산된 염가의 소비재를 싣고 우리에게 달려오는 중이라는 사실을 까맣게 잊은 것이다.

포스트모던 시대 인간은 이상한 분열에 시달린다. 새로운 형태의 인격 분열이다. 우리는 체제를 비판하고 체제에 적대적이면서도 변화를 꾀할 만큼의 힘은 없다고 느낀다. 하지만 또 한편으로 이 체제를 강화하고 장하는 생활방식을 고수한다. 우리가 먹고 마시며 입고 이동하고 여행하는 방법이 다 여기에 포함된다. 우리는 우리가 비난하는 그 체제의 일부이다. 저항한다고 우익이나 좌익 정당에 투표를 하는 것으로는 변하지 않는다. 타인들만 변해야 하는 것이 아니다. 불편한 진실이지만 우리 자신도 변해야 한다. 소비만 할 것이 아니라 다시 국민의 권리를 고민해야 한다. 선거만 할 것이 아니라 생활방식도, 아니 무엇보다 생활방식을 먼저 바꾸어야 한다.

가장 먼저 만연한 냉소주의를 버려야 한다. 냉소주의는 신자유주의 시스템을 배타적 진리로 생각하게끔 유혹한다. 대안이 없다는 동화, 즉 TINA(There Is No Alternative) 신드롬은 오늘날의 위기가 환상의 위기이기도 함을, 아니 무엇보다도 환상의 위기임을 잘 보여준다. 이로 인해 우리는 "이러고 살다 죽지 뭐", "주어진 환경에서 최선을 다하자" 같은 식의 숙명론적인 생각을 하게 된다. 이기주의, 경쟁의식, 공격성은 당연히 인간의 타고난 본성이다. 악의 평범함이 현실이다. 하지만 이타주의, 협력 의지, 연대감, 요컨대 선의 평범함 역시 똑같은 우리의 본성이며, 이중 어떤 특징이 주도권을 잡느냐는 환경이 결정한다. 우리는 영장류에 대한 드 발의 연구로부터 이런 결론을 끌어낼 수 있다. 우리와 영장류의 가장 큰 차이점은 우리는 우리의 환경을 스스로 만들어나갈 수 있다는 것이다. 나아가 우리는 다른 사람들에게 무언가 의미 있는 존재가 되어 인정을 받을 때 기분이 좋아진다. 그런 행복감이야말로 오늘날의 전형적인 상태, 즉 우울한 쾌락주의, 우울한 향락과 극명하게 대립된다.

무기력이 우울을 부르는 경우는 드물지 않다. 아무것도 할 수 없어. 무엇도 도움이 안 돼. 난 처음부터 글러먹은 인간이야. 불행했던 어린 시절 탓이야. 이 사회가 문제야…… 어느 정도까지는 맞는 말이다. 하지만 이런 확신이 우위를 점하면 우울증이 심해진다. 우울한 환자가 병을 털고 일어날 수 있는 길은 스스로 결정할 수 있고 일부나마 자기가 책임을 지는 인생의 측면에 집중하는 것이다. 쉽지는 않지만 그렇다고 불가능하지도 않다. 우울한 소비자들, 오늘날 우리 모두인 그들에게 이런 호소를 하고 싶다. 모두가 소비 습관을 바꿀 수 있다고 호소하고 싶다.

소비자에 머물지 않고 시민이 되어야 한다. 정치가에게 공익을 실천할 의무가(이전보다 더욱 더 절실하게) 있다면 우리 역시 공익을 개인의 이익보다 더 중요하게 생각해야 할 책임이 있다. 그러자면 물질을 포기하고, 다시금 새로운 윤리를 키워나가야 한다. 이 윤리는 항상 자율과 연대, 개인과 집단의 균형을 염두에 두어야 한다. 권위와 권위의 실천 방식이 접착제 역할을 할 것이다. 시민 의식이란 민주적인 방식으로 우리가 권력을 부여한 사람들에게 복종한다는 의미만 있는 게 아니다. 상황이 요구한다면 우리 스스로 용기를 내 권력을 행사한다는 의미도 있다. 푸코는 마지막 강연에서 파레시아

(parrhesia), 즉 진실을 말할 용기의 필요성을 강조했다. 우리는 이 말을 너무 안이하게 해석한다. 종교단체를 비판하거나 인터넷 포털 사이트에 우리 의견을 거침없이 '포스팅'하는 수준으로 말이다.

그런 사춘기 수준의 '용기'로는 변화를 일으키지 못한다. 버스나 전철에서 일어나는 일상의 폭력에 대응하는 우리의 반응이 대표적인 사례이다. "경찰은 뭐 하는 거야?" 이렇게 투덜거리며 치안의 강화를 요구할 뿐이다. 브뤼셀 수도권 대중교통에서 폭력 사건이 발생하자 저널리스트 니나 페르하에허(Nina Verhaeghe)는 그런 용납할 수 없는 행동을 손 놓고 구경만 할 것이 아니라 공동으로 대처하자는 호소문을 발표했다. 우리에게 필요한 것은 바로 이런 용기이다.[48] 인터넷 포털에서 욕을 하는 것으로는 너무 미약하다. 연대와 민주주의가 요구하는 것은, 예를 들어 버스 기사가 공격을 당할 경우 승객들이 함께 나서서 대응하는 것이다. 그 버스 기사가 바로 우리이다. 베르하에그는 새로운 버전의 밥(BOB) 캠페인을 제안한다. 최대한 기억하기 쉬운 키워드를 이용해 연대 의식을 불러 일으키는 방법이다.*

* BOB 캠페인은 벨기에 교통안전공단의 음주운전 예방 캠페인으로, 큰 성공을 거두었다. 여러 명이 술을 마시러 갈 때 한 사람이 자원하여 술을 참고 기사 역할을 하자는 캠페인이었다. 키워드가 '밥'이었기 때문에 "오늘은 누가 밥이야?"라는 말이 한참 유행했다. 이 캠페인은 벨기에인들의 운전 습관에 큰 영향을 미쳤다.

딥 프레임을 건드리면 행동도 바뀐다

키워드를 사용하자는 제안은 행동 변화에 관한 심리 연구의 결과에 따른 것이다. 누구나 쉽게 기억할 수 있어 널리 회자되는 키워드는 숨어 있던 직관의 문을 열어 행동을 자극한다. 이는 기존의 행동 변화에 대한 생각과 대립된다. 우리는 흔히 합리적-인지적 방법을 통해서만 행동이 변화한다고 믿는다. 효과가 한참 후에 나타나더라도 자신에게 이익이 되는 바를 설명해주기만 하면 절로 깨달아 설사 힘들더라도 올바른 결정을 내릴 거라고 말이다. 그래서 오랜 세월 수많은 캠페인들이 이런 전략을 구사했고 이로 인해 큰 성과를 내지 못했다. 결론은 뻔하다. 그런 방법은 통하지 않는다.

왜 대부분의 도덕철학자들이 이런 사실을 보려고 하지 않는지 나에게는 여전히 수수께끼이다. 내가 추측할 수 있는 유일한 이유는, 아마도 계몽주의라는 유사 종교의 관점을 버리지 못하고 인간을 여전히 합리적 존재로 생각하기 때문일 것이다. 그들과 달리 광고의 세계는 오래전부터 진실을 간파했다. 행동을 바꾸고 싶으면 가치를 팔아야 한다. 나아가 이걸 가족, 모성애, 신의, 안전, 지위, 승리, 업적 등 정서의 포장지로 멋지게 둘러싸야 한다. 제품 자체와 합리적인 사실정보는 이차 문제다. 광고 메시지만 가만히 들여다봐도 이해할 수 있는 사실이다. 팔고자 하는 것이 화면에 전혀 등장하는 않는 경우도 허다하다. 그래도 통한다. 그런데도 성실하게 공익을 추구하는 진보 운동의 캠페인들은 여전히 정반대의 방법을 택한다.

최근 세계자연보호기금(WWF)이 과감하게 변화를 꾀했다. 전문가들의 도움을 받아 행동 변화를 이끌 연구를 실시한 것이다. 아래의 설명은 주로 이 연구 결과에 바탕을 둔 내용들이다.[49]

특정한 메시지는 그것이 깊이 뿌리내린 감정과 가치를 건드릴 때 가장 가슴에 와닿는다. "깊이 뿌리를 내렸다."는 비유는 우리가 이를 거의 의식하지 못하며 나아가 이것이 여기저기로 가지를 뻗어 나간다는 의미이다. 이를 두고 예전에는 "무의식의 연상 복합물"(프로이트, unconscious associative complexes)이라고 표현했지만, 요즘의 인지심리학은 딥 프레임(deep frames)이라고 정의한다. 프로이트는 심리치료를 하면서 특정한 키워드들을 활용하면 환자들로 하여금 이런 복합물과 정서로 곧바로 다가가게 할 수 있다는 사실을 발견했다. 나아가 변화, 예를 들어 공포의 극복 및 새로운 행동방식은 이런 복합물과 정서에 영향을 미쳐야만(프로이트의 경우 정신분석을 통해) 가능하다는 사실을 알게 되었다.

이는 집단 영역에도 해당된다. 1장에서 우리는 정체성이 우리가 환경으로부터 넘겨받는 것에 기초하며, 동일한 문화권에 속하는 인간은 동일한 복합물이나 프레임을 공유한다는 사실을 배웠다. 그러니까 집단 차원에서도 키워드를 통한 활성화가 이루어지는 것이다. 대학 관계자들을 앞에 두고 강연을 하면서 '학문의 자유'라는 말을 던지면 청중은 동의의 뜻으로 고개를 끄덕인다. 하지만 같은 강연에서 '검둥이'라는 말을 자꾸 쓰면 청중은 마음의 문을 닫고 만다.

이유는 키워드가 깊이 숨어 있던 연상의 해석 모델을 활성화시키기 때문이다. 이 모델은 정서로 가득 차 있기 때문에 '직관에서 나온' 반응을 불러일으킨다. 그런 딥 프레임 연구는 일련의 중요한 특징을 밝혀냈다. 예를 들어 여러 모델은 나란히 배열된 것이 아니라 서로 대립한다. 혹은 특정 해석 모델의 한 측면이나 가치가 활성화되면 자동적으로 해당 모델의 다른 측면들까지 모두 불려나온다. 또 한 가지 해석 모델 혹은 복합물이 활성화되면 대립하는 모델의 의미는 사라진다. 두 모델이 동시에 활성화될 수는 없다.

개별 복합체는 다른 범주에 소속되며, 이 범주들은 보통 목표와 가치가 서로 다른 대립하는 두 개의 프레임을 의미한다. 한쪽에서는 신체 건강, 인기, 경쟁, 출세, 돈, 사치 같은 특징들이 발견된다. 그래서 예를 들어 인기라는 가치가 활성화될 경우 이 자극은 자동적으로 이와 관련된 인생 목표, 즉 경쟁이나 돈으로까지 뻗어나갈 것이다. 반대 프레임에는 정신 건강, 자율성, 연대 의식, 협력, 행복, 영적 가치 등이 자리 잡고 있을 것이다. 그래서 예를 들어 자율성의 가치가 활성화되면 자동적으로 이와 관련된 것들의 의미가 커지고, 반대로 인기나 경쟁은 의미를 잃게 될 것이다.

첫 번째 집단은 외적인 가치를, 두 번째 집단은 내적 가치를 중시하며 이에 대해서는 노동 동기와 관련하여 이미 말한 바 있다. 하지만 결코 노동에만 해당되는 사항이 아니다. 두 가지 해석 모델, 복합체 혹은 프레임은 두 가지 다른 도덕관을 가진 두 가지 다른 정체성의 표현이다. 이들이 다른 이유는 각자가 정체성 발달의 출발점에서부터 서로 달랐으며 서로 다른 과정은 멀리 쫓아버리는 과정을 밟았기 때문이다. 1장에서 설명했듯 안정된 정체성을 쌓으려면 동일시(타인과의 일치)는 물론 분리(타인과의 분리)의 과정도 필요한 것이다.

굳이 사회학의 연구 결과까지 동원하지 않더라도 우리가 사는 지금의 사회경제 조직이 개인주의와 분리의 해석 모델만을 채근한다는 사실은 쉽게 확인 가능하다. 능력을 지향하는 수업은 우리 아이들과 청소년들을 경쟁과 출세의 복합체로, 그것과 결부된 온갖 가치로 이끌어간다. 하지만 그런 수업을 옹호하는 사람들은 그것이 자동적으로 두 번째 집단의 규범과 가치를 희생시킨다는 사실을 깨닫지 못한다. 경쟁하는 연대는 존재하지 않는 것이다.

이 둘의 결합이 불가능하다는 사실은 '인지부조화'라 불리는 심리학의 현상에서 아주 잘 확인된다. 특정한 가치에 고착된 복합체를 굳게 믿는 사람은 이런 복합체와 대립되는 정보는 아무리 사실에 근거한 객관적 정보라 해도 인식하지 못한다. 연대 의식, 공동체 의식, 영성이 중요하다고 확신하는 사람은 개인주의와 경쟁력, 물질주의의 장점에 대한 객관적 진리를 쉽게 받아들일 수가 없는 것이다. 반대로 개인주의와 경쟁력, 물질주의가 중요하다고 생각하는 사람은 연대감과 공동체 의식, 영성의 장점에 대한 객관적 정보를 인정할 수가 없다. 다들 그런 경험이 있을 것이다. 도무지 '교화가 불가능한' 타인들을 만난 경험 말이다.

변화를 원한다면 합리적 요인보다 정서적 가치를 통해야 한다. 두뇌는 소용이 없다. 직관이 유용하다. 변화가 필요한 때이다. 개인에게도 도움이 되는 공동의 가치를 부각시킬 용기를 내야 한다. 먼저 이렇게 간단하고 근본적인 질문을 던져보자. 행복하게 살기 위해 진정으로 필요한 것이 무엇일까?

자기배려는 이기심이 아니다

마음이 조급한 사람들은 새로운 이데올로기 체제의 강제 도입이 사회를 바꿀 수 있는 최선의 방법이라고 생각하기도 한다. 소위 전복이나 혁명을 통해서 말이다. 하지만 역사는 이로 인한 대가가 엄청나다는 것을 가르쳐준다. 모든 혁명은 제 자식을 잡아먹는다. 뿐만 아니라 모든 체제는 사회주의든 공산주의든 자유주의든 시간이 흐르면 자신의 캐리커처로 변질되고 만다. 이 또한 역사의 교훈이다.

지속적 변화는 무의식적으로 일어나며, 직관에서 나온다. 뭔가 근본적으로 잘못되었다는 느낌이 점점 더 많은 사람들의 마음을 뒤흔든다면 이미 변화는 시작된 것이다. 지금의 우리도 그러하다. 하지만 아직까지 변화를 조직하는 데에는 성공하지 못했다. 이런 실패부터가 이미 핵심 문제, 즉 과도한 개인화의 상징이다. 연대는 합리적인 논리로 강요할 수 없다. 특히 지금과 같이 에고를 숭배하는 현실에서는 자기 행복의 배려야말로 최고의 출발점인 듯하다. 여기서 내가 말하고자 하는 것은 고대 그리스의 에피멜레이아(epimeleia), 즉 자기배려이다. 너무나 개인주의적으로 변한 우리에게 변화의 출발점은 다음과 같은 질문일 것이다. 좋은 삶, 행복한 삶은 어디에 있는가? 나는 무엇을 좋다고 느끼나?

두 단이가 즉시 눈에 들어온다. '느끼다'와 '나'이다. '느끼다'에 방점이 찍힌 이유는 앞에서도 말했듯 변화란 인식이나 깨달음보다 정서적으로 느끼는 가치와 관련이 더 깊기 때문이다. 변화를 원한다면 지식만으로는 안 된다. 그러나 '나'에 찍힌 강조점은 과도한 개인주의에 대한 나의 비판으로 미루어볼 때도 말이 안 되는 소리 같다. 개인주의라면 정말 신물이 날 정도가 아닌가?

자기배려를 이기심과 같다고 생각하지 않기란 얼마나 힘든가? 요즘 사람들은 자동적으로 자기배려는 남을 희생시켜야 가능하다고 생각할 것이다. 남들이 얻는 것, 챙기는 것을 나는 결국 얻지 못하거나 챙기지 못한다. 아닌가? 더구나 신자유주의 서사는 자기배려를 물질적, 외적으로 해석하는 관념을 사주한다. 더 많은 돈, 더 많은 편리함, 더 매력적인 몸, 이 모든 것은 피할 수 없는 경쟁과 질투를 낳는다. 그렇게 되면 우리는 정말로 더 행복하다고 느낄까? 그것이 정말로 자기배려인가?

현대인의 신체 숭배가 스포츠 정신마저 흐려놓는 구체적인 사례가 있다. 기자 삼 더 케걸(Sam De Kegel)은 자기 말마따나 진짜 자전거 팬이다. 그의 말을 들어보자. "오늘날 우리는 터무니없이 비싸고 가벼운 카본 자전거를 탄다. 우리의 최대 맥박 수, 지방 연소를 위한 최적 맥박 수, 우리의 최대 산소 섭취량을 달달 외운다. 그리고 해마다 젖산 역치 테스트를 받아 혈액 수치를 정하고, 그동안 달린 거리를 모두 꼼꼼하게 엑셀 도표에 기입한다. 특수 앱과 페이스북 덕분에 우리는 전 세계 동료들과 우리의 결과를 비교할 수 있다."[50] 그래서 결국 더 케걸은 자전거 클럽에 작별을 고하고 혼자 혹은 몇몇 마음 맞는 사람들과 자전거를 탄다. 잘 아는 의사들의 말을 들어보면 아마추어들 사이에서도 도핑이 흔하다고 한다.

마초 같은 경쟁의식은 자기배려와는 아무 관련이 없고 즐겁지도 않다. 누군가는 나보다 더 나은 성과를 올릴 테고 누군가는 더 비싼 제품을 가지고 있을 것이다. 자신을 위하려면 반드시 남을 희생시켜야 한다는 생각은 배려와 정체성을 바라보는 시각을 왜곡시킨다. 1장에서도 설명했듯 우리의 정체성은 타인의 정체성과 떼려야 뗄 수가 없다. 나의 정체성이 변하면 이는 타인에게 영향을 미치고, 거꾸로도 역시 마찬가지이다. 원래 의미의 자기배려는 자신의 삶을 윤리적으로 살아가면서 공익도 더불어 생각할 책임을 포함한다. 이런 의미에서 우리는 윤리를 자기 몸과 타인의 몸을 대하는 방식으로, 나아가 죄와 책임을 대하는 방식으로 해석할 수 있다.

몸과 맺는 관계에 관해서라면 지난 몇십 년 동안 우리는 큰 변화를 겪었다. 금지에 찍혔던 강조점이(몸과 관련된 모든 것은 비도덕적이었다.) 이제 공급으로 옮겨왔다. 음식과 술, 섹스와 미용에 관한 한 우리는 쓰러질 때까지 즐겨야 한다. 이 지점에서도 다시 한번 처음의 질문으로 돌아갈 필요가 있다. 그렇게 즐기는 동안 우리는 어떤 기분을 느끼나? 대답은 명약관화하다. 좋은 느낌이 아니다. 과유불급이다. 기껏해야 따분함을 느낄 테고, 더 심하면 장애와 예속을 낳는다. 그렇기에 모든 윤리 체계는 절제와 자제를 명령하며, 여기에는 자유의 이념이 함께 한다. '예속'이라는 개념은 부자유, 노예 상태를 의미한다. 잘 알다시피 프로이트와 라캉은 심리치료 경험을 바탕으로 모든 인간은 향락과 관련하여 내면의 브레이크를 갖추고 있고, 이것의 외적 표현이 사회규범이라는 확신에 도달했다. 과도한 향락은 오히려 해롭다.

한 번 더 짚고 넘어가자. 우리는 이 사실을 정서적 차원에서 느낀다. 때로는 "많을수록 좋다!"고 외치는 광고 메시지와 극명하게 대립하는 직관으로 이런 사실을 경험한다. 현실의 부정적 결과는 '모든 것'을 가졌기에 어른이 되어서도 참지 못하는 어린아이들에게서 확인할 수 있다. 역설적이게도 그런 사람들은 항상 자기가 손해를 본다고 생각한다. 성인이 되면 우리는 자기 몸으로 경험한다. 돈이나 안락은 일정한 수준을 넘어서면 더 많은 행복을 선사하지 못한다. 오히려 반대다. 실망만 늘어난다. 이게 다야? 이것밖에 안 돼? 물질이 쌓일수록 물질로는 보상할 수 없는 뭔가 근본적인 것이 부족하다는 느낌이 강렬해진다.

이로써 우리는 자기배려와 윤리의 두 번째 측면에 도달했다. 실존적 차원의 결핍에, 삶의 위대한 질문에 답할 수 있는 물질적 대답은 없다는 사실에 우리는 어떻게 대처할 것인가? 죄와 책임을 어떻게 할 것인가? 요즘의 흔한 반응은 최대한 빨리 구체적인 책임자를 찾는 것이다. 아이가 너무 뚱뚱하다고? 패스트푸드 체인점의 책임이다. 월요일 아침에 눈이 5센티미터 내리는 바람에 도로가 꽉 막혔다고? 기상청 책임이다. 예보를 정확하게 해주었으면 아무 문제가 없었을 테니까. 우리가 모든 것을 통제할 수 없고, 인생이나 사랑이나 죽음 같은 중요한 일에 아무런 영향도 미칠 수 없다고 생각하면 견디기 힘들다. 그 때문에 이런 결핍이야말로 창의성의 원천이며, 타인들과 힘을 합하여 추구해나갈 더 숭고한 목표의 출발점이라는 사실을 까맣게 잊는다. 이런 목표가 학문일지, 이데올로기일지, 예술일지, 종교일지는 중요하지 않다. 더 중요한 것은, 이것이 사람들을 한데 엮어 중요한 질문에 공동의 대답을 찾는 공동체를 꾸려준다는 사실이다.

개인과 공동체 사이의 균형

한 개인이 자기 몸은 물론 타인의 몸에 선사하는 배려는 공동체가 찾은 집단적 대답의 영향을 받는다. 남성의 정체성을 나는 어떻게 해석하는가? 부모 노릇이란 무엇인가? 나는 권력에 대해 어떻게 행동하는가? 공동의 대답은 다시 개인들의 결정이 낳은 결과물이다. 예를 들어 자신의 인생을 어떻게 끝낼지 스스로 결정하겠다고 결심하는 개인의 숫자가 늘어나면 공동체는 안락사 규칙을 만들어야 한다. 정체성 발달의 출발점에서 나타났던 긴장 지대를 여기서도 다시 만나게 된다. 개인주의(분리, 자율의 추구)와 공동체 의식(더 큰 전체의 일부가 되려는 마음)의 긴장 지대 말이다. 개인의 자기배려는 집단적 배려와 나란히 존재하거나 때로는 대립되지만, 결코 상호 종속은 피할 수가 없다.

오늘날 더 많은 공동체의 배려, '더 많은 국가'를 외치는 목소리가 날로 높아가고 있다. 개인의 자유가 너무 크다고, 공동체의 영향력이 너무 적다고 생각하여 이 불균형을 반드시 해소하려는 사람들이 늘어나고 있다. '폴리스(police)'와 '폴리틱(politic)'은 둘 다 그리스어 폴리스(polis), 즉 도시국가에서 나왔다. 반대편에는 정반대 주장을 하는 다른 사람들이 있다. 그들은 '국가'와 위로부터의 개입이 너무 과하므로 과도한 개입을 종식시키고 개인의 일은 각자가 알아서 해야 한다고 주장한다.

양쪽 다 틀렸다. 첫 번째 집단의 생각과 달리 개인으로서의 우리는 오늘날 전혀 자유롭지 않다. 실제로 위로부터의 개입도 도처에 산재한다. 또한 두 번째 집단의 생각과 달리 '국가'는 너무 적다. 현재의 정부는 발언권이 전혀 없는 것이나 마찬가지이다.

신자유주의 정부는 외부 개입을 축소시켜 개인에게 더 많은 자율을 선사하는 자유 정부가 아니다. 정치가들이 신자유주의 경제에서 확실한 호구책을 찾은 이후 더 적은 규제와 더 많은 선택 가능성은 사라졌다. 정반대이다. 모두가 늘어만 가는 계약과 규정의 양을 느낄 것이다. 신자유주의 사회는 바로 그렇게 작동하기 때문이다. 상징적 행동방식과 확인할 수 있는 권위가 사라지고 사회 윤리가 경쟁 지향적 인간상으로 대체되면 실제로 적자생존이 된다. 그것이 바로 신자유주의 자유시장이 데올로기에 숨은 첫 번째 역설이다. 신자유주의 시장은 어쩔 수 없이 과도한 개입을 몰고 온다.

두 번째 역설은 소위 개인의 해방이다. 이 말을 믿는 사람은 개별화 및 고독을 자율 및 자유로운 선택과 헷갈린다. 성공해야 하며 모든 것을 즐겨야 한다는 의무를 통해 포스트모던 시대의 소비자들은 상호 결속의 이점을 모른 채 각자 배타성의 복제품이 된다. 극도의 개인주의와 집단적 소비주의의 결합은 모두에게 유일한 존재라는 망상을 전달한다. 때문에 우리는 우스꽝스럽게도 소위 '비밀정보'라는 장소에서 떼거리로 만나게 된다. 모두가 예외 없이 '개인' 컴퓨터, '한정판' 핸드백을 들고, 원숭이 무리가 아니라 유일한 존재라는 확고한 믿음을 품고서 말이다.

실제로 매우 극단적 형태인 현재의 개인주의는 자율성을 허용하지 않는다. 개인주의는 유일한 존재이며 나름의 결정을 내린다는 망상에 젖은 소비자의 기능으로 축소된다. 하지만 이렇게 많은 사람들에게 이렇게 엄청난 규모로 동일한 행동방식과 동일한 사고를 강요했던 시대는 없었다. 그런 의미에서 자기배려는 없다. 소비주의는 일체의 자제와 제약의 관념을 배제하기 때문이다.

그러므로 '더 많은 국가'냐, '더 많은 개인주의'냐를 두고 토론을 벌이는 짓은 쓸데없다. 제 기능을 다하는 국가가 더 이상 존재하지 않듯 독립적인 개인도 없다. 죽기 직전 마지막 강연에서 푸코는 신자유주의(그의 용어로는 '아나크로 자본주의')의 강제 소비와 생산을 자유주의와 대비시켰다.

그가 말한 자유주의는 정당 정치적 이념이 아니라 모든 것을 잠식하는 훈육에 맞선 비판적 운동을 의미한다. 우리에게 시급한 것은 바로 그런 비판적 운동이다. 우리에겐 다시 동일성과 차이, 집단과 개인, 지시된 동일성과 자유로운 선택의 힘겹지만 꼭 필요한 균형을 회복시킬 정치체제가 필요하다. 이런 사회질서를 우리 손으로 만들어야 한다. 우리가 주도해서 말이다. 셰익스피어라면 뭐라고 했을까?

> 인간은 때때로 운명의 주인이 된다네. 우리가 아랫것 노릇 하는 잘못은, 브루투스, 별들이 아니라 우리에게 있다니까.
>
> —『줄리어스 시저』 I막 2장 중 카시우스의 대사

감사의 말

책은 결코 혼자 쓰는 것이 아니다. 창의성은 이 책의 서두를 장식하는 정체성 개념과 마찬가지로 허구이다. 그러기에 적어도 아래의 사람들에겐 감사의 인사를 전하고 싶다.

이 책을 가장 먼저 읽은 독자 크리스티너, 엘리너, 팀은 에둘러 공손하게 표현했지만 아직 손볼 곳이 한두 곳이 아님을 분명히 알려주었다.

두 번째 독자이자 달리기 친구 피트와 요한은 장장 몇 킬로미터의 토론을 통해 값진 우정을 선사해주었다.

능력주의에 대한 정보는 바우터르 판 드리스허(Wouter Van Driessche)와 안드레아스 티레즈(Andreas Tirez)에게서 얻었다.

얀 판 뒤펀(Jan Van Duppen)은 네덜란드의 주요 일간지 기사를 모조리 검색하여 전해주었다.

헨트 대학교의 정신분석학 및 임상컨설팅학과의 모든 동료들은 내게 직접적인 도움을 준 것은 물론이고 작년 내내 제정신이 아니었던 나를 잘도 참아주었다. 특히 리처드 세넷의 작품을 소개해준 스테인 판횔레(Stijn Vanheule)에게 특별히 인사를 전하는 바이다.

학생들을 가르치는 일보다는 글쓰기에 더 집중하라고 경고해준 필립 블롬에게도 감사의 인사를 전하고 싶다.

살다 보면 쉴 수 있는 날이 많지 않다. 아내와 나를 일주일 동안이나 도르도뉴 지방 라 브루솔의 집으로 초대해준 얀 셀리(Jan Celie) 덕분에 책의 뒷부분을 마음 편히 쓸 수 있었다. 그와 나눈 식탁의 대화는 앞으로도 오래오래 잊지 못할 것이다.

에르빈 모르티르와 레오노르 브루더르(Reonoor Broeder)는 지난 반년 동안 밤낮을 가리지 않고 주말을 희생해주었고 손톱을 잘근거리며 함께 고민해주었다. 두 사람을 몰래 미워했던 시간만큼 책의 수준도 높아지고 감사의 마음도 커졌다.

색인 작업을 도와준 아들 잔더에게, 편집을 도와준 율리 더 한크(Julie De Ganck)에게, 철자 한 자 안 틀리도록 꼼꼼히 교정을 봐준 테오 벤호프(Theo Veenhof)에게도 감사의 인사를 전한다.

마지막으로 리타, 자기가 생각하는 것보다 훨씬 더 강력하게 내 생각을 특정한 방향으로 이끌어준 그녀에게 감사한다.

옮긴이의 말

완벽주의와 패배감으로 물든
정체성을 구원하려면

문득 과거의 나를 만날 때가 있다. 아무 생각 없이 넋 놓고 있다가 적군의 급습을 받은 것처럼 불시에 과거의 내가 불쑥 등장한다. 옛날의 내 모습과 어릴 적 내 생각, 함부로 뱉어낸 말들과 고민 없이 저지른 행동들. 그런데 그것들이 너무 낯설다. 남의 것만큼, 아니 남의 것보다 더 이 물감이 느껴진다. 저게 과연 나인가? 내가 저런 말을 했었나? 어쩌자고 나는 그런 짓거리를 했더란 말이냐?

과거의 내가 지금의 나와 다른 사람마냥 그렇게 다를 수 있다면 지금의 나 역시 미래에는 지금과 전혀 다른 사람이 될 것이다. 그렇다면 과연 나는 무엇인가? 나라는 것, 나의 고정된 정체성이란 것이 존재할까? 사람의 세포는 매일 죽고 태어나기를 반복하여 7년이 지나면 내 몸의 세포가 깡그리 새것으로 바뀐다는 과학적 지식이나, 나라고 할 것이 없기에 나라는 생각과 집착을 버리라는 불교의 가르침을 굳이 들먹이지 않더라도 나는 불변의 단단한 그 무엇이 아니다.

가만히 생각해보면, 기실 나를 만든 것은 배 속의 탯줄을 통해 내게로 전달된 엄마의 밥과 반찬이었다. 젖병을 통해 양분을 나누어준 젖소의 아낌없는 희생이었고 어느 날 갑자기 진지를 드시다가 "아니, 우리 새끼들이 하나같이 젓가락질을 제대로 못 하는군!"이라며 놀라시던 아버지의 밥상머리 교육이었다. 혹은 훌륭한 사람이 되려면 무조건 좋은 대학을 가야 한다던 선생님의 주옥같은 가르침이었고 하늘을 날아 적군을 무찌르던 만화영화 속 로봇과 눈물 없이는 도저히 볼 수 없었던 슬픈 연속극이었을 것이다. 그러니까 한마디로 나라는 것, 나라는 인간의 정체성을 만든 것은 나를 둘러싼 세상이라는 말이다. 나는 내가 살아가는 이 세상과 떼려야 뗄 수 없는 정든 사이라는 소리다.

그러니 나로부터 시작된 정체성의 탐구도 결국 그것을 둘러싸고 있는 사회와 공동체에 대한 관심으로 이어질 수밖에 없다. 내가 발 딛고 서 있는 이 땅, 이곳에서 무슨 일이 일어나는지를 알아야 곧 나를 알 수 있을 테니 말이다. 왜 세상이 이토록 각박해졌는지, 불과 몇십 년 만에 왜 우리의 일터가 이렇게 불안해졌는지, 도대체 이 사회에 무슨 변화의 바람이 불었기에 너도 나도 살기가 이토록 힘겨운지.

정체성을 고민하는 이 책의 여정도 크게 다르지 않다. 정체성이란 나에서 시작하여 결국 세상으로, 사회로 나아가는 여행임을 강조하는 것에서 시작하여, 그 사회가 지금 신자유주의라는 시스템을 통해 어떤 모습으로 변화했으며, 그것이 다시금 우리의 정체성에 어떤 영향을 미치는지를 살핀다. 지금 이곳에서 살아가는 우리의 정체성은 어느 날 마른 하늘의 날벼락처럼 내리꽂혀 전 지구인의 삶을 뒤흔들고 피폐하게 만드는 신자유주의 경제 시스템을 거론하지 않고는 도저히 설명이 안 될 것이기 때문이다. 끝 모를 무한경쟁, 개인의 능력으로 모든 것을 설명해버리는 비인간적 계산법, 무엇이든 돈으로 환산될 수 있다는 물신주의는 세상을 비인간적 자본주의의 극한으로 몰고 가고, 그 이념에 따라 우리의 정체성도 완벽주의와 패배감에 물든다.

따라서 이 책은 신자유주의의 문제점을 파헤치며 그것이 어떻게 우리의 삶과 정신, 나아가 정체성까지 자신의 논리대로 바꾸어 버렸는지를 꼼꼼히 살핀다. 그리고 사회가, 내 주변 사람들이 행복해야 결국 나도 행복할 수 있다는 전제하에, 과연 내가, 나의 정체성이 안정되고 행복할 수 있는 방법이 무엇인지를 모색해본다. 여정의 이 골짝 저 골짝에서 정신분석학 지식이, 현대 과학의 연구 결과가, 사회학의 최신 이론이 고개를 불쑥 들이밀지만 그럼에도 그 무거운 지식의 짐을 머리에 이지 않은 우리 보통 사람들도 읽기가 고달프지 않다. 즐거운 마음으로 책의 논리를 따라가다 보면 어느새 나를 향한 여행이 사회에 닿아 있을 것이며, 문득 세상의 행복을 위한 노력이 나를 위해서도 필요하다는 깨달음에 이를 것이다. 내 아이는 수학여행에서 무사히 돌아왔지만 우리의 마음이 편하고 행복하려면 모든 아이가 무사히 돌아오는 세상이 되어야 한다는 것을.

2015년 가을

장혜경

해제

정체성은 개인과 사회의 대화다

이승욱(정신분석가, 『대한민국 부모』 저자)

만약 한두 살 무렵에 미국 또는 프랑스 같은 나라로 입양되어 자랐다면 나는 어떤 사람으로 성장했을까? 선호하는 음식과 취향, 긴장되는 상황이나 우울함에 대응하는 내적인 체계, 중요한 타인들과 관계를 유지하는 방식과 같은 개인적인 성품에서부터 정치적 지향이나 인종에 대한 태도처럼 더 공적인 관점에 이르기까지, 입양되어 자란 나는 지금의 나와 얼마나 같고 또 다를까? 언어 장벽은 차치하더라도, 그 둘은 과연 대화가 가능이나 할까?(더 극단적으로는 살아 있긴 했을까?) 인간의 정체성이란 이렇게도 가변적이며, 지금의 나는 확정된 내가 아니다.

프로이트가 창시한 정신분석학은 그의 생전에도 사후에도 여러 학자와 임상가에 의해 활발하게 이론적 지평이 확대되고 치료의 유효성이 강화되어왔다. 영국의 정신분석가들을 중심으로 정립된 대상관계 이론(object relations theory)은 프로이트의 이론을 계승하면서도 더욱 풍성하게 발전시킨 대표적인 정신분석의 하위 분야다.

유아가 생애 초기에 경험하는 어머니와의 관계가 한 인간의 정신구조를 결정적으로 형성한다는 것을 강조하는 이론이다.

이와 대조적으로 프랑스의 정신분석학자 자크 라캉은 프로이트 생전에 마련되었던 단초를 바탕으로, 프로이트와의 접촉은 거의 없이 그의 사후에 뛰어난 학문적 성취를 이루어 정신분석의 한 갈래를 정립했다. 라캉은 자신이 정신분석의 한 지파가 아니라 프로이트를 가장 정통적으로 계승한다고 주장했는데, "프로이트로 돌아가자!"고 말하는가 하면 자신의 추종자들에게 "당신들이 라캉주의자라면 나는 프로이트주의자이다."라고 말하기도 했다. 그 스스로가 (프로이트라는 학문적) 아버지를 계승한 사람이라 자인한 것이다.

전술한 대상관계 이론가들과 자크 라캉의 관계는 그리 좋지 않았다. 학문적으로 서로 경원시했고, 서로의 이론을 폄하했다. 쟁점은 여러 가지였지만, 그중 하나는 라캉의 '아버지', '법', '문자'와 같은 '대타자' 이론과 관련 있었다. 흥미롭게도 라캉은 프로이트가 각별한 애정을 보여주었던 딸이자 대상관계 이론에 호의적이었던 안나 프로이트와도 대립각을 세웠다. 대상관계가 어머니를 부각했다면 라캉은 아버지를 부활시켰다. 흡사 어머니와 아버지의 부부싸움을 아들과 딸이 대리전을 치른 형국이라고 표현한다면, 너무 희화화하는 것일지도 모르겠다.

다소 장황하게 프로이트 이후를 설명하는 것은 파울 페르하에

허의 학문적 의지처인 라캉 이론의 특징을 부분적으로나마 개괄하는 것이 필요해 보였기 때문이다. 특히 현대 정신분석에서 중요한 자리를 차지하는 대상관계 이론이 어머니와 유아의 관계에만 천착하는 것은 임상가들의 관심사에도 깊이 영향을 끼쳐, 임상가들이 상담실 안에서 치료자-내담자 사이의 작업에만 몰두하는 경향을 이끌었다.

반면, 라캉 이론가들은 사회적 주제에 전혀 다른 입장을 취한다. '아버지', '법' 등과 같은 '대타자'라는 상징적 표현은(실제로 라캉은 이런 개념을 '상징계'라고 명명한다.) 모든 개인의 문명 내면화와 내적 갈등이라는 사회화 과정을 가장 적확하게 포착해낸 정신분석학의 소득이다. 정신분석학 이론의 지지자들 가운데 라캉 이론가들보다 정치·경제·사회적 상황에 관심을 기울이며 그것이 어떻게 개인과 사회에 상호 영향을 미치는지에 천착하는 사람은 없는 것 같다. 라캉은 개인이 주체가 되는 과정에서 모든 권력과 어떻게 응전해야 하는지를 학문적으로 끝없이 설파했다. 그렇다면 신자유주의라는 새로운 체제적 괴물 앞에서, 또는 그 안에서 우리가 어떻게 괴물이 되지 않고 살아갈 수 있을지 고민하는 이 시대 정신분석학자의 전형으로는 페르하에허를 꼽아야 할 것 같다.(한국에서 라캉 이론가로 더 유명한 학자는 슬라보예 지젝이다.)

이 책은 정체성을 주제로 한다. 요즘처럼 요상한 상황에서 아주

반가운 논의다. 요설이라 짐작되는 말들이 횡행하는 오늘날, 가장 대표적인 예가 '뉴 노멀(new normal, 시대변화에 따라 새롭게 부상하는 규범이나 표준을 일컫는 말)'이다. 좀 더 지켜봐야겠지만, 한국에서 뉴 노멀은 여러모로 꼬여버렸다. 특히 박근혜 전 대통령이 "비정상의 정상화"라 말한 이후로 누가 정상이고 비정상인지 헛갈리게 되었다. 나는 뉴 노멀이라는 말을 들을 때마다 그러면 새로운 비정상의 기준을 뜻할 뉴 애브노멀(new abnormal)은 무엇인가 하는 의문이 든다. 노멀(정상)이란 단어의 정의는 애브노멀(비정상)의 대척점으로 구성될 텐데, 지난 몇십 년 간 번성해온 신자유주의로 인해 정말이지 무엇이 정상이고 비정상인지 가늠할 수 없게 됐다. 무엇보다 정상과 비정상을 구분할 격자가 무용해진 느낌이다.

이런 와중에, 페르하에허는 다시 인간 삶의 기본으로 돌아가자고 격려한다. 사회적 인간으로 살아가는 데 가장 힘든 일들을 상기시킴과 동시에 가장 중요한 것이 무엇인지를 눈앞에 제시한다. 다양한 현실적인 가능성들과 함께 말이다. 그의 글을 읽으며 맹자의 고언을 떠올렸다. "중도의 길을 가기란 시퍼런 칼날 위를 맨발로 걷는 것과 같다."

그동안 나는 '나의 정체성은 나의 고민이다.'라는 생각을 해왔다. 내가 크게 고민하는 것은 가장 많은 에너지를 쏟는 관계나 삶의 영역이다. 그 고민은 상황에 따라 삶의 흐름에 따라 옮겨 간다. 어릴 때는 부모와 친구, 입시와 취직이었다가 나이가 들면서는 아내,

자식, 노쇠한 부모로 내 고민은 이동하고, 그에 따라 나의 정체성은 변하는 것이다. 하지만 페르하에허의 책을 읽으면서 이런 정체성에 대한 정의가 '개인'에게 국한된 차원에 머물러 있었음을 깨달을 수 있었다. 개인과 세상 간의 상호 영향과 사회적 맥락 속에서 개인이 어떻게 자신의 정체성을 구성해나가는지, 이 책은 우리의 정체성 형성 과정에 대해 횡으로(현 사회 상황) 종으로(역사적 맥락) 심도 깊게 검토한다. 미시와 거시의 영역을 이어주는 그의 비평에는 탁월한 부분들이 많다. 특히 왜곡된 수치와 통계를 들이대며 세상을 그릇되게 몰고 가려는 학자와 관료 대부분이 자본의 적극적 동조자이거나 지적 얼굴을 한 압제자라고 차분하게 설명한다. 그는 이런 자신의 주장을 명백한 증거들과 함께 전개해나간다.

무엇보다 정체성이 형성되는 원리에 대한 그의 간결하고도 분명한 설명은 이론의 여지가 없다. 정체성은 동일시와 분리의 혼란을 겪으면서 형성되며, 개인은 그 양극단에서 자신에게 가장 올바른 균형점을 잡는 과정이 필요하다. 특히나 지금처럼 혼란스러운 시대에 그의 주장은 새로운 가능성을 제시한다. 카렌 암스트롱(Karen Armstrong) 같은 종교 비평가는 철기 문명이 도래했던 시기를 "축의 시대"라고 이름 붙였다. 엄청난 혼란과 변환을 동반한 인류의 새 역사가 발생함으로써 인류사의 축이 이동했다는 뜻이다. 철기시대 이후로, 그때와 유사한 혼란과 변환을 경험하고 있는 지금이 어쩌면 제2의 축의 시대인 것은 아닐까. 작금의 사상가들은 심지어 현세를

'인류세(Anthropocene)*'로 부르자고 주장해왔으며 그것이 이미 널리 통용되고 있다. 가치와 도덕, 윤리와 관습의 변화는 우리의 신념을 혼란스럽게 만든다. 나아가 모든 생명의 물적 토대인 지구 자체의 삶 역시 격심한 격랑에 휩싸여 있다. 이런 세상을 사는 우리가 무엇에 기대어 굳세게 자신을 지켜야 하는지 이 책이 제안하는 바도 올바르다.

우리는 자신의 정체성을 가끔 고민한다. 보다 정확히는 고민한다기보다 자기 정체성을 확실히 알지 못해서 혼란스럽다. 우리의 정체성은 바로 그 혼란을 겪는 순간에 한층 더 단단해진다고 생각한다. 삶에 대한 고민이 우리의 삶을 더 의미 있고 풍성하게 만든다. 힘을 쓸 때 근육이 더 생성되듯이 힘이 들 때, 힘이 들어온다. 이 책은 우리의 정체성에 대한 고민을 넘어 삶에 대한 고민 그리고 존재의 의미에 대한 고민으로까지 우리를 몰고 간다. 최근 보기 드문 정신분석학계의 수작이다.

* 지구의 지질시대를 고생대, 중생대, 신생대로 나눈다. 그중에서 지금은 신생대의 마지막인 제4기에 해당하며, 기는 다시 세로 세분한다. 인류세 개념은 노벨화학상을 수상한 네덜란드 대기 화학자 파울 크뤼천이 제안한 것이다. 인류가 화석연료 사용 등으로 지구 환경에 막대한 영향을 미쳐 여러 현격한 변화가 발생했으므로 지구의 현 시기를 홀로세(Holocene)와 구분해 불러야 한다는 의미를 담고 있다.

주

참고문헌은 뒤에 별도로 표시하였다.
저서나 논문 제목은 참고문헌에서 찾을 수 있다.

1. 1963년 스탠리 밀그램의 실험이 가장 유명하다. 흔히 "복종 실험"이라 부르는 그의 실험에서 지극히 평범한 피실험자들은 몇 차례의 강요와 채근을 받자 위험한 줄 알면서도 다른 참가자들에게 전기충격을 가했다. 10여 년이 흐른 후 필립 짐바르도는 "스탠포드 감옥 실험"을 실시하여 대학생들에게 간수 역할을 맡겼다. 그런데 간수가 된 대학생들이 어찌나 진지하게 임무를 수행하는지 실험실의 감옥이 아부그라이브 수용소 못지않은 곳으로 변질되었다.
2. Kołakowski, 2007. 아래 두 인용을 참조하라.
"보편타당한 진리의 소유자들은 인간의 모든 문제에 대한 확고한 (과학적) 지식은 물론 완벽한 사회의 조건도 자신들에게 주어진다는 사실을 잘 안다."(45쪽) "경험주의 원칙들조차 경험적 명제를 갖지 않는다는 점은 이미 많은 사람들이 지적한 바 있다. 그것들은 규범, 명령이며 우리는 그것의 정당성에 의문을 제기할 수 있다. 그것은 당연한 것이 아니다. 경험주의는 경험적 이론이 아니다."(154쪽)
3. Kahneman et al., 1986.
4. Langford et al., 2006.
5. Singer et al., 2006.
6. Freud, 1953a.
7. Wilkinson & Pickett, 2010, 67쪽.
8. Lorenz, 2008.
9. Young, 2001.
10. Verbrugge, 2004, 240쪽.
11. van den Berghe, 2008, 173~177쪽. 계몽주의를 배경으로 한 우생학과 사회다윈주의의 역사를 알고 싶은 사람이라면 이 책은 필독서이다. 저자 홈페이지에 들어가면 무료로 읽을 수 있다.
12. Hume, 2010, section iii, part 2.
"이성을 지녔지만 인간의 본성에는 무지한 어떤 존재가 있어서, 가장 공적으로 이로우며 평화와 안전을 보장할 수 있는 정의(justice) 및 사유재산(property)의 규칙들이 무엇일지 고민한다고 가정해보자. 틀림없이 덕(virtue)이 많은 이들에게 가장 많은 재산을 소유하게 하고, 각자 자신의 성향에 따라 선을 행할 힘을 주려고 할 것이다. (중략) 그러나 인간들이 그런 법을 시행한다고 가정해보자. 그것이 지닌 본래의 모호함과 인간들의 자만 때문에 우수함(merit)이란 지나치게 불확실한 것이 되어버릴 것이다. 그래서 여기서부터 아무런 확고한 행동 규범이 나올 수 없고, 당연히 사회는 즉시 전부 해체되고 말 것이다."

13. Sutherland, 1992, 8장.
14. Swierstra & Tonkens, 2008.
15. 18세기 영국 사회개혁가이자 (최대다수의 최대행복을 주장하는) 공리주의의 아버지 제레미 벤담이 이 '팬옵티콘'이라는 것을 고안해냈다. 정작 자신은 모습을 드러내지 않는 중앙 탑의 간수가 모든 죄수를 다 볼 수 있는 이상적 감옥이 바로 벤담의 모델이다.(Achterhuis, 2010; Sennett, 2005도 참조하시오.)
16. Bauman, 1999, p. 26.
17. Sennett, 1998, p. 70.
18. Westen et al., 2004. 상세한 설명은 Verbrugge 2009를 참고할 것.
19. Pels, 2007.
20. 네덜란드 자료는 Hermanns, 2009를 참조할 것. 독일 자료는 연방통계청.
21. Jan Masschelein, Maarten Simons, Bart Pattyn의 글과 2006년 헨트 대학교에서 Frank Vande Veire(2006)가 한 연설을 참조하라.
22. De Standaard Magazine, 2012년 4월 21일자.
23. nrc Handelsblad, 2011년 9월 19일자.
24. Sennett, 2005, 32~34쪽; 38~39쪽 참조.
25. Babiak & Hare, 2006.
26. Sennett, 2003, 46쪽; 102~107쪽.
27. Lacan, 2002, 81쪽; 1978, 214쪽.
28. Sennett, 1998, 29쪽; 132쪽도 참조하라.
29. Foucault, 2004, 253쪽.
30. van den Berghe, p. 244.
31. 자세한 설명은 Kołakowski, 2007을 참조.
32. Dehue, 2011.
33. 많은 경험적 연구 자료들을 최대한 수집하여 그것들을 엄격한 방법론에 근거해 평가한 저서들은 비판적 사고를 추구하는 모든 이들에게 보물과 같다. ADHD에 관해서는 Timimi, & Leo(2009) 자폐증에 대해서는 Timimi, Gardner & McCabe (2011)이 그런 보물이다.
34. 독일 수치는 연방통계청 및 노동자보험(Techniker Krankenkasse)을 참조했다.
35. Lederbogen et al., 2011.
36. De Standaard, 2011년 6월 9일자에서 P. Bracke는 다음과 같이 결론을 내린 바 있다. "우리 서구인들은 개인의 성공, 개인의 능력, 진정성(authenticity)을 항상 더 중요시한다. 실

패는 환경 요인에 의한 것이기보다 개인의 실패이다. 우리는 날로 더 속수무책이 된다. 우리가 바로 실패 그 자체이다. 우리는 지금의 삶에 만족하는 대신 이상적 삶을 살고자 한다. 스마트폰을 사서 아주 잠깐 행복하지만 이듬해만 되어도 최신 모델로 바꾸고 싶어 한다. 의료화와 치료화도 큰 역할을 하며 자신의 감정과 문제를 바라보는 젊은 세대의 시각에 영향을 미친다. 보통의 감정 동요와 심각한 문제 상황의 경계가 흐려진다. 당연히 약물이 도움이 되는 개별적인 사례들이 있긴 하지만 오늘날 우리 사회에서 엄청난 규모로 소비되는 약물들은 결코 늘어나는 우울증을 멈추지 못한다. 오히려 그 반대다." 임상심리학자들은 신경과학보다 사회학에서 자문을 구해야 마땅할 것이다.

37. Fisher, 2009, 21쪽. 이 책은 분량이 96쪽에 불과하지만 정말 큰 도움이 되었다.
38. Sam Mendes의 영화 「레볼루셔너리 로드」(2008)의 원작은 1965년에 나온 Richard Yates의 동명 소설이다. 주제는 '아메리칸 드림'이다.
39. nrc Handelsblad, 2011년 1월 26일자.
40. vrt news item, 2012년 2월 22일자.
41. 이것이 푸코 저작의 중심 주제이다. 몇 년 전 Lisa Appignanesi(2009)이 이 문제를 더 파고들었다. 권력은 남성들에 의해 체계적으로 시행되며, 여성은 대상으로 이용된다고 말이다.
42. Vanheule et al., 2003; Pink, 2009. Pink의 비디오는 http:// blog.ted. com/2009/08/24/the_surprising에 들어가면 볼 수 있다.
43. Wilkinson, 2005, 75쪽.
44. De Standaard, 2012년 1월 7일자 인터뷰에서 따온 것이다.
45. De Standaard, 2011년 6월 7일자에 실렸다.
46. 독일 모델에 관한 추가 정보는 John Vandaele(2011)에서 찾아볼 수 있다.
47. De Standaard, 2011년 5월 29일자에 실린 Wallraff와의 인터뷰. 이상하게도 지금은 별로 아는 사람이 없지만, 런던과 파리의 하층민들의 삶과 웨일스 탄광 사람들을 그린 George Orwell의 Down and Out in Paris and London(1933)과 The Road to Wigan Pier(1937)는 참여적 저널리즘의 토대를 놓았다고 볼 수 있다.
48. De Standaard, 2012년 4월 14일자.
49. Crompton, 2010.
50. De Standaard, 2012년 4월 4일자.

참고문헌

Achterhuis, H. *De utopie van de vrije markt*. Rotterdam: Lemniscaat, 2010.

Akerlof, G. & Shiller, R. *Animal Spirits: how human psychology drives the economy, and why it matters for global capitalism*. Princeton: Princeton University Press, 2009.

American Psychiatric Association. *Diagnostic and Statistical Manual of Mental Disorders (fourth, revised edition)*. Washington, dc: American Psychiatric Association, 2000.

Appignanesi, L. *Mad, Bad, and Sad: a history of women and the mind doctors from 1800 to the present*. London: Virago, 2008.

Aristotle. *The Nicomachean Ethics (translated by H Rackham)*. Cambridge, Massachusetts: Harvard University Press, 1934.

Babiak, P. & Hare, R. *Snakes in Suits: when psychopaths go to work*. New York: Regan Books, 2006.

Bauman, Z. *In Search of Politics* Stanford: Stanford University Press, 1999.

Berlin, I. 'Two Concepts of Liberty'. In: *Four Essays on Liberty*. Oxford: Oxford University Press, 1969.

Blom, P. *Wicked Company freethinkers and friendship in pre-revolutionary Paris* London: Weidenfeld & Nicholson, 2011.

Boomkens, R. *Topkitsch en slow science: kritiek van de academische rede*. Amsterdam: Van Gennep, 2008, pp. 1-143.

Crompton, T. *Common Cause: the case for working with our cultural values*. wwf-uk, 2010. Downloadable from http://www.wwf.org.uk/change.

Dalrymple, T. *Life at the Bottom: the worldview that makes the underclass*. Chicago: Ivan R. Dee, 2001.

Dawkins, R. *The Selfish Gene*. Oxford: Oxford University Press, 1976.

Dehue, T. *De depressie-epidemie: over de plicht het lot in eigen hand te nemen.* Amsterdam: Augustus, 2008.

______. 'De medicalisering van "ongewenst" gedrag.' *De Groene Amsterdammer*, 2 November 2011.

Desmet, M. *Liefde voor het werk in tijden van management: open brief van een arts.* Tielt, Belgium: Lannoo, 2009.

de Vos, J. *Psychologisation in Times of Globalisation.* London: Routledge, *2012 de Waal, F The Age of Empathy: nature's lessons for a kinder society.* New York: Harmony Books, 2009.

Feynman, R. *The Pleasure of Finding Things Out: the best short works of Richard P Feynman.* Cambridge, Massachusetts: Perseus Books, 2000.

Fisher, M. *Capitalist Realism: is there no alternative?* Winchester, United Kingdom: Zero Books, 2009.

Flyvbjerg, B. *Making Social Science Matter: why social inquiry fails and how it can succeed again.* Cambridge: Cambridge University Press, 2001.

Foucault, M. *Breekbare vrijheid teksten & interviews.* Amsterdam: Boom/ Parrèsia, 2004.

______. *Discipline and Punish: the birth of the prison (translated by Alan Sheridan).* London: Penguin, 1977.

______. *Histoire de la folie à l'âge classique.* Paris: Gallimard, 1972.

______. *L'ordre du discours: leçon inaugurale au Collège de France prononcée le 2 décembre 1970.* Paris: Gallimard, 1975.

______. *Naissance de la biopolitique.* Paris: Gallimard, 2004.

______. *The Courage of Truth: the government of self and others II: lectures at the Collège de France (1983-1984).* Basingstoke, United Kingdom: Palgrave Macmillan, 2011.

Freud, S. 'Analysis of a phobia in a five-year-old boy'. In: *The Standard Edition of the Complete Psychological Works of Sigmund Freud.* London: The Hogarth Press, 1953, vol. 10, pp. 1-149.

______. 'Civilization and Its Discontents'. In: *The Standard Edition of the Complete Psychological Works of Sigmund Freud.* London: The Hogarth Press, 1953, vol.

12, pp. 59–145.

______. 'Group Psychology and the Analysis of the Ego'. In: *The Standard Edition of the Complete Psychological Works of Sigmund Freud*. London: The Hogarth Press, 1953, vol. 18, pp. 67–121.

Gray, J. *Black Mass: apocalyptic religion and the death of utopia*. New York: Farrar, Straus, and Giroux, 2007.

Hermans, W. *Onder professoren*. Amsterdam: De Bezige Bij, 1975.

Hermanns, J. *Het opvoeden verleerd*. Amsterdam: Vossiuspers UvA, 2009. http://dare.uva.nl/document/166032.

Hobbes, T. *Leviathan; or, The Matter, Form, and Power of a Commonwealth, Ecclesiastical and Civil*. New Haven, Connecticut: Yale University Press, 2010.

Hume, D. *An Enquiry Concerning the Principles of Morals*. Oxford: Oxford University Press, 2010.

Ioannidis, J. 'Why Most Published Research Findings Are False'. *PLOS Medicine*, 2005, 2 (8), e124. doi:10.1371/journal.pmed.0020124.

Israel, J. *Radical Enlightenment: philosophy and the making of modernity, 1650-1750*. Oxford: Oxford University Press, 2001.

Johnston, I. 'Some Non-Scientific Observations on the Importance of Darwin'. 2000. http://records.viu.ca/~johnstoi/introser/darwin.htm.

Kahneman, D., Knetsch, J. & Thaler, R. 'Fairness and the Assumptions of Economics.' *The Journal of Business*, 1986, 59 (4), pp. 285–300.

Knutson, B., Wimmer, G., Kuhnen, C. & Winkielman, P. 'Nucleus Accumbens Activation Mediates the Influence of Reward Cues on Financial Risk Taking'. *NeuroReport*, 2008, 19 (5), pp. 509–13.

Kołakowski, L. *Wilt u achteruit naar voren gaan!: essays van een conservatief-liberaal-socialist (translated by H Van Den Haute & E Van Den Bergen- Makala)*. Kampen, Netherlands: Klement, 2007.

Kuhn, T. *The Structure of Scientific Revolutions*. Chicago: University of Chicago Press, 1970.

Lacan, J. *The Four Fundamental Concepts of Psychoanalysis* (translated by A Sheridan). New York: Norton, 1978.

_____. 'The Mirror Stage as Formative of the Function of the I as Revealed in Psychoanalytic Experience'. In: *Ecrits* (translated by B. Fink). New York: Norton, 2002, pp. 75-81.

Lane, C. *Shyness: how normal behavior became a sickness*. New Haven, Connecticut: Yale University Press, 2007.

Langford, D., et al. 'Social Modulation of Pain as Evidence for Empathy in Mice'. *Science*, 2006, 312 (5782), pp. 1967-1970.

Lederbogen, F., et al. 'City Living and Urban Upbringing Affect Neural Social Stress Processing in Humans'. *Nature*, 2011, 1 (474), pp. 498-501.

Lemaire, T. *De val van Prometheus*. Amsterdam: Ambo, 2010.

Lightman, A. *The Diagnosis*. New York: Pantheon Books, 2000.

Lorenz, C. (ed.) *If You're So Smart, Why Aren't You Rich?: universiteit, markt & management*. Amsterdam: Boom, 2008.

Lyotard, J.-F. *The Postmodern Condition: a report on knowledge*. Minneapolis: University of Minnesota Press, 1984.

MacIntyre, A. *After Virtue: a study in moral theory*. London: Duckworth, 2007.

Masschelein, J. & Simons, M. 'Competentiegericht onderwijs: voor wie? Over de "kapitalistische" ethiek van het lerende individu'. *Ethische Perspectieven*, 2007, 17 (4), pp. 398-421.

Milgram, S. *Obedience to Authority*. London: Tavistock, 1974.

Moïsi, D. *The Geopolitics of Emotion: how cultures of fear, humiliation, and hope are reshaping the world*. New York: Doubleday, 2009.

Pattyn, B. 'Competenties en ideologie: het dictaat van een expanderend concept'. *Ethische Perspectieven*, 2007, 17 (4), pp. 422-435.

Pels, D. *De economie van de eer: een nieuwe visie op verdienste en beloning*. Amsterdam: Ambo, 2007.

Pink, Dan. 'The Surprising Science of Motivation.' 2009. http://blog.ted.com/2009/08/24/the_surprising/.

Rand, A. *Atlas Shrugged*. London: Penguin, 2007.

Rettew, D. 'Avoidant Personality Disorder, Generalized Social Phobia, and Shyness: putting the personality back into personality disorders'. *Harvard*

Review of Psychiatry, 2000, 8 (6), p. 285.

Schaubroeck, K. *Een verpletterend gevoel van verantwoordelijkheid: waarom ouders zich altijd schuldig voelen*. Breda, Netherlands: De Geus, 2010.

Sennett, R. *Respect in a World of Inequality*. New York: Norton, 2003, pp. 1–288.

______. *The Corrosion of Character: the personal consequences of work in the new capitalism*. New York: Norton, 1998, pp. 1–176.

______. *The Craftsman*. London: Penguin, 2008.

______. *The Culture of the New Capitalism*. New Haven, Connecticut: Yale University Press, 2005.

Singer, T., et al. 'Empathic Neural Responses Are Modulated by the Perceived Fairness of Others'. *Nature*, 2006, 1 (439), pp. 466–469.

Steinbeck, J. *East of Eden*. New York: Viking Press, 1952.

Sutherland, S. *Irrationality*. London: Constable and Company, 1992.

Swierstra, T. & Tonkens, E. 'Meritocratie en de erosie van zelfrespect'. In: *De beste de baas?: verdienste, respect en solidariteit in een meritocratie*. Amsterdam: Amsterdam University Press, 2008, pp. 61–80.

Timimi, S., Gardner, N. & McCabe, B. *The Myth of Autism*. New York: Palgrave MacMillan, 2011.

Timimi, S. & Leo, J. (eds.) *Rethinking ADHD: from brain to culture*. New York: Palgrave Macmillan, 2009.

Tomasello, M., et al. *Why We Cooperate*. Cambridge, Massachusetts: mit Press, 2009.

Van Coillie, G. 'Geweld, autoriteit en dialoog: aanzet tot een mimetische pedagogiek'. In: Braeckmans, L. (ed.) *Leraar met hart en ziel: naar een pedagogiek van liefde en vrijheid*. Ghent, Belgium: Academia Press, 2011, pp. 223–96.

Vandaele, J. 'Het onnavolgbare Duitse model'. *Mondiaal Magazine*, May 2011, pp. 26–31.

van den Berghe, G. *De mens voorbij: vooruitgang en maakbaarheid 1650-2050*. Amsterdam: Meulenhoff, 2008, pp. 1–380.

Vande Veire, F. 'Enkele bedenkingen omtrent de ideologie achter de onderwijshervormingen'. Lecture given on the occasion of the Dies Natalis, University College Ghent, June 2006, http://www.flw.ugent.be/cie/CIE2/vdveire1.htm.

Vanheule, S., Lievrouw, A. & Verhaeghe, P. 'Burn-out and Intersubjectivity: a psychoanalytical study from a Lacanian perspective'. *Human Relations*, 2003, 56 (3), pp. 321-38.

van Rossem, M. *Kapitalisme zonder remmen: opkomst en ondergang van het marktfundamentalisme*. Amsterdam: Nieuw Amsterdam, 2011.

Verbrugge, A. *Tijd van onbehagen: filosofische essays over een cultuur op drift* Amsterdam: sun, 2004.

Verhaeghe, P. *Het einde van de psychotherapie*. Amsterdam: De Bezige Bij, 2009.

Wallraff, G. *Aus der schönen neuen Welt: Expeditionen ins Landesinnere*. Cologne, Germany: Kiepenheuer & Witsch, 2012.

Weber, M. *The Protestant Ethic and the Spirit of Capitalism*. New York: Norton, 2009.

Westen, D., Novotny, C. & Thompson-Brenner, H. 'The Empirical Status of Empirically Supported Psychotherapies: assumptions, findings, and reporting in controlled clinical trials'. *Psychological Bulletin*, 2004, 130 (4), pp. 631-63.

Wilkinson, R. *The Impact of Inequality: how to make sick societies healthier* London: Routledge, 2005.

Wilkinson, R. & Pickett, K. *The Spirit Level: why equality is better for everyone(revised edition)*. London: Penguin, 2010.

World Health Organisation. *Mental Health, Resilience, and Inequalities*. Copenhagen: World Health Organisation, 2009.

Young, M. 'Down with Meritocracy'. The Guardian, 29 June 2001.

_____. *The Rise of the Meritocracy 1870-2033: an essay on education and equality*. London: Penguin, 1958.

Zimbardo, P. *The Lucifer Effect: how good people turn evil*. London: Ebury Press, 2010.

찾아보기

옮긴이 장혜경

연세대학교 독어독문학과를 졸업하고 같은 대학 대학원에서 박사 과정을 수료했다. 독일 학술교류처 장학생으로 하노버에서 공부했다. 전문 번역가로 활동 중이며, 옮긴 책으로는 『나는 왜 너를 선택했는가』 『바보들의 심리학』 『누구나 혼자입니다』 『피의 문화사』 『오노 요코』 『이타주의자가 지배한다』 『방황의 기술』 『권력의 언어』 『날것의 인생 매혹의 요리사』 『우리의 노동은 왜 우울한가』 『사물의 심리학』 『나무 수업』 『어떻게 일할 것이가』 『처음 읽는 여성 세계사』 『내 안의 차별주의자』 등이 있다.

우리는 어떻게 괴물이 되어가는가

신자유주의적 인격의 탄생

1판 1쇄 펴냄 2015년 11월 23일
1판 7쇄 펴냄 2019년 4월 11일
2판 3쇄 펴냄 2024년 10월 1일

지은이 파울 페르하에허
옮긴이 장혜경

편집 최예원 박아름 최고은
미술 김낙훈 한나은 김혜수
전자책 이미화
마케팅 정대용 허진호 김채훈 홍수현 이지원 이지혜 이호정
홍보 이시윤 윤영우
저작권 남유선 김다정 송지영
제작 임지헌 김한수 임수아 권순택
관리 박경희 김지현
펴낸이 박상준
펴낸곳 반비

출판등록 1997. 3. 24.(제16-1444호)
(06027) 서울시 강남구 도산대로1길 62 강남출판문화센터
대표전화 515-2000 팩시밀리 515-2007
편집부 517-4263 팩시밀리 514-2329

ISBN 978-89-8371-746-7 (03180)
반비는 민음사출판그룹의 인문·교양 브랜드입니다.

만든 사람들
책임편집 김희진
디자인 이경민